Raymond Hickey

Datenbanksoftware für Jedermann

Software

Ernährungsmanager
Ein Ratgeber zur bewußten Ernährung
von Erik Wischnewki

Vieweg WindowManager: Tools
Eine Entwicklungsumgebung in Turbo C für komplexe Menüstrukturen und Fenstersysteme mit Maussteuerung
von Andreas Dripke (Hrsg.)

Datenbanksoftware für Jedermann
Das universelle Softwarepaket Vieweg DatenbankManager für xBASE-kompatible Datenbanken
von Raymond Hickey

Vieweg ProjectManager PROAB II
Software zum modernen Projektmanagement mit Benutzerhandbuch
von Erik Wischnewski

Vieweg ProjectManager PROAB II De Luxe
Die Luxusversion der bewährten Software zum Projektmanagement
von Erik Wischnewski

Numerik sehen und verstehen
Ein kombiniertes Lehr- und Arbeitsbuch mit Visualisierungssoftware
von Kim Kose, Rolf Schröder und Kornel Wieliczek

Vieweg Profi-Software WESTgraph
Geräteunabhängige Grafik mit dem graphischen Kernsystem (GKS) in C
von Bernhard Stauss und Herbert Weidner

Raymond Hickey

Datenbanksoftware für Jedermann

Das universelle Softwarepaket Vieweg DatenbankManager für xBASE-kompatible Datenbanken

Das in diesem Buch enthaltene Programm-Material ist mit keiner Verpflichtung oder Garantie irgendeiner Art verbunden. Der Autor und der Verlag übernehmen infolgedessen keine Verantwortung und werden keine daraus folgende oder sonstige Haftung übernehmen, die auf irgendeine Art aus der Benutzung dieses Programm-Materials oder Teilen davon entsteht.

Der Verlag Vieweg ist ein Unternehmen der Verlagsgruppe Bertelsmann International.

Druck und buchbinderische Verarbeitung: Lengericher Handelsdruckerei, Lengerich
Gedruckt auf säurefreiem Papier

ISBN-13: 978-3-528-05273-7 e-ISBN-13: 978-3-322-83961-9
DOI: 10.1007/978-3-322-83961-9

Vorwort

Das vorliegende Programmpaket besteht aus einem Datenbankmanager und einer Reihe von Zusatzprogrammen, die unmittelbar mit der Verwaltung und Verarbeitung von Datenbanken zusammenhängen. Die Programme weisen eine einheitliche Struktur auf und dürften nach kurzer Zeit auch für nicht-technisch versierte Benutzer verständlich sein. Die ganze Gruppe kann von einer Oberfläche aus gesteuert werden (s. das Programm *Desktop*), so daß der Benutzer sich nicht am Anfang mit den einzelnen Programmen auseinandersetzen muß.

Eigenschaften des Programmpaketes

- Keine besonderen Hardwarevoraussetzungen notwendig. Alle Programme laufen auf jedem PC mit 640KB Arbeitsspeicher und Monochrom- oder Farbmonitor. Benötigt wird weniger als 1.5MB Festplattenplatz für alle Programme und Dateien.

- Die Programme sind schnell im Aufbau und in der Datenverarbeitung. Sie weisen Fenstertechnologie und Menüsysteme auf, die mit der Maus gesteuert werden können. Alle Programme können einzeln aufgerufen oder von einem Kontrollzentrum mit *SAA*-Oberfläche gesteuert werden. Alle Programme können von Microsoft *Windows* aus gestartet werden.

- Der *Vieweg DatenbankManager* erzeugt *dBASE*-kompatible Datenbanken, die in jeder weiteren Programmumgebung verarbeitet werden können.

Besondere Vorzüge

- Die Programmgruppe enthält eine gut ausgebaute und flexible Schnittstelle zwischen Datenbank- und Textdateien und einen kompletten Texteditor, der direkt mit Datenbanken zusammenarbeitet.

- Der *Vieweg DatenbankManager* ist ein Programm, das ständig verbessert wird; Benutzer können gegen Einsendung ihrer Distributionsdiskette zu jeder Zeit ein Update vom Autor erhalten.

- Der *Vieweg DatenbankManager* weist vielfältige Verwendungsmöglichkeiten in Beruf und Praxis auf. Er eignet sich sowohl für die Erfassung von wissenschaftlichen Daten wie auch für die Ordnung privater Daten wie Adressen. Das Programmpaket ist ein preisgünstiges Produkt von hoher Professionalität, das sowohl den Anfänger in den vielversprechenden Bereich der Datenbankverwaltung einführt als auch dem erfahreneren Anwender ein leistungsfähiges Werkzeug für die geordnete Verwaltung seiner Daten bietet.

Benutzer dieser Programmgruppe, die gerne eine allgemeine Einführung in die Datenbankverwaltung hätten, seien auf die von mir verfaßte Einführung *Datenbankverwaltung auf dem PC* (Vieweg, 1993) verwiesen, in der die Prinzipien erklärt und mit Beispielen versehen sind, die sich auf das vorliegende Programmpaket beziehen.

Zum Schluß möchte ich Frau Beate Hammes und Frau Andrea Grimm für ihre wertvolle Hilfe bei der Übertragung und Korrektur eines englischen Originalmanuskripts danken.

Raymond Hickey

München
Mai 1993

Inhaltsverzeichnis

Seite

Anhänge

Einführung

1 Erste Schritte mit dem Programmpaket

Damit Sie schnell mit dem *Vieweg DatenbankManager* arbeiten können, müssen Sie die folgenden Schritte ausführen:

- ▸ Diskette auf der Innenseite des Einbandes in das Diskettenlaufwerk Ihres PCs einlegen und "install" (ohne Anführungsstriche!) eingeben.
- ▸ Installationsschritte vollziehen; danach in das Verzeichnis wechseln, in das die Beispieldateien kopiert wurden.
- ▸ "desktop" (ohne Anführungsstriche!) eingeben, um das Kontrollzentrum für die Programmgruppe zu starten. Für die Datenbankverwaltung wählt man die erste Option im am weitesten links liegenden Menü (diese ist immer nach dem Start hervorgehoben).

Ist Ihnen das Einrichten des Programmpakets so weit gelungen, so können Sie eine Beispieldatenbank, z.B. `adressen.dbf` oder `biblio.dbf` auswählen, indem Sie die erste Option des Eingangsmenüs für den *Vieweg DatenbankManager* anwählen (drücken Sie <Eingabe>, oder klicken Sie den Text mit dem Mauscursor an). Sind Sie einmal auf der Editierebene angelangt, so können Sie die Pulldown-Menüs mittels <Shift-Tab> (oder Anklicken des Textes unten rechts im Bildschirm) aufrufen. Probieren Sie die diversen Möglichkeiten aus! Sie können keinen Schaden hierbei anrichten, da das Programm Sie *immer* fragt, ob eine Datei gelöscht oder überschrieben werden soll.

Sie verlassen eine Ebene eines Programms in der Regel mit <Alt-F7>. Sind Sie bei der Eingangsebene angekommen, so können Sie mit <F7> oder <Alt-F4> von da aus nach DOS zurückgelangen. Haben Sie ein Programm von *Desktop* aus aufgerufen, so werden Sie wieder in dieses Programm zurückgebracht, von wo aus Sie ein weiteres starten oder mittels <F7, Alt-F4> das Programm *Desktop* beenden können.

Bedenken Sie, daß Sie auf jeder Ebene jedes Programms Soforthilfe mittels <F1> aufrufen können.

Eine ausführliche Beschreibung der Installation ist unten in 1.1 *Installation auf Festplatte* zu finden.

2 Kurzbeschreibung der Programme

Vieweg DatenbankManager
Dieses ist das Hauptprogramm; es handelt sich um einen benutzerfreundlichen Datenbankmanager, der *dBASE*-kompatible Datenbanken verwaltet. Sie können Ihre Datenbanken beliebig anlegen, sortieren und verarbeiten und viele der eingebauten Funktionen nutzen, wie z.B. nach Datensatzinhalten suchen, Datensätze duplizieren, eine Datenbank im Browsemodus ansehen, Statistiken überprüfen usw.

Der *Vieweg DatenbankManager* enthält auch einen Texteditor, in den Sie beliebige Mengen markierter Datensätze entsprechend einem Ausgabeformular importieren, dessen Design Sie selbst bestimmen können (mit *Vieweg Report*, siehe unten).

Vieweg Editor
Dieser ist ein kompakter und flexibler Texteditor, der hauptsächlich für die Editierung von aus Datenbanken erzeugten Textdateien gedacht ist. Eine eingebaute Hilfe, Blockverarbeitung, Funktionen zum Suchen und Ersetzen und zum Rückgängigmachen von Löschungen sowie ein umfassendes System von Textmakros sind eingeschlossen. Bis zu 4 Texte können gleichzeitig bearbeitet werden. Das Programm besitzt ferner einen integrierten Dateiverwalter, der es Ihnen ermöglicht, viele Verwaltungsfunktionen auszuführen, ohne daß Sie das Programm verlassen müssen.

Vieweg Report
Dieses Programm ist ein Ausgabeformulargenerator, der es Ihnen erlaubt, das Layout des Textes festzulegen, der beim Exportieren von Datensätzen aus einer Datenbank erzeugt wird; dieses geschieht innerhalb von *Vieweg Datenbank-Manager*. Von einer benutzerfreundlichen Schnittstelle aus ermöglicht es Ihnen *Vieweg Report*, Felder und zusätzlichen Text auf einem Ausgabeformular anzuordnen, diese in einer Datei abzuspeichern und dann jede beliebige Datenbank unter Verwendung dieses Formulars zu exportieren.

Vieweg DbPat
Hier haben Sie ein vielseitiges Mustererkennungsprogramm, das mit Datenbanken arbeitet. Sie können eine beliebige Anzahl von Datenbanken in einer beliebigen Anzahl von Verzeichnissen nach benutzerdefinierten Inhalten (Zeichenketten oder Wörtern mit Jokerzeichen für nicht festgelegte Zeichen) durchsuchen und dabei festlegen, ob zum Beispiel alle Felder einer Datenbank durchsucht werden sollen oder nur das vom Benutzer ausgewählte Feld.

Vieweg Print
Dies ist ein selbständiges Druckprogramm. Es enthält eine ganze Reihe von Einstellungen, die es Ihnen erlauben, Seitenlayout und Druckerschrittschaltung, Dateivorspann, Seitennumerierung usw. für die zu druckende Datei festzulegen. Mehrere Dateien können auf einmal angegeben werden, ebenso eine Anzahl von Kopien derselben Datei. Das Programm arbeitet mit allen 24 Nadel- *und* Laserdruckern. Es enthält ein Desktop, von dem aus alle Vorgänge leicht kontrolliert werden können.

Vieweg DbLook
Dieses Programm stellt einen Datenbankanzeiger in der Art von *Vieweg DatenbankManager* dar. Er ist kleiner und wird von verschiedenen anderen Programmen benutzt, um intern Datenbanken zu betrachten. Die Editierung von Datenbanken ist nicht möglich (benutzen Sie hierfür *Vieweg DatenbankManager*).

Vieweg CompDb
Hier haben Sie ein Dienstprogramm, mit dem Sie zwei Datenbanken auf zwei Hälften des Bildschirms vergleichen können. Datensätze können markiert und

später gelöscht werden (wenn Sie z.B. gleiche Sätze in den beiden Datenbanken finden). Such- und Verwaltungsfunktionen sind ebenfalls enthalten.

Vieweg DbPage
Hiermit steht Ihnen ein Programm mit einer Reihe von Optionen zur Verfügung, die es Ihnen erlauben, eine Textdatei zu generieren, die als Eingabemaske für Datensätze fungieren kann, und dann die in eine solche Maske eingegebene Textinformation in eine Datenbank zu importieren, so daß Sie die Möglichkeit haben, Informationen für eine Datenbank zu sammeln, während Sie eigentlich Texte editieren.

Vieweg DbList
Dieses Programm bietet Ihnen eine Schnittstelle zu Datenbanken, die aus in Datensatzfeldern enthaltenen Daten benutzerspezifizierte Listen herstellt. Listen können in Form von Tabellen mit mehreren Spalten erzeugt werden, und die Ausgabe kann in eine Datei oder zum Drucker erfolgen. In der Befehlsstruktur ähnelt das Programm *Vieweg Report*. *Vieweg DbList*-Konfigurationen können als Initialisierungsdateien auf Platte gespeichert und wiederholt benutzt werden.

Vieweg MergeDb
In diesem Falle steht Ihnen ein Instrument zur Verfügung, mit dem zwei beliebige Datenbanken miteinander vermischt werden können. Das Programm überprüft die zweite Datenbank und importiert nur diejenigen Datensätze in die erste, die dort noch nicht vorhanden sind. Die Überprüfung kann sich über jeden kompletten Datensatz erstrecken oder nur über ein einzelnes Feld.

Vieweg Class
Dies ist ein Datenbank-Dienstprogramm, mit dem Sie die Inhalte eines benutzerspezifizierten Feldes einer beliebigen Datenbank klassifizieren können. Das Programm funktioniert, indem es jedes nur einmal vorkommende Wort in dem ausgewählten Feld registriert und die entstandene Liste auf Platte schreibt.

Vieweg CrLf
Es handelt sich hierbei um ein kleines Programm, das die Wagenrücklauf/ Zeilenvorschub-Zeichen aus einer ASCII-Textdatei entfernt und so den Import

und automatischen Zeilenumbruch durch jedes beliebige Textverarbeitungsprogramm ermöglicht.

Vieweg View
Dieses Programm erlaubt es Ihnen, Dateien ohne Editierung anzuschauen. Das Programm erkennt Dateien von Textverarbeitungsprogrammen wie *WordPerfect* oder *Microsoft Word* und zeigt ihre Inhalte als Klartext an, in dem Sie nach Zeichenketten suchen können, falls Sie dies möchten.

Vieweg Hex
Hier haben Sie einen einfachen Hexeditor, mit dem Sie eine beliebige Datei in hexadezimaler Notation betrachten und, wenn Sie dies wünschen, ein Stück editieren können. Das Programm soll man nur benutzen, um z.B. defekte Dateien zu reparieren, die nicht mit anderen Mitteln bearbeitet werden können.

Vieweg Scan
Dieses ist ein Suchprogramm, das Ihnen die Möglichkeit gibt, eine Festplatte nach einer von Ihnen angegebenen Datei zu durchsuchen. Die normalen DOS-Jokerzeichen sind erlaubt, was die Suche nach mehr als einer Datei ermöglicht. Das Ergebnis einer Suche kann auf dem Bildschirm betrachtet oder in eine Datei geschrieben werden (wird durch einen Befehlszeilenschalter bestimmt).

Vieweg Search
Für die schnelle Suche nach einfachen Zeichenketten (ohne die durchsuchten Dateien zu laden) ist dieses Programm von Nutzen. Bei Auffinden des Suchstrings lädt es automatisch *Vieweg View*, lokalisiert die Zeichenkette innerhalb der Datei und zeigt den Abschnitt der Datei an, in dem diese sich befindet.

Desktop
Hier wird dem Benutzer eine Schnittstelle als Eingangsstelle für alle Programme im *Vieweg DatenbankManager*-Paket geboten. Das Desktop dient als Startpunkt und ist in Gruppen angeordnet, die typischen, von den Datenverarbeitungsprogrammen realisierten Funktionen entsprechen und die dem Benutzer am Anfang eine schnelle Orientierung bieten.

3 Installation auf Festplatte

Die Programme und die Zusatzdateien auf der Distributionsdiskette sollten in einem Verzeichnis auf Ihrer Festplatte gespeichert sein, das ständig über die DOS-Pfadvariable erreichbar ist. Schließlich sollten Sie die *Vieweg Datenbank-Manager*-Programme von überall auf Ihrer Festplatte aufrufen können, ohne in das Verzeichnis gehen zu müssen, in dem Sie sich befinden.

Um die Programme zu installieren, brauchen Sie nur die Distributionsdiskette in Laufwerk `A:` einzulegen und `'install'` einzugeben. Das Programm führt Sie dann durch eine Reihe von Schritten, die folgendes für Sie tun werden:

1) ein Verzeichnis für die Dateien auf Ihrer Festplatte anlegen
2) die Dateien der Distributionsdiskette in dieses Verzeichnis kopieren
3) hierunter ein Datenverzeichnis für Beispieldaten anlegen, die wiederum von der Distributionsdiskette kopiert werden
4) den Pfadeintrag in der `autoexec.bat`-Datei im Stammverzeichnis von Laufwerk `C:` ändern, um ständigen Zugriff auf das gerade erzeugte *Vieweg DatenbankManager*-Programmverzeichnis zu erlauben

Wenn der Installationsvorgang beendet ist, entfernen Sie die Distributionsdiskette aus Laufwerk `A:` und bewahren sie an einem sicheren Ort auf. Sicherheitshalber können Sie eine Kopie der Distributionsdiskette anfertigen. Arbeiten Sie niemals, wirklich niemals mit der Original-Distributionsdiskette, sondern nur mit Kopien!

4 Das Desktop-Programm

Um den Einstieg in die Gruppe der *Vieweg DatenbankManager*-Programme zu erleichtern, befindet sich auf der Diskette ein Programm *Desktop*, von dem aus man alle weiteren Programme aufrufen kann. Der Vorteil beim Einsatz von *Desktop* ist der, daß man die einzelnen Programme nicht zu kennen braucht. Diese werden automatisch nach Anwählen einer Menüoption ausgeführt. Sie kehren auch automatisch zur Ausgangsoberfläche von *Desktop* zurück und können erneut ein Programm starten.

Bei einigen der aufgerufenen Programme ist es notwendig, eine oder mehrere weitere Angaben zu machen, damit das betreffende Programm erfolgreich ausgeführt werden kann. Zu diesem Zwecke erscheint nach der Auswahl der jeweiligen Option ein Eingabefenster mitten in der Desktopoberfläche. Hier können Sie *Desktop* die notwendigen Informationen mitteilen, die es für den Aufruf des betreffenden Programms benötigt.

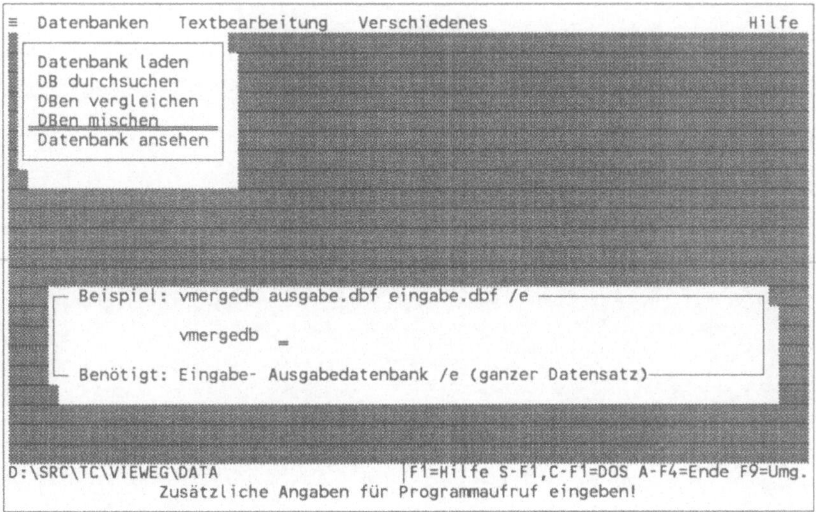

Die Befehlsstruktur von *Desktop* ist standardisiert und orientiert sich im wesentlichen an den Richtlinien von IBM für deren SAA-Spezifikation (*System Applications Architecture*), die auch für alle *Microsoft Windows*-Applikationen gelten.

Datenbankverwaltung

1 Vieweg DatenbankManager

Syntax:
(i) `vdm [Dateiname]`
(ii) `vdm /s[-Initialisierungsdatei]`
(iii) `vdm /e[-Dateischablone]`
(iv) `vdm /i[-Initialisierungsdatei]`

Der *Vieweg DatenbankManager* verfolgt ein doppeltes Ziel. Einerseits will er Benutzer mit einem einfach zu bedienenden Programm ausstatten, mit dem man jede beliebige *dBASE*-kompatible Datenbank editieren kann. Andererseits stellt er eine Schnittstelle für den Export von Datenbankinhalten in einen Text zur Verfügung, wobei sich das Programm eines Ausgabeformulars bedient. Dies läßt sich wie folgt veranschaulichen:

Datenbankdatei (Feldinhalte)	▸	Reportform (Schablone für den Export)	▸	Textdatei (Textzeilen)

Das Ausgabeformular entscheidet, auf welche Weise die Feldinhalte der Datensätze in den Text importiert werden sollen. Dies gilt vor allem dann, wenn einige Felder unterdrückt werden sollen oder andere mehr als einmal auftauchen sollen. Ferner kann ein Ausgabeformular nicht nur Datensatzfeldinhalte, sondern auch zusätzlichen Text enthalten, der jedesmal in den aktuellen Text im Editor eingefügt wird, wenn ein Datensatz aus der Datenbank exportiert wird. Der Benutzer kann auch (durch Markierung) bestimmen, wieviele Datensätze genau von der aktuellen Datenbank zum Texteditor übertragen werden sollen. Sollte die Anzahl der markierten Datensätze zu groß sein, um in den Textbereich importiert zu werden, können Sie die Ausgabe eines Exports in eine Plattendatei umleiten, die später nach Belieben editiert werden kann.

Außer seiner Anwendung als eine Schnittstelle zur Texteditierung kann *Vieweg DatenbankManager* auch zur reinen Datenbankverwaltung eingesetzt werden. Sie können Datenbanken anlegen, sie sortieren, Datensätze löschen, nach Inhalten suchen, eine Datenbank im Ganzseitenmodus editieren oder in ihr blättern usw.

Vieweg DatenbankManager bietet Ihnen zu Beginn ein Desktop. Dieses ist die Eingangsebene des Programms; Sie kehren nach der Bearbeitung einer Datenbank hierher zurück und können nur von dieser Stelle das Programm beenden und dann nach DOS wechseln.

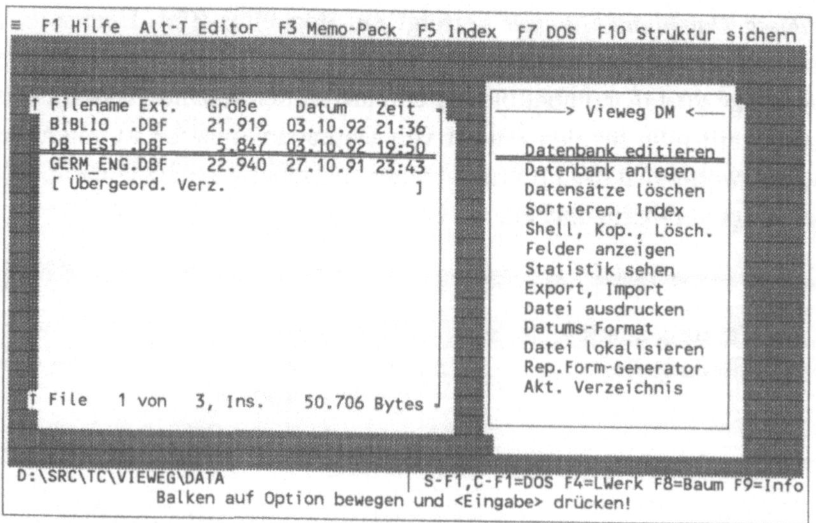

1.1 Tastenbelegungen für das Desktop

1) **<Shift-F1>** *DOS-Befehl ausführen.*
2) **<Strg-F1>** *DOS temporär laden.*

3)	**<F3>**	*'Memo'-Datei einer Datenbank komprimieren.*
4)	**<F5>**	*Indexgebrauch bei der Datenbankverarbeitung.*
5)	**<F7, Alt-F4>**	*Arbeitssitzung mit Vieweg DatenbankManager beenden.*
6)	**<F9>**	*Umgebungsinformation.*
7)	**<F10>**	*Datenbankstruktur sichern.*
8)	**<Alt-T>**	*Texteditor aktivieren.*

Die Nummern (1), (2), (5) und (6) der obenstehenden Liste bedürfen wohl keiner näheren Erläuterung, da sie ähnlichen Belegungen in allen Hauptprogrammen der *Vieweg DatenbankManager*-Gruppe entsprechen und Benutzern aus anderen Programmen bekannt sein dürften. Der Editor, der durch <Alt-T> aktiviert wird, wird weiter unten besprochen.

<F3> *'Memo'-Datei einer Datenbank komprimieren.* Mit *Vieweg DatenbankManager* können Sie Memodateien editieren, die mit Datenbanken im *dBASE*-Format assoziiert sind. Diese Dateien besitzen die Dateinamenerweiterung `.dbt` und tragen den Namen der Datenbank, zu der sie gehören. Im Laufe der Verarbeitung von Memo-Dateien neigen sie dazu, an Umfang zuzunehmen. Dies liegt an dem Verfahren, das nach dem *dBASE*-Standard für solche Dateien verwendet wird. Um diese Dateien zu komprimieren und so Plattenplatz zu sparen, ist das Dienstprogramm *Vieweg Pack* in der Programmgruppe enthalten und kann vom Desktop aus aufgerufen werden, indem Sie aus einer Verzeichnisauflistung, die Sie durch Drücken von <F3> erhalten, den Namen der Memo-Datei auswählen, der dann dem Dienstprogramm (als Befehlszeilenparameter) übergeben wird. Abhängig davon, wie oft Sie die Inhalte einer Memo-Datei bearbeitet haben, kann die Komprimierung zu einer Reduktion auf bis zu einem Viertel der ursprünglichen Dateigröße führen.

<F5> *Indexgebrauch bei der Datenbankverarbeitung.* Dreierlei Informationen zu Indizes können im Desktop der *Vieweg DatenbankManager* angegeben werden.

(i) Soll ein Index bei der Verarbeitung einer Datenbank benutzt werden? Wenn Sie mit 'ja' antworten, wird *Vieweg DatenbankManager* versuchen, eine Indexdatei zu laden, die dann (a) die Datensatzanzeige verwaltet und (b) das Finden von Suchstrings in Datensätzen durch

Überprüfung der Inhalte im Schlüsselfeld eines Indexes erheblich beschleunigt.

(ii) Soll der Benutzer beim Laden einer Datenbank einen Index auswählen? Bitten beachten Sie: wenn Sie 'nein' spezifizieren, dann wird *Vieweg DatenbankManager* nach einer Indexdatei suchen, die zu dem Namen der zur Verarbeitung ausgewählten Datenbank paßt. Wenn Sie beispielsweise eine Datenbank TEST.DBF auswählen, wird *Vieweg DatenbankManager* nach einer Indexdatei namens TEST.DBX suchen. Wenn es diese nicht findet, wird die Datenbank natürlich ohne einen Index geladen. Sollte es jedoch einen Index in demselben Verzeichnis wie die Datenbank lokalisieren, dann wird dieser gelesen und mit der betreffenden Datenbank verknüpft. Sollten Sie sich entscheiden, eine Indexdatei auszuwählen, so können Sie eine aussuchen, die einen anderen Namen hat als die Datenbank, mit der sie assoziiert ist. Hier ist ein praktisches Beispiel. Sie arbeiten mit der mitgelieferten Test-Bibliographiedatenbank BIBLIO.DBF, die einen Index BIBLIO.DBX hat, der aus dem Feld NACHNAME der Datenbank abgeleitet ist. Für eine bestimmte Arbeitssitzung möchten Sie die Datensätze nach Jahren geordnet haben. Dazu wählen Sie den mitgelieferten Index JAHR.DBX aus, und schon wird dies automatisch erledigt.

Achten Sie darauf, sicherzustellen, daß der Index auf dem neuesten Stand der Datenbank ist, anderenfalls wird die Datensatzanzeige unregelmäßig sein. Eine Indexdatei muß zuvor vom Desktop aus über die Option (*Sortieren, Index*) erzeugt worden sein. An dieser Stelle legt man fest, welches Feld als Schlüssel für den Index fungieren soll.

(iii) Bei Indizes erfordert die Frage große Aufmerksamkeit, ob die Indizes auf dem jeweils neuesten Stand ihrer dazugehörigen Datenbanken sind oder nicht. Eine effektive Methode, dies sicherzustellen, ist es, *Vieweg DatenbankManager* dazu zu bringen, eine Datenbank jedesmal zu reindizieren, wenn Sie sie mit einer Indexdatei laden. Dies kostet Sie nur die wenigen Sekunden, die benötigt werden, um die Datenbank vom Desktop aus zu reindizieren, bevor Sie auf die Editierungsebene wechseln.

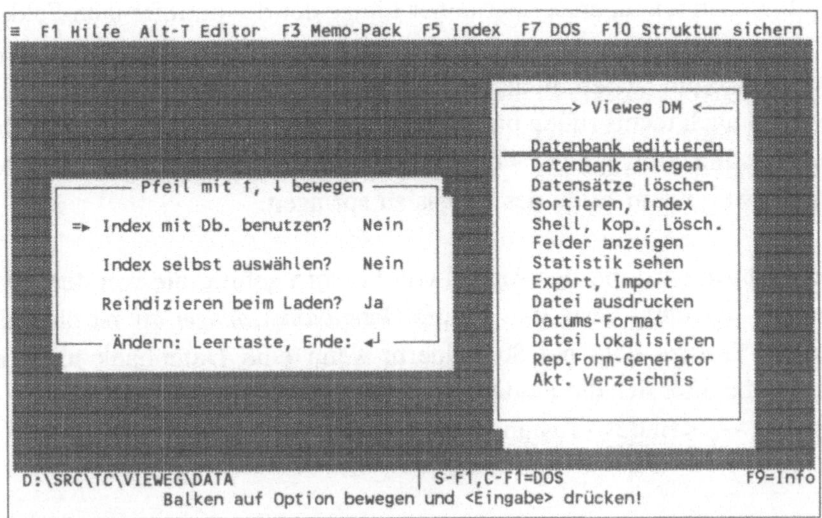

Anmerkung. Werte für die drei relevanten Indexparameter können in einer Initialisierungsdatei spezifiziert werden; schauen Sie in der mitgelieferten Datei `vdm.ini` nach, wie dies realisiert wird.

<F10> *Datenbankstruktur sichern.* Wenn Sie diese Taste drücken, öffnet sich ein Fenster auf der linken Seite des Bildschirms, und Sie werden aufgefordert, den Namen für eine Textdatei einzugeben, die die Struktur der Datenbank enthalten wird, die Sie anschließend aus einer vom Programm angezeigten Verzeichnisauflistung aussuchen. Solche Strukturdateien sind nützliche Dokumentationen von Datenbanken, die Sie häufig verarbeiten.

1.2 Datenbankeditierung

Sobald Sie eine Datenbank aus dem Fenster, das sich bei Auswahl der ersten Option öffnet, ausgewählt haben, bietet sich Ihnen ein Bildschirm, der den Inhalt des ersten Datensatzes der ausgewählten Datenbank anzeigt.

Sie werden bemerken, daß die üblichen Informationen über eine Datenbankdatei aus der *dBASE*-Umgebung vor jedem Feld angezeigt werden, d.h. Name, Typ und Größe jedes Feldes. Die hellunterlegte Videodarstellung, die Sie auf dem Bildschirm sehen, entspricht in der Länge der des betreffenden Feldes. Ein Feld kann jedoch länger sein als die 62 Leerzeichen, die in das benutzte Bildschirm-Layout passen. In diesem Fall können Sie in der Eingabezeile für ein langes Feld nach rechts rollen und Befehle des *Benutzereingabeeditors* (siehe den entsprechenden Anhang) wie <Pos1> und <Ende> benutzen, um zum Anfang beziehungsweise zum Ende des Feldes zu springen.

Der Bildschirm wird mit der Anzahl von Feldern gefüllt, die von dem Typ von Datenbank bestimmt wird, den *Vieweg DatenbankManager* zuerst einmal liest. Die obere Grenze liegt bei 80 Feldern; wenn eine Datenbank mehr als 23 Felder besitzt, läßt sich die Feldanzeige mit den <PfeilAuf>-, <PfeilAb>- oder den <Pos1>-, <Ende>-Tasten vertikal rollen.

```
D:\SRC\TC\VIEWEG\DATA\DB_TEST.DBF   DB: 1  Feld:  6 Sp.:   4 DS.:    14 [    30]
<                             >                                       [  |    ]
NACHNAME      C  30 Keller
VORNAME       C  20 Manfred
STRASSE       C  30 Goethe Straße 10
STADT         C  20 Frankfurt
LAND          C  30 Deutschland
VORWAHL       C   8 069
TEL_NR        C  12 567123
BEKANNT       D   8 10.10.1985
FREUND        L   1 F
SCHUH         N   2 42
HOBBY_TYP     C  20 Fliegen

St-Bild↑ St-Bild↓ St-G=GeheZu F1=Hilfe Alt-F7=Desk. F10=Browse [Shift-Tab=Menüs]
```

Wenn *Vieweg DatenbankManager* startet, befindet es sich im sogenannten Listenmodus, in dem Sie in einer Datenbankdatei mit Hilfe der <Bild↑>- und <Bild↓>-Tasten blättern können. Um einen Datensatz zu editieren, drücken Sie <Eingabe>. Sie können mit <Strg-Bild↑> zum Anfang einer Datei springen und mit <Strg-Bild↓> zum Ende. Zu einem bestimmten Datensatz gelangen Sie, indem Sie <Strg-G> oder <Strg-Pos1> drücken und eine Zahl eingeben.

1.2.1 Die Verarbeitung zweier Datenbanken

Der *Vieweg DatenbankManager* kann zwei Datenbanken gleichzeitig verarbeiten. Wenn Sie vom Desktop aus starten, wird eine Datenbank in den ersten Arbeitsbereich (erkennbar an dem Hinweis `DB.:` 1 in der ersten Zeile des Bildschirms) geladen. Wenn Sie eine zweite Datenbank bearbeiten wollen, müssen Sie diese mit <Alt-2> laden. Der Verzeichnisverwalter wird aktiviert, und Sie können eine Datenbank für den Arbeitsbereich 2 auswählen. <Escape> bricht diesen Befehl ab, und Sie kehren zum ersten Bereich zurück. Angenommen jedoch, daß Sie erfolgreich eine Datenbank ausgewählt haben, so wird diese in den Arbeitsbereich 2 geladen, und Sie können nun mit <Alt-1> und <Alt-2> zwischen den Datenbanken umschalten.

Anmerkung. Bestimmte Befehle verlangen, daß zwei Datenbanken geladen werden, z.B. der Datensatzübertragungsbefehl (aktiviert durch <Alt-D>). Bei solchen Befehlen muß die Struktur der Datenbanken in beiden Bereichen identisch sein. Sie können jederzeit eine neue Datenbank in jeden der beiden Bereiche laden, indem Sie <F5> drücken. Dies aktiviert den Verzeichnisverwalter, aus dem sie eine andere Datenbank auswählen.

1.2.2 Die Behandlung von Feldtypen

Da *Vieweg DatenbankManager* (über den Datenbank-Dateivorspann) Zugriff auf Informationen zum Typ jedes Feldes einer Datenbank hat, kann es diese Typen korrekt behandeln. Sie werden die folgenden Abkürzungen für verschiedene Felder innerhalb von *Vieweg DatenbankManager* bemerken; sie entsprechen den fünf Hauptfeldarten der *dBASE*-Umgebung.

Feldtyp	*Möglicher Feldinhalt*
C (= *character*)	alphanumerische Daten (keine Einschränkungen)
N (= *numeric*)	numerische Daten, Leerzeichen, Punkt (= Dezimalpunkt), Strich (= Vorzeichen) oder Komma (= Tausendertrennung)

D (= *date*) numerische Daten, die ein gültiges Datum darstellen
L (= *logical*) die Buchstaben `T,F,Y,N`
M (= *memo*) eine Zahl als Offset für eine mit der Datenbank assoziierte Textdatei

Die korrekte Feldbehandlung wird intern erreicht, indem *Vieweg DatenbankManager* selbst ein Wörterbuch mit vier Feldern bereithält (Feldname, Feldtyp, Feldlänge, Felddezimalstelle), die den vier im Dateivorspann einer Datenbankdatei in der *dBASE*-Umgebung enthaltenen Informationen entsprechen. Jedes Feld der Datenbank hat dann gewisse Werte für diese Felder, die die Anzeige der Felder und die Daten, die in sie eingegeben werden können, bestimmen. Beachten Sie, daß, wenn die Datenbankdatei einen Hinweis auf ein Memo-Feld enthält, dieser von *Vieweg DatenbankManager* als Zahl im Memo-Feld dargestellt wird.

1.2.3 Vorgabewerte

Die verschiedenen Feldtypen erhalten bestimmte Vorgabewerte, wenn sie nicht bereits mit Informationen aus einer Datendatei gefüllt sind. Dies ist erforderlich, damit, wenn die Datei auf Platte geschrieben wird, *Vieweg DatenbankManager* den Feldabschnitt jeder Textzeile korrekt ausfüllt. Ein Zeichenfeld wird mit sovielen Leerzeichen ($32) gefüllt, wie seine Länge beträgt; das gleiche gilt für ein numerisches Feld; ein Datumsfeld wird mit dem Anfangsdatum `01/01/1980` (im ANSI-Format: `19800101`) gefüllt, während ein logisches Feld ein `F` für `falsch` enthält.

Wenn ein numerisches Feld eine Dezimalstelle enthält (eine aus dem Datenbankvorspann beim Laden von *Vieweg DatenbankManager* gewonnene Information), wird diese an der richtigen Stelle in der Reihe von Leerzeichen in einem leeren numerischen Feld plaziert. Dieser Dezimalpunkt kann nicht durch eine Zahl ersetzt werden, wenn Sie die Inhalte dieses Feldes editieren, da dieses einer Abänderung der Struktur der Datenbank gleichkäme, was bei der Editierung mit *Vieweg DatenbankManager* nicht zulässig ist.

1.2.4.1 Zweck einer Indexdatei

Jede Datenbank kann eine mit ihr assoziierte Zusatzdatei, genannt Index, besitzen. Der Zweck eines Indexes ist es, schnellen Zugriff auf Datensätze der Datenbank zu ermöglichen. Ein Index ist eine Textdatei und funktioniert wie folgt. Aus einem bestimmten festgelegten Feld (oder Feldern) einer Datenbank wird (werden) der Eintrag (die Einträge) in regelmäßigen Abständen herausgezogen und in eine Datei aufgenommen. Diese Datei enthält dann die Information eines Feldes von jedem Datensatz der Datenbank. Die Datei wird nach einer bestimmten Reihenfolge sortiert, normalerweise in aufsteigender alphabetischer Reihenfolge (es könnte auch in umgekehrter Reihenfolge sein, mit oder ohne Beachtung des Unterschieds zwischen Groß- und Kleinschreibung). Eine mit einer Datenbank eröffnete Indexdatei erfüllt zwei wesentliche Funktionen.

(i) *Ein Index bestimmt die Reihenfolge der Datensatzanzeige.* Nehmen wir als Beispiel an, man hat einen (offenen) Index zum Feld AUTOR in einer Bibliographiedatenbank, dann werden die Datensätze in einer alphabetischen Reihenfolge angezeigt, die von dem Namen im Feld AUTOR bestimmt wird, ungeachtet dessen, ob sich die Datensätze physikalisch diesem Feld zufolge in alphabetischer Reihenfolge befinden oder nicht. Dies hat einen gewissen Nebeneffekt. Es muß während der Navigation mit einer offenen Indexdatei wiederholt auf die Festplatte zugegriffen werden (es sei denn, die Reihenfolge der Indexdatei ist zufällig dieselbe wie die physikalische Reihenfolge der Datensätze innerhalb der Datenbank). Dies ist offensichtlich: wenn Sie in dem obengenannten Beispiel dem Autor-Feld zufolge beim Buchstaben "F" sind und zum folgenden Datensatz gehen, der dem Index zufolge einen mit "G" beginnenden Namen enthalten sollte, dann muß der Index den Datensatz laden, der dieser Anforderung entspricht. Nehmen wir an, daß der letzte Datensatz mit einem Autor, dessen Name mit "F" beginnt, physikalisch Nummer 6 ist und der folgende Datensatz, der mit "G" beginnt, physikalisch Nummer 211 ist, so muß die Indexdatei von 6 nach 211 springen, wenn Sie den Befehl "gehe zum folgenden Datensatz" (<Bild↓> in *Vieweg DatenbankManager*) geben und die Anzeige von diesem Index verwaltet wird. Dies bedeutet normalerweise einen Zugriff auf die

Festplatte. Durch eine Datenbank zu blättern kann dann ein relativ langsamer Vorgang sein, da die Neupositionierung des Schreib-/ Lesekopfes in einer ungünstigen Situation für nahezu jeden Datensatz erforderlich sein kann.

(ii) *Ein Index ermöglicht schnelle Feldinhaltssuche.* Wenn Sie in einem Feld, das als Schlüsselfeld eines Indexes fungiert, nach einer Zeichenkette suchen, so durchsucht das System die Indexdatei (im Speicher), um zu sehen, ob es sie gibt. Wenn es sie findet, springt es geradewegs zu dem entsprechenden Datensatz in der Datenbank und zeigt ihn an. Eine Alternative hierzu ist die Prozedur 'lokalisieren' (in *Vieweg DatenbankManager* durch <Strg-F> aktivierbar), die die eigentliche Datenbank (auf Platte) durchsucht, Datensatz für Datensatz. Dies ist verständlicherweise eine langsamere Methode, Zeichenketten zu finden. Bei einfachen Suchvorgängen ist es ratsam, aus Gründen der Geschwindigkeit eine geöffnete Indexdatei zu benutzen. Benutzen Sie für Suchvorgänge außerhalb des Schlüsselfeldes eines Indexes den Befehl 'lokalisieren'; für komplexe Suchvorgänge (mit Bedingungen, die sich auf mehr als ein Feld beziehen), sollten Sie einen Filter setzen (über die Tastenkombination <Alt-F3>).

1.2.4.2 Indexdateien für den Vieweg DatenbankManager

Der aktuelle Datenbankmanager erzeugt und benutzt seine eigenen Indexdateien, die alle die Dateinamenerweiterung `.dbx` (= *Datenbank-Index*) besitzen. Bitte beachten Sie, daß diese Indizes speziell auf den *Vieweg DatenbankManager* zugeschnitten sind, sie sind weder in dem für *dBASE* noch für *Clipper* oder *FoxBase* erforderlichen Format.

Die hier erzeugten `.dbx` Indizes sind aber sehr kompakt und belegen daher eine minimale Menge von wertvollem Arbeitsspeicher, der gut für die Texteditierung in *Vieweg DatenbankManager* benötigt werden kann. Außerdem erfolgt die Sortierung der Information in einem *Vieweg DatenbankManager*-Index immer in aufsteigender alphabetischer Reihenfolge und mit Groß- gleich Kleinschreibung. Behalten Sie im Auge, daß die alphabetische Reihenfolge von der auf dem Desktop ausgewählten (oder in einer Initialisierungsdatei spezifizierten) Sprache abhängig ist.

Wenn Sie eine Datenbank editieren, wird ein geöffneter Index automatisch auf den neuesten Stand gebracht, so daß sich die Veränderungen in der Indexdatei widerspiegeln. Dies bezieht sich speziell auf Veränderungen in den Inhalten des Schlüsselfeldes eines Datensatzes und auf das Anfügen neuer Datensätze an die Datenbank.

Achtung!
Wenn Sie vom Desktop aus Datensätze anfügen, löschen oder sortieren, dann müssen Sie die betreffende Datenbank neu indizieren, damit die dazugehörige Indexdatei (mit der Extension `.dbx`) auf den neuesten Stand gebracht wird.

1.2.5 Größenbeschränkungen

Es gibt nur wenige Einschränkungen, deren sich Benutzer bei der Verarbeitung von Datenbanken mit *Vieweg DatenbankManager* bewußt sein sollten.

(i) Markierungen können nur an den ersten 10.000 Datensätzen angebracht werden; Sortier- und Löschvorgänge haben ebenfalls Maxima von 10.000 Datensätzen.

(ii) Eine Datenbank, die Sie editieren, kann bis zu 80 Felder besitzen, von denen jedes bis zu 256 Zeichen lang sein kann.

1.3 Befehlsbeschreibungen

1.3.1 Belegungen der Navigier- und Steuerungstasten

<Alt-1> *Auf Datenbank 1 umschalten.* Angenommen, Sie befinden sich in der Datenbank eines zweiten Arbeitsbereiches, dann bringt Sie dieser Tastendruck zum ersten (voreingestellten) Arbeitsbereich zurück.

<Alt-2> *Auf Datenbank 2 umschalten.* Diese Tastenkombination bringt Sie in den zweiten Arbeitsbereich. Ist keine Datenbank in den Bereich Zwei bereits geladen worden, so wird der Verzeichnisverwalter aktiviert.

> **Bedenken Sie...**
> Während Sie sich in einer Datenbank bewegen, erscheint der Cursor als großer Block, während der Editierung erscheint er als dünner Strich. Zusätzlich wird die Meldung `'Inhalt editieren'` oben links am Bildschirm angezeigt.

<Eingabe> *Datensatz editieren / Änderungen sichern.* Die <Eingabe>-Taste hat in *Vieweg DatenbankManager* die zweifache Funktion, (i) in den Editiermodus zu gehen, um die Inhalte eines Datensatzes zu verändern und (ii) diesen Modus zu verlassen (und Änderungen zu sichern). In *Vieweg DatenbankManager* werden die am aktuellen Datensatz vorgenommenen Veränderungen gespeichert, wenn Sie zu einem anderen Datensatz gehen (drücken Sie z.B. <Bild↑> oder <Bild↓>, um zum vorangehenden bzw. nachfolgenden Datensatz zu gehen). Dies bewirkt, daß der Datensatzzeiger neu positioniert wird, und bevor dies geschieht, schreibt

Vieweg DatenbankManager automatisch den aktuellen Datensatz, den Sie auf dem Bildschirm sehen, auf Platte.

Haben Sie in den *Editiermodus* für einen Datensatz gewechselt, so können Sie sich mit den <PfeilAuf>-, <PfeilAb>- oder den <Bild↑>-, <Bild↓>-Tasten zwischen Feldern auf und ab bewegen. Benutzen Sie <Pos1> und <Ende>, um zum Anfang bzw. Ende eines Feldes zu gehen.

<Escape> *Änderungen stornieren.* Wie man erwarten würde, führt dies dazu, daß die an einem Datensatzfeld vorgenommenen Änderungen verworfen werden. Die Anzeige wird erneuert, um den Datensatz mit den Inhalten des aktuellen Feldes vor der Editierung anzuzeigen.

<Bild↑> *Rückwärts blättern.* Geht in der Datenbankdatei einen Datensatz rückwärts.

<Bild↓> *Vorwärts blättern.* Geht in der Datenbankdatei einen Datensatz vorwärts.

<Plus-Taste> *(Editieren), vorwärts blättern und editieren.* Um die Notwendigkeit zu umgehen, <Eingabe>, <Bild↑> und wieder <Eingabe> zu drücken, wenn Sie sich im Editiermodus von Datensatz zu Datensatz bewegen, wurde diese eine Taste mit der Dreierkombination belegt.

<Minus-Taste> *(Editieren), rückwärts blättern und editieren.* Arbeitet analog zu dem vorangehenden Tastendruck, aber bewegt sich rückwärts in der aktuellen Datenbank.

<Strg-Bild↑> *Anfang der Datenbank.* Springt zum Anfang der Datenbankdatei.

<Strg-Bild↓> *Ende der Datenbank.* Springt zum Ende der Datenbankdatei.

<Pos1> *Erstes Feld in aktuellem Datensatz.* Wenn Sie *nicht* gerade einen Datensatz editieren, führt diese Taste dazu, daß der Cursor auf das erste Feld positioniert wird (wenn er sich nicht schon dort befindet).

<Ende> *Letztes Feld in aktuellem Datensatz.* Wenn Sie *nicht* gerade einen Datensatz editieren, führt diese Taste dazu, daß der Cursor auf das letzte Feld positioniert wird.

<PfeilAuf> *Sich ein Feld im Datensatz nach oben bewegen.* Bewegt beim Editieren eines Datensatzes den Cursor nach oben zum vorangehenden Feld; Editiermodus bleibt aktiv.

<PfeilAb> *Sich ein Feld im Datensatz nach unten bewegen.* Bewegt beim Editieren eines Datensatzes den Cursor nach unten zum folgenden Feld; Editiermodus bleibt aktiv.

Anmerkung. Die <Escape>-Taste unterbricht jede iterative Operation wie die Suche nach Feldinhalten, den Export mehrerer Datensätze in einen Text usw.

1.3.2 Datenbanken und Indizes

<F5> *Neue Datenbank laden.* Diese Taste aktiviert den Verzeichnisverwalter, um es Ihnen zu ermöglichen, eine neue Datenbank auszuwählen. <Escape> bricht die Operation ab, und Sie kehren zu der Datenbank zurück, die Sie zuvor in Bearbeitung hatten. Wenn Sie aber doch eine neue Datenbank aussuchen, wird diese geladen (zusammen mit einem gleichnamigen Index, falls dieser gefunden wird). Beachten Sie, daß alle aktiven Filter deaktiviert werden, da *Vieweg DatenbankManager* nicht annehmen kann, daß der für eine Datenbank konstruierte Filter für eine andere geeignet ist. Ferner geht jede Markierung für den Export verloren, da der Markierungszähler auf Null zurückgesetzt wird.

Anmerkung. Es findet keine Überprüfung statt, ob der Index mit der Datenbank übereinstimmt (diese Last trägt der Benutzer!). Eine logische Folge des automatischen Ladens eines Indexes ist, daß Sie, wenn Sie einen Index mit einem anderen Namen als dem der ausgewählten Datenbank benutzen wollen, im Desktop mittels <F5> die manuelle Indexauswahl spezifizieren müssen (siehe die Bemerkungen dazu weiter oben).

1.3.3 Datenbankeditierung

1.3.3.1 Ansehen von Datenbanken

<F10> *Browseansicht einer Datenbank (ohne Index).* Der Browsemodus auf der Datenbankeditierungsebene ist ein Modus, in dem ein einzelner Datensatz eine Zeile einnimmt (im Gegensatz zum Ganzseitenmodus, in dem ein Datensatz einen einzelnen Bildschirm füllt). Er hat den Vorteil, daß er dem Benutzer erlaubt, eine Reihe von Datensätzen gleichzeitig zu überblicken. Wenn der Benutzer <F10> drückt, werden ihm die ersten Felder einiger Datensätze der aktuellen Datenbank angezeigt.

```
|NACHNAME               |VORNAME         |STRASSE
|Balkhausen             |Thomas          |Zedernweg 15
|Battaglia              |Mark            |34 Lincoln Road
|Beauvais               |Lucienne        |11 Rue de France
|Bertini                |Laura           |55 Via Garabaldi
|Bradley                |Mary            |11 O'Connell Street
|Castalini              |Giulio          |34 Via Dolorosa
|Fitzgerald             |Joan            |94 Connemara Drive
|Fitzpatrick            |Maura           |27 Clontarf Road
|Gambetta               |Andrea          |72 Piazza di Spagna
|Grindel                |Lieschen      ┌──────────────────────────┐
|Hanley                 |Mark          │ Escape    Kein Wechsel   │
|Hayden                 |Linda         │ Ctrl+↵    Gehe zu DS.    │
|Karlsson               |Mike          │ Entf.     DS. löschen    │
|Keller                 |Manfred       ├──────────────────────────┤
|Kindermann             |Heike         │ F1        Hilfesystem    │
|Kreuzberg              |Liliane       │ F9        Umgebungsinfo  │
|Kuhn                   |Andrea        ├──────────────────────────┤
|Manzarotti             |Giacomo       │ Sh-F1     DOS-Befehl     │
|Marchand               |Guy           │ Ctrl-F1   DOS laden      │
|McCann                 |Joseph        │ Ctrl-Q    ASCII-Tabelle  │
|McCarthy               |Peter         └──────────────────────────┘
|Meyer                  |Hans            |Brahms Allee 45
|Murphy                 |Patrick         |41 Fitzwilliam Square
[Strg-]Bild↑ [Strg-]Bild↓ ▼ ▲  ◄ ► Pos1 Ende  [Shift-Tab=Menü]   [Entf.|    1]
```

Es wird so viel vom Datensatzinhalt zu sehen sein, wie in eine Bildschirmzeile paßt. Handelt es sich um eine Datenbank mit relativ großen Datensätzen, so kann man mittels <Pfeil-Rechts> bzw. <Ende> die Bildschirmanzeige nach rechts verschieben lassen. Mit den Tasten <PfeilLinks> bzw. <Pos1> bewegt sich die Anzeige in der entgegengesetzten Richtung.

Um ein Feld in diesem Modus zu editieren, drückt man die <Eingabe>-Taste. Ein Cursor erscheint am Anfang des momentan hellunterlegten Datensatzfeldes. Durch nochmaliges Drücken von <Eingabe> wechselt man in den Listenmodus zurück.

<Shift-F10> *Datenbank im Browsemodus ansehen (mit Index).* Ist ein Index aktiv, dann bietet Ihnen das Programm ein Browse-Fenster auf der rechten Seite des Bildschirms, in dem nur der Inhalt des Schlüsselfeldes jedes Datensatzes angezeigt wird. Sie können in diesem Fenster normal blättern (mit ↑, ↓, <[Strg-]Bild↑>, <[Strg-]Bild↓>). Positionieren Sie den Datensatzzeiger mit <Eingabe> neu oder kehren Sie mit <Escape> zum aktuellen Datensatz zurück!

```
D:\SRC\TC\VIEWEG\DATA\DB_TEST.DBF    DB: 1  Feld:  1 Sp.:   1 DS.:      1 [   30]
<██████████████████████████████>                                        [   |   ]
NACHNAME     C  30 Balkhausen
VORNAME      C  20 Thomas               ─── [Strg]Bild↑,[Strg]Bild↓ ───
STRASSE      C  30 Zedernweg 15          1       Balkhausen
STADT        C  20 Bremen                2       Battaglia
LAND         C  30 Deutschland           3       Beauvais
VORWAHL      C   8 0234                  4       Bertini
TEL_NR       C  12 988723                5       Bradley
BEKANNT      D   8 01.06.1983            6       Castalini
FREUND       L   1 F                     7       Fitzgerald
SCHUH        N   2 44                    8       Fitzpatrick
HOBBY_TYP    C  20 Jäger                 9       Gambetta
                                         10      Grindel
                                         11      Hanley
                                         12      Hayden
                                         13      Karlsson
                                         14      Keller
                                         15      Kindermann
                                         16      Kreuzberg
                                         17      Kuhn
                                        ──── ↵=Gehe zu; Esc=Abbr. ────

St-Bild↑ St-Bild↓ St-G=GeheZu F1=Hilfe Alt-F7=Desk. F10=Browse [Shift-Tab=Menüs]
```

Wenn ein Sternchen hinter der Nummer eines Datensatzes im Browse-Fenster erscheint, zeigt dies an, daß er zur Löschung vorgesehen ist und über die *Datensätze löschen*-Option im Desktop (siehe unten) dauerhaft aus der Datenbank entfernt werden kann.

<Strg-G, Strg-Pos1> *Gehezu Datensatz.* Diese Tastenkombination bewirkt eine Aufforderung zur Eingabe einer Datensatznummer. Der *Vieweg DatenbankManager* springt dann zu diesem Datensatz und dessen Inhalt wird angezeigt. Wenn der Wert über der Reichweite der Datenbank liegt, wird der letzte Datensatz angezeigt.

1.3.3.2 Anfügen von Datensätzen

<Strg-A> *Einen Datensatz anfügen* Die Tastenkombination fügt einen neuen Datensatz an das Ende der aktuellen Datenbankdatei hinzu und aktiviert automatisch den Editiermodus.

<Alt-A> *Eine Anzahl von Datensätzen anfügen* Dieser Befehl ähnelt dem vorangehenden, jedoch mit dem Unterschied, daß der Benutzer angeben muß, wieviele Datensätze er anfügen möchte. Der Datensatzzeiger wird auf den ersten der neu angefügten Datensätze neu positioniert.

Bedenken Sie...

Ist eine Indexdatei dann aktiv, wenn Sie Datensätze anfügen, so werden diese am Anfang der Datenbank angezeigt, da eine automatische (aufsteigende) Sortierung dazu führt, daß ASCII $32 (= Leerzeichen) vor allen anderen Buchstaben und Ziffern eingereiht wird.

1.3.3.3 Mischen und Kopieren

<F3> (i) *Feldinhalt innerhalb des aktuellen Datensatzes kopieren/verschieben.* Dieser Befehl speichert den Inhalt des aktuellen Feldes ab. Er ist zum Kopieren von Feldern innerhalb eines Datensatzes gedacht. Durch Drücken von <F3> speichern Sie das aktuelle Feld in einem internen Puffer. Dann bewegen Sie den

Cursor zu dem Feld, in das der Inhalt kopiert werden soll. Beachten Sie in diesem Zusammenhang, daß Sie zwei Tastenkombinationen zur Auswahl haben, um diesen Befehl zu beenden, beide mit unterschiedlichen Auswirkungen:

<Eingabe> *Inhalt vom originalen zum neuen Feld verschieben.*
<Strg-Eingabe> *Inhalt vom originalen ins neue Feld kopieren.*

Beachten Sie, daß einige Daten verlorengehen, wenn das aufnehmende Feld kürzer ist als der zu verschiebende Inhalt. Dieser Befehl funktioniert nur bei Feldern vom Typ *character* oder *numeric*.

<Shift-F3> *Datensatzfeld speichern, holen.* Dieser Befehl ähnelt dem vorangehenden, ist aber für die Fälle gedacht, in denen man Feldinhalte von einem Datensatz in einen anderen kopieren möchte (in derselben oder einer anderen Datenbank).

```
D:\SRC\TC\VIEWEG\DATA\DB_TEST.DBF   DB: 1  Feld:  4 Sp.:   1 DS.:    10 [    30]
  Speichern  Holen  |Innsbruck
NACHNAME    C  30 Grindel
VORNAME     C  20 Lieschen
STRASSE     C  30 Tirolgasse 33
STADT       C  20 Innsbruck
LAND        C  30 Austria
```

Sie drücken <Shift-F3>, um den Befehl zu aktivieren; bevor *Vieweg Datenbank-Manager* fortfährt, müssen Sie spezifizieren, ob Sie den Inhalt desjenigen Feldes speichern wollen, auf dem sich der Cursor momentan befindet, oder ob Sie den Inhalt des Feldpuffers holen wollen (vorausgesetzt, daß zuvor etwas dort hineinkopiert worden ist). Beachten Sie, daß die zweite Zeile des Bildschirms durch eine spezielle Anzeige ersetzt wird.

Benutzen Sie entweder die <PfeilLinks>-, <PfeilRechts>- oder die <Tab>-, <Shift-Tab>-Tasten, um den gewünschten Vorgang auszuwählen (wie immer bricht <Escape> den Vorgang ab). Wenn der Feldpuffer bereits gefüllt worden ist, wird sein Inhalt in der zweiten Zeile des Bildschirms angezeigt.

<F4> *Einen Datensatz für das Mischen festhalten.* Dies ist ein Mittel, um mehrere Felder von einem Datensatz in einen anderen zu kopieren. Es funktioniert folgendermaßen. Sie drücken <F4>, und der Inhalt des aktuellen Datensatzes wird in einem für diesen Zweck reservierten internen Puffer gespeichert. Eine entsprechende Meldung wird ausgegeben. Der Pufferinhalt wird behalten, solange Sie ihn nicht wieder ersetzen oder alle geöffneten Datenbanken schließen, indem Sie zur Desktopebene zurückgehen. Gehen Sie nun weiter zum folgenden Befehl.

<Shift-F4> *Datensätze mischen.* Mit diesem Tastendruck bewirken Sie, daß der Inhalt des internen Datensatzpuffers (vorausgesetzt, daß er gefüllt worden ist) in die Felder des aktuellen Datensatzes zurückgeholt wird. Die Operation ist nicht ein reines Kopieren, sondern eher ein Mischen, womit gemeint ist, daß nur die leeren Felder des aktuellen Datensatzes mit Inhalt aus dem internen Datensatzpuffer gefüllt werden. Das Endergebnis hiervon ist, daß Sie den Inhalt von zwei Datensätzen miteinander vermischen, wobei der zweite Datensatz Priorität besitzt, so daß sein Inhalt niemals überschrieben wird.

<Alt-H> *Aktuelle Datensatznummer behalten.* Dieser Befehl notiert einfach intern die Nummer des Datensatzes, an dem Sie sich gerade befinden. Wenn Sie erst einmal <Alt-H> gedrückt haben, kann der folgende Befehl benutzt werden, um zu dem Datensatz zurückzukehren, dessen Nummer notiert worden ist. Der Vorteil dieses Befehls ist, daß er Ihnen erlaubt, aus irgendeinem Grund (z.B. um den Inhalt eines anderen Datensatzes zu überprüfen) zu einer anderen Stelle in der Datenbank zu navigieren und zurückzukehren, ohne daß Sie den Datensatz, an dem Sie sich vorher befanden, suchen müssen.

<Alt-G> *Zur behaltenen Datensatznummer gehen.* Führt mit einem Sprung zu dem Datensatz, dessen Nummer durch vorherigensDrücken von <Alt-H> durch den Benutzer intern registriert worden ist.

1.3.3.4 Daten einfügen

<F2> *Auf interne Textliste zugreifen.* Dieser Befehl aktiviert ein Fenster, in dem Sie bis zu 16 Textzeichenketten eingeben können (jede bis zu 64 Zeichen in der Länge). Jede hiervon kann später in das aktuelle Feld zurückgeholt werden. Um eine Textzeichenkette zu editieren, drücken Sie <Eingabe>. Um eine Zeichenkette in das aktuelle Feld eines Datensatzes zurückzuholen, benutzen Sie <Strg-Eingabe>.

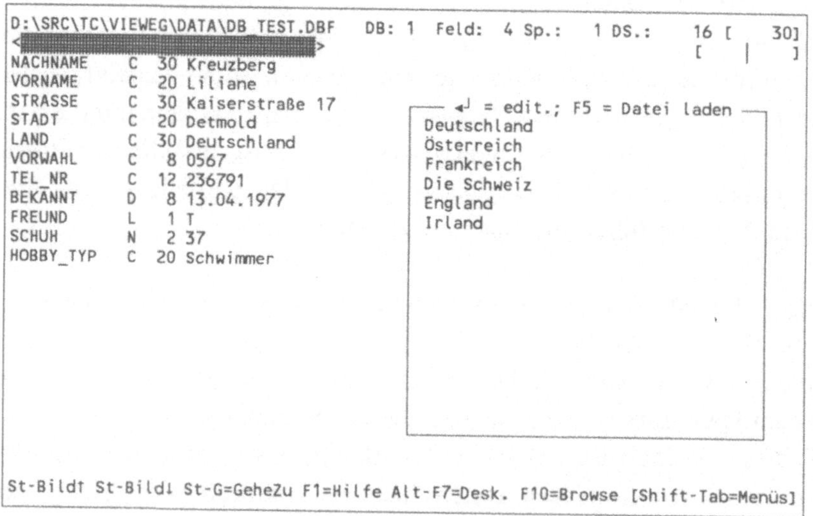

Sie können auch den Inhalt einer Textdatei mit **<F5>** in die Liste von Zeichenketten laden. Die Länge des Textes, der als Eingabe benutzt wird, ist unkritisch: *Vieweg DatenbankManager* wird soviel von ihm importieren, wie in die Liste paßt. Eingabezeilen werden auf 64 Zeichen abgeschnitten, falls sie länger sein sollten, und es werden nur 16 Zeilen importiert. Außerdem wird jede Zeile, die mit einem Semikolon beginnt, als Kommentar behandelt und übergangen (dies ist das übliche Verfahren bei *Vieweg*-Textdateien). Sie können versuchen, eine kleine Textdatei zu erzeugen und sie dann in die interne Textliste zu laden, um zu sehen, wie die Funktion mit benutzerdefiniertem Text arbeitet.

<**Strg-I**> *Systemdatum in Datumsfeld einfügen.* Angenommen, daß das aktuelle Feld in einem Datensatz, der gerade editiert wird, vom Typ "Datum" ist, so wird das Systemdatum (von der internen Uhr des Computers) in das Feld eingetragen. Dies ist nur bei der Editierung eines Datensatzes möglich.

1.3.3.5 Datensatz duplizieren

<**Strg-D**> *Aktuellen Datensatz duplizieren* Dieser Befehl dupliziert den aktuellen Datensatz an das Ende der aktuellen Datenbankdatei und aktiviert automatisch den Editiermodus.

<**Alt-D**> *Aktuellen Datensatz zu anderer Datenbank übertragen.* Dieser gleicht dem vorangegangenen Befehl, jedoch mit dem Unterschied, daß der Datensatz zu der anderen Datenbank übertragen wird. Dies funktioniert in beide Richtungen, d.h. entweder 1 -> 2 oder 2 -> 1. Die einzige Vorbedingung für diesen Befehl ist, daß die Struktur der beiden Datenbanken identisch ist; wenn nicht, wird eine entsprechende Fehlermeldung ausgegeben.

1.3.4 Suche nach Datensätzen

<**Strg-F**> *Feldinhalte finden.* Dies ist die Option, die Sie auswählen, wenn Sie die Datensätze einer Datenbank nach einem Suchstring durchsuchen möchten und nicht durch einen offenen Index. Sie entspricht dem *locate*-Befehl in der *dBASE*-Umgebung.

Beim Drücken von <Strg-F> erscheint ein Auswahlfenster mit den Feldern der aktuellen Datenbank auf der rechten Seite des Bildschirms. Sie wählen ein Feld für die Suchoperation aus und drücken <Eingabe>. Daraufhin öffnet sich ein Eingabefenster, in dem Sie den Inhalt des speziellen Feldes, das Sie lokalisieren möchten, eingeben.

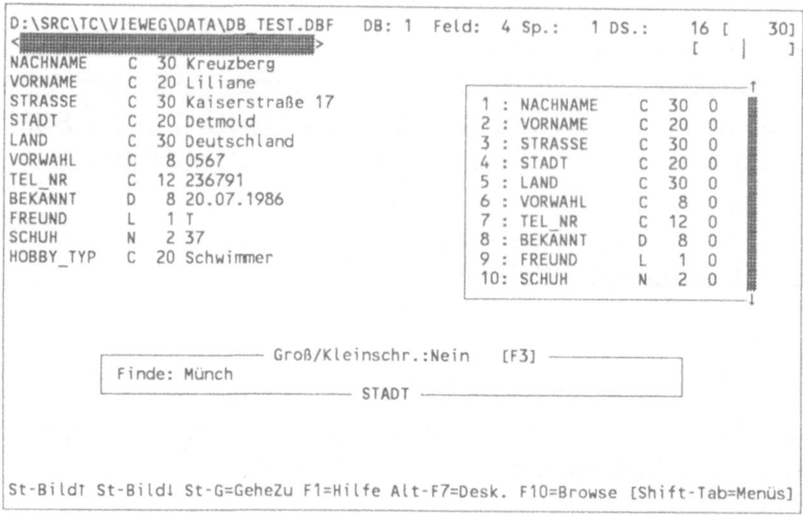

Beenden Sie die Eingabe des Suchbegriffs durch Drücken von <Eingabe> (Drücken von <Escape> an irgendeinem Punkt führt dazu, daß die gesamte Operation abgebrochen wird).

Vieweg DatenbankManager versucht, von der aktuellen Position in der Datenbank aus eine Entsprechung für die eingegebene Zeichenkette zu finden (um die gesamte Datenbank zu durchsuchen, gehen Sie zuerst mit <Strg-Bild↑> zum Anfang). Wenn die Suche erfolgreich ist, wird die Bildschirmanzeige erneuert, um den Datensatz mit der Zeichenkette in ihm anzuzeigen, anderenfalls wird eine kurze Meldung ausgegeben und nichts weiter verändert.

Anmerkungen. Die Suchmethode in *Vieweg DatenbankManager* ist nicht-exakt, was bedeutet, daß Sie nur soviel von dem Feld einzugeben brauchen, wie nötig ist, um es von anderen abzugrenzen. Sagen wir, Sie suchen nach jemandem namens "Fitzgerald" in einer Adreßdatenbank, dann reicht es vermutlich aus, "Fitzge" als Suchstring einzugeben, um den Datensatz erfolgreich zu lokalisieren. Beachten Sie, daß hier die nicht-exakte Suche immer noch zwischen Groß- und Kleinbuchstaben unterscheidet, d.h. in dem obengenannten Beispiel wird die Eingabe von "fitzge" nicht zum Erfolg führen, selbst wenn es einen Eintrag "Fitzgerald" in der Datenbank gibt (es sei denn, die Suche berücksichtigt den Unterschied zwischen Groß- und Kleinschreibung).

<Strg-R, N> *Suche wiederholen.* Die Absicht ist hier, daß eine Suche wiederholt wird mit denselben Werten für (i) das zu durchsuchende Feld und (ii) die zu findende Zeichenkette, ohne die Notwendigkeit, die Zeichenkette erneut einzugeben und das Feld erneut zu spezifizieren. Die Suche wird vom gegenwärtigen Datensatz aus fortgesetzt. Nachdem Sie eine Zeichenkette spezifiziert und ein Feld mit <Strg-F> ausgewählt haben, zeigt Ihnen dann wiederholtes Drücken von <Strg-R> alle Fundstellen der Zeichenkette in der aktuellen Datenbank an.

<Alt-I, F> *Datensatz über einen Index finden.* Dies ist im wesentlichen ähnlich wie der soeben beschriebene Befehl zum Lokalisieren von Datensätzen. Hier wird der Index durchsucht. Da dieser den Inhalt nur eines Feldes enthält, gibt es keine Auswahl aus einer Reihe von Feldern. Die Suche über einen Index ist die schnellste aller Suchmethoden und sollte vor allen anderen benutzt werden.

<Alt-N, R> *Indexsuche wiederholen.* Setzt eine Indexsuche von dem Punkt aus fort, an dem sich der Indexzeiger momentan befindet.

<Strg-L> *Feld für Buchstabensuche bestimmen.* Die Buchstabensuche ist eine im *Vieweg DatenbankManager* enthaltene Möglichkeit, mit der Sie nach dem Inhalt eines bestimmten Feldes suchen können. Die besondere Eigenschaft der Buchstabensuche liegt darin, daß sie die aktuelle Datenbank von dem ersten Buchstaben aus, den Sie eingeben, zu durchsuchen beginnt und zu jedem Datensatz springt, der diesen Buchstaben in einem bestimmten Feld aufweist. Welches Feld nun für eine Buchstabensuche untersucht werden soll, wird über diese Tastenkombination festgelegt.

Falls ein Index aktiv ist, wird dieser automatisch für die Buchstabensuche benutzt. Buchstabensuche über einen offenen Index schließt eine Feldfestlegung aus, da nur ein Feld verfügbar ist, nämlich das Index-Schlüsselfeld.

```
Feld: NACHNAME        Suche: _            | ↵=Wieder  ^↵=Neu posit. Esc=Storno
```

<Leertaste> *Buchstabensuche starten.* Wenn Sie sich im Listenmodus (d.h. nicht in der Datensatzeditierung) befinden, aktiviert die <Leertaste> den

Buchstabensuche-Befehl. In Verbindung mit einem geöffneten Index ist dies die effektivste und schnellste Methode, einen Datensatz zu finden. Das Prinzip lautet wie folgt: Sie geben einen einzelnen Buchstaben ein. *Vieweg DatenbankManager* findet den nächsten Datensatz, in dem dieser Buchstabe der erste Buchstabe des Index-Schlüsselfeldes ist. Geben Sie einen zweiten Buchstaben ein. Der folgende Datensatz, der sowohl den ersten als auch den zweiten Buchstaben als Anfangsbuchstaben des Index-Schlüsselfeldes besitzt, wird gefunden und angezeigt. Fahren Sie fort, bis Sie den gewünschten Datensatz gefunden haben.

Falls es mehr als einen Datensatz mit der Zeichenkette gibt, die Sie gerade eingegeben haben, drücken Sie <Eingabe>, um zum folgenden gefundenen Datensatz mit diesen Anfangsbuchstaben weiterzugehen.

Der Datensatzzeiger wird nur dann neu positioniert, wenn Sie den Buchstabensuche-Befehl mit <Strg-Eingabe> beenden. <Escape> beläßt Sie bei dem Datensatz, von dem aus Sie den Befehl aktiviert haben.

Anmerkung. Sollte ein Index momentan nicht geöffnet sein, dann führt die <Leertaste>, bevor Sie ein Feld für die Suche ausgewählt haben, dazu, daß das Feldauswahlfenster erscheint, aus dem Sie ein Feld auswählen können.

<Alt-S> *Behandlung von Zeichenketten mit Filtern; Suchmethoden.* Wenn Sie eine Zeichenkette eingeben, die für einen Datensatzfilter bzw. für eine Indexsuche oder eine lineare Suche (ohne Benutzung eines Indexes) benutzt werden soll, können Sie *Vieweg DatenbankManager* dazu bringen, (i) nur Feldinhalte zu finden, die **exakte** Entsprechungen der eingegebenen Zeichenkette sind oder (ii) Feldinhalte zurückzugeben, die lediglich die vom Benutzer eingegebene Zeichenkette enthalten (**nicht-exakt**), oder (iii) nur dann eine Fundstelle zu melden, wenn die Übereinstimmung mit der Zeichenkette des Benutzers schon beim ersten Zeichen des durchsuchten Felds beginnt.

Anmerkung. Die Behandlung benutzerdefinierter Zeichenketten kann auch während der Bearbeitung einer Datenbank neu festgelegt werden. Über <Alt-S> können Sie die aktuellen Werte überprüfen bzw. diese auch verändern.

Per Vorgabe muß eine Zeichenkette nur im jeweiligen Feld enthalten sein und die Übereinstimmung muß nicht mit dem ersten Zeichen anfangen.

1.3.5 Filtern von Datensätzen

<Strg-F2> *Konditionale Ersetzungsoperation.* An jedem beliebigen Punkt während der Datenbankverarbeitung können Sie sich entscheiden, den Inhalt eines bestimmten Feldes zu ersetzen. Hierfür gibt es zwei Befehle, die sich geringfügig unterscheiden. Die aktuelle Option erfordert, daß eine bestimmte Zeichenkette in dem ausgewählten Feld gefunden wird, bevor die Ersetzungsoperation stattfindet. Sie funktioniert genauso wie die Option *Suchen und Ersetzen* in einem Textverarbeitungsprogramm. Sie können spezifizieren, ob eine Bestätigung des Benutzers für jede Ersetzung erforderlich ist oder nicht. Um den Befehl abzubrechen, drücken Sie nur <Escape>. Beachten Sie, daß die Zeichenketten für *Suchen und Ersetzen* in der unteren Zeile des Bildschirms wiederholt werden!

```
D:\SRC\TC\VIEWEG\DATA\DB_TEST.DBF    DB: 1  Feld:  4 Sp.:   1 DS.:    17 [    30]
<                                  >                                  [    |    ]
NACHNAME     C  30 Kuhn
VORNAME      C  20 Andrea
STRASSE      C  30 Wittelsbacher Ring 44
STADT        C  20 Mainz
LAND         C  30 Deutschland
VORWAHL      C   8 0694
TEL_NR       C  12 234578
BEKANNT      D   8 01.09.1987
FREUND       L   1 T
SCHUH        N   2 38
HOBBY_TYP    C  20 Radfahrer

                      Dieses Feld ersetzen [ j | n ]?

 Finden: Deutschland Einsetzen: Germany    | COUNTRY
```

<Alt-F2> *Nicht konditionale Ersetzungsoperation.* Dies ist eine globale Ersetzungsoperation. Es ist irrelevant, was sich bereits in dem ausgewählten

Feld befindet. Sie können hier jedoch wie oben eine Bestätigung der Ersetzung auswählen, so daß nicht der Inhalt jedes Feldes geändert zu werden braucht.

<Strg-F3> *Datensätze ausblenden.* Hier wird Ihnen eine Liste angeboten, aus der Sie auswählen können. Sie können sich dafür entscheiden, diejenigen Datensätze anzuzeigen, die für den Export oder zum Löschen markiert sind; oder Sie können sich diejenigen Datensätze anzeigen lassen, die nicht derartig markiert sind. Ausblendung betrifft nur die Navigationstasten und kann durch Springen zu einem Datensatz oder durch Anhängen eines neuen Datensatzes aufgehoben werden.

Das Häkchen vor einer Option zeigt an, welcher Typ von Ausblendung bereits aktiv ist. Wenn Sie keine Änderung wollen, drücken Sie <Escape>. Anderenfalls wählen Sie einen neuen Typ. Die vorletzte Option zählt die Anzahl von Entsprechungen für einen momentan aktiven Filter.

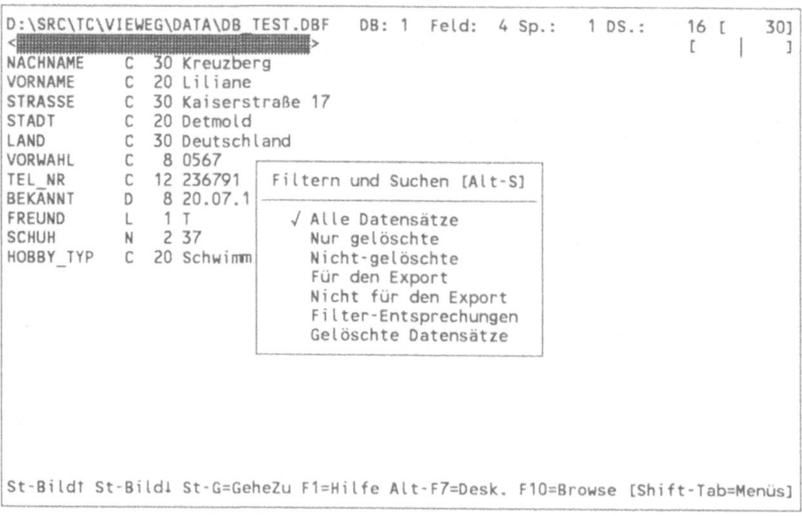

<Alt-F3> *Filter für aktuelle Datenbank aktivieren oder entfernen.* Ein Filter ist eine Bedingung oder eine Reihe von Bedingungen, vom Benutzer spezifiziert, die von den Datensätzen einer Datenbank erfüllt werden müssen, damit diese angezeigt werden. Mit dieser Tastenkombination kann der Benutzer bestimmen, welche Art von Filter maßgeblich sein soll. Sollte bereits ein Filter aktiv sein, dann wird er durch diesen Tastendruck deaktiviert.

Das Minimum an Information für einen Filter ist (i) das *ausgewählte Feld* und (ii) ein *Testinhalt*. Filter können komplex sein und aus bis zu drei Teilen bestehen. Wenn mehr als ein Teil benötigt wird, müssen die zwei Teile durch einen *logischen Operator* verbunden werden. Es gibt drei mögliche Operatoren in *Vieweg DatenbankManager*:

(i) *und* (ii) *oder* (iii) *und nicht*

Sobald Sie den Inhalt für ein Feld eingegeben haben, werden Sie von *Vieweg DatenbankManager* gefragt, ob Sie weitermachen möchten; wenn Sie dies bejahen, müssen Sie einen der drei Verbindungsoperatoren aussuchen, um die Teile des Filterausdrucks zu verbinden.

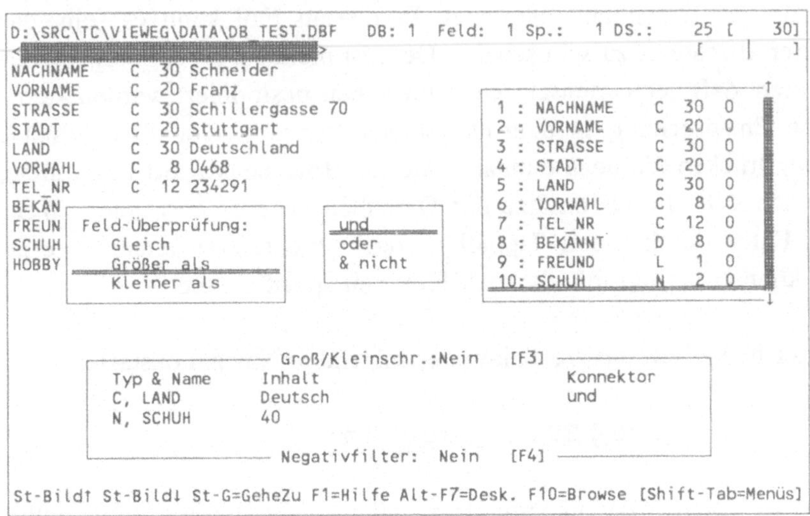

Wenn Sie genug Informationen eingegeben haben (oder das Limit von drei Teilen erreicht haben), werden Sie gefragt, ob Sie den Filter in einer Datei sichern möchten. Eine bejahende Antwort erfordert, daß Sie einen gültigen Dateinamen eingeben. Beachten Sie, daß hier keine Extension notwendig ist (die Extension `.EXP` wird von *Vieweg DatenbankManager* automatisch hinzugefügt). Außerdem ist keine Bestätigung des Überschreibens einer bestehenden Ausdrucksdatei erforderlich.

Eine Zeichenkette für ein Zeichenfeld kann bis zu 30 Zeichen lang sein; die Berücksichtigung von Groß- und Kleinschreibung kann mittels <F3> umgeschaltet werden.

Sollte das Feld, das Sie für eine Suche auswählen, numerisch sein, werden Sie zuerst aufgefordert zu spezifizieren, welcher relationale Operator beim Vergleich des Inhalts eines Datensatzfeldes mit der Zahl, die Sie als nächstes eingeben, benutzt werden soll. Ein kleines Auswahlfenster erscheint, aus dem Sie einen Operator auswählen.

Wenn Sie die Filterspezifizierungsebene verlassen, wird der Datensatzzeiger automatisch auf den ersten Datensatz positioniert, der dem gerade gesetzten Filter entspricht. Wenn es keine Entsprechung gibt, dann wird der letzte Datensatz der Datenbank angezeigt. In diesem Fall kann es sein, daß Ihr Computer abgestürzt zu sein scheint. Dem ist nicht so. Es ist lediglich der Fall eingetreten, daß der Datensatzzeiger nicht neu positioniert werden kann, weil es keine Entsprechung zu dem aktuellen Filter gibt. Um diese Situation zu beheben, drücken Sie noch einmal <Alt-F3> (das deaktiviert den Filter), und Sie können sich alle Datensätze der Datenbank wieder anschauen. Wenn der falsche Filter durch einen Tippfehler oder irgendetwas anderes verursacht wurde, können Sie ihn mittels <Alt-F3> neu spezifizieren.

Ein Filter beeinflußt das Verhalten der folgenden Navigationstasten:

[Strg-] Bild↑, [Strg-] Bild↓

Sie können einen Filter überstimmen, indem Sie mit irgendeiner außer den obengenannten Tasten zu einem Datensatz gehen, der nicht dem Filter entspricht. Sie können zum Beispiel den Browsemodus aktivieren und einen neuen Datensatz auswählen. Dieser wird dann angezeigt, ungeachtet dessen, ob er dem Filter entspricht oder nicht. Wenn Sie eine der obengenannten Navigationstasten drücken, wird die Datensatzanzeige natürlich der/den Bedingung(en) des Filters angepaßt.

Wenn ein Filter nur die Anzeige umfassen würde, wäre er nicht von allzu großem Nutzen. Er wird dann für Benutzer interessant, wenn man bedenkt, daß man die Datensätze einer Datenbank, die einem Filter entsprechen, herausziehen und separat abspeichern kann. Hierzu müssen Sie zwei Schritte durchführen.

Markieren Sie alle Datensätze, die dem Filter entsprechen, mit **<Strg-E>**.
Exportieren Sie diese Datensätze zu einer neuen Datenbankdatei mit **<Alt-F8>**.

Hierdurch erhalten Sie eine neue Datenbank, die aus denjenigen Datensätzen besteht, die dem zur Zeit aktiven Filter entsprechen. Die Struktur der neuen Datenbank ist identisch mit der der ursprünglichen Datenbank.

Anmerkung. Um zu überprüfen, wieviele Datensätze dem aktuellen Filter entsprechen (ohne sie zu markieren), drücken Sie <Strg-F3> (Ausblenden von Datensätzen, siehe oben) und wählen Sie die passende Option in dem erscheinenden Auswahlfenster.

<Strg-F6> *Filter auf Platte abspeichern.* Filterausdrücke werden auf Platte mit der Extension `.exp` abgespeichert. Die vorliegende Option aktiviert den Verzeichnisverwalter und zeigt alle diejenigen Dateien in dem aktuellen Verzeichnis an, die diese Extension besitzen. Wenn Sie eine auswählen, dann wird sie von *Vieweg DatenbankManager* gelesen und, angenommen, es handelt sich um eine gültige Ausdrucksdatei, es wird ein Filter für die aktuelle Datenbank gesetzt unter Verwendung der Information in der Datei. Um einen Filter zu überprüfen, drücken Sie <F6>.

Anmerkung. Filterausdrücke werden in *Vieweg DatenbankManager* als eine alphanumerische Zeichenkette im *dBASE*-Format (beim Befehl *set filter to* benutzt) auf Platte gespeichert. Der Vorteil hiervon ist, daß eine *dBASE*-Anwendung diese Ausdrucksdatei lesen und entsprechend verwenden kann.

1.3.6 Datensätze markieren

<Alt-E, Tab> *Datensatz für den Export markieren.* Markiert einfach den aktuellen Datensatz für den Export. Beachten Sie, daß in der oberen rechten Ecke des Bildschirms der Hinweis `Exp.` erscheint, wenn Sie einen Datensatz markieren (oder zu einem bereits markierten Datensatz gehen). Die aktuelle Tastenkombination ist ein Kippschalter, d.h. wenn Sie sie bei einem markierten Datensatz betätigen, wird die Markierung entfernt.

<Strg-E> *Entsprechungen für einen Filter finden und für den Export markieren.* Angenommen, daß ein Filter gesetzt wurde (siehe oben), so findet dieser Tastendruck die Entsprechungen zu dem Filter und markiert sie für den Export. Wenn die Markierung abgeschlossen ist, meldet *Vieweg DatenbankManager* die Anzahl der gefundenen Entsprechungen.

Wenn Sie nur herausfinden wollen, wieviele Datensätze einem Filter entsprechen (ohne sie zu markieren), dann aktivieren Sie das mit dem Ausblenden von Datensätzen assoziierte Fenster (mit <Strg-F3>) und wählen Sie die Option *Filter-Entsprechungen*.

<Strg-M> *Leere Datensätze für Löschung markieren (d.h. vormerken).* Dieser Befehl ist eine Hilfe beim Beseitigen von leeren Datensätzen aus einer Datenbank. Er arbeitet, indem er die ersten 3 Felder jedes Datensatzes in der aktuellen Datenbank überprüft. Wenn diese als leer erkannt werden, wird der Datensatz für eine Löschung markiert. Wenn Sie Datensätze mit Inhalten haben sollten, die aus irgendeinem Grund in den ersten 3 Feldern nichts enthalten, dann benutzen Sie diesen Befehl nicht.

<Alt-C> *Markierung für den Export entfernen.* Angenommen, daß Sie mindestens einen Datensatz in der aktuellen Datenbank für den Export markiert haben, so beseitigt diese Tastenkombination die Markierung. Sie müssen das Löschen bestätigen (da Sie die Datensätze womöglich mit viel Mühe markiert haben).

1.3.7 Löschbefehle

<Strg-T, Entf> *Zum Löschen markieren.* In jeder *dBASE*-kompatiblen Datenbank ist das erste Byte jedes Datensatzes ein sogenanntes Markierungs-Byte, das mitverfolgt, ob ein Datensatz zum Löschen vorgemerkt ist oder nicht. Wenn der Wert dieses Bytes ASCII $32 (d.h. ein Leerzeichen) beträgt, dann ist der Datensatz nicht vorgemerkt; wenn er ASCII $42 (d.h. ein Sternchen, *) beträgt, dann ist der Datensatz zum Löschen markiert. Beachten Sie hier, daß der Datensatz nur zum Löschen *vorgemerkt* ist. Um Datensätze tatsächlich aus einer Datenbank zu löschen, muß der *pack*-Befehl (Datensätze entfernen) ausgeführt werden. Dieser steht im Desktop zur Verfügung (siehe Option *Datensätze löschen*). Beim Editieren einer Datenbank mit *Vieweg DatenbankManager* kann man die Löschmarkierung mit <Strg-T> oder <Entf> umschalten. Wenn der Datensatz bereits markiert ist, wird die Markierung entfernt, wenn nicht, wird sie hinzugefügt. Sie merken dies daran, daß die Meldung `[Del.]` in der oberen rechten Ecke des Bildschirms erscheint.

<Strg-Z> *Alle Felder des aktuellen Datensatzes komplett löschen.* Löscht den Inhalt jedes Feldes des aktuellen Datensatzes und erlaubt es Ihnen so, neu zu beginnen. Da Sie gerade eine Datenbank direkt mit *Vieweg DatenbankManager* editieren, müssen Sie das komplette Löschen bestätigen. Es gibt keine Funktion 'Rückgängigmachen' während der direkten Datenbankeditierung, also seien Sie beim Löschen vorsichtig.

<Strg-W> *Löschmarkierung aus allen Datensätzen entfernen.* Hier können Sie alle Löschmarkierungen in der gesamten aktuellen Datenbank entfernen. Eine Benutzerbestätigung ist erforderlich, bevor der Befehl ausgeführt wird. Denken Sie daran, daß die Markierung, wenn sie einmal gelöscht ist, nur wiederhergestellt werden kann, indem Sie jeden vorher vorgemerkten Datensatz von Hand neu markieren.

<Strg-X> *Filter löschen.* Dieser Befehl ist identisch mit dem mit <Strg-E> aktivierten, nur daß Datensätze zum Löschen vorgemerkt werden, statt für den Export markiert zu werden. Die Option ist nützlich zum Entfernen alter

Datensätze aus einer Datenbank. Sagen wir, Sie haben eine Datenbank mit einem Datumsfeld, dann könnten Sie sich mittels eines Filters nur diejenigen Datensätze anzeigen lassen, die einen früheren Wert als ein bestimmtes benutzerspezifiziertes Datum haben, diese dann zum Löschen markieren und später von der Desktopebene aus diese Datensätze aus der Datenbank entfernen.

> **Bedenken Sie...**
> Löschmarkierungen werden in einer Datenbank auch nach der aktuellen Arbeitssitzung festgehalten. Bei Markierungen für den Export ist dies nicht der Fall, da diese nicht Teil des Datensatzes darstellen und nicht auf Platte gesichert werden.

<Strg-F9> *Zum Löschen vorgemerkte Datensätze zählen.* Dieser Befehl zählt die Gesamtanzahl der Datensätze, die zur Zeit in der momentanen Datenbank zum Löschen markiert sind.

1.3.8 Editieren von Datenbanktextdateien

Vieweg DatenbankManager berücksichtigt die Editierung von zwei Typen von Textdateien, die direkt mit einer Datenbank assoziiert sind. Der erste ist eine sogenannte Memo-Datei (mit der Extension `.dbt`), die mit einer *dBASE*-Anwendung oder direkt mit *Vieweg DatenbankManager* selbst erzeugt werden kann, wenn Sie beim Generieren einer neuen Datenbank spezifizieren, daß ein Feld vom Typ *memo* sein soll (siehe den entsprechenden Abschnitt weiter unten).

Die zweite Datei ist eine beliebige Textdatei, deren Name in einem Feld `FILE_NAME` abgelegt ist. *Vieweg DatenbankManager* benötigt hierbei keine vordefinierte Dateistruktur, wie dies bei einer Memo-Datei der Fall ist.

<Alt-M> *Memo-Feld editieren.* Angenommen, daß es ein Feld vom Typ *Memo* in der aktuellen Datenbank gibt, und daß eine entsprechende Datei mit der Extension `.dbt` gefunden und geöffnet werden kann, so wird der Texteditor aktiviert, und Sie können irgendeinen Text eingeben, der mit dem aktuellen Datensatz assoziiert werden soll. Wenn Sie mit <F7> zur Datenbankeditierung zurückkehren, werden Sie aufgefordert, den Text in der aktuellen Memo-Datei zu sichern. Wenn Sie dies nicht tun, gehen die Änderungen am Text verloren.

Beim Sichern des Textes wird die Memo-Datei auf den neuesten Stand gebracht, ebenso die Offset-Ziffer für die Position des Textstücks für den aktuellen Datensatz. Aus diesem Grund kann sich die Ziffer, die sich im Memo-Feld der Datenbank befindet, ändern; dies ist für den Benutzer ohne Bedeutung. Sie können die mitgelieferte Test-Datenbank `DB_TEST.DBF` benutzen, um zu sehen, wie diese Option tatsächlich funktioniert.

<Strg-F5> *Datensatztext editieren.* Wenn es ein Feld namens `FILE_NAME` in der aktuellen Datenbank gibt, versucht *Vieweg DatenbankManager* den Dateinamen zu laden, der in dem Feld enthalten ist. Natürlich setzt dies voraus, daß es solch einen Namen als Inhalt des Feldes gibt. Wenn das Feld `FILE_NAME` leer ist, so wird die Vorgabedatei `vdm.tmp` geöffnet (erzeugt oder geladen). Es ist nicht notwendig, die Datei jedesmal zu sichern, wenn Sie zur Datenbankeditierungsebene zurückkehren, nur wenn Sie eine neue Datei laden möchten.

Beachten Sie, daß der wesentliche Unterschied zwischen den beiden hier besprochenen Texteditierungsbefehlen ist, daß die 'Memo-Feld'-Option eine einzige Textdatei für die gesamte Datenbank benutzt, während die 'Datensatztext'-Option Benutzern erlaubt, individuelle Dateien für jeden Datensatz zu benennen (falls erforderlich). Sollten Sie dieselbe Datei für verschiedene Datensätze spezifizieren, dann wird sie wiederholt geladen. Dies beeinflußt die Operation des Texteditors auf keine besondere Weise. Im Endeffekt fügen Sie Textdaten an ein und dieselbe Datei bei verschiedenen Gelegenheiten an, d.h. wenn sie von verschiedenen Datensätzen aus geladen werden.

1.3.9 Exportieren auf eine Plattendatei

<Strg-F4> *Ausgabe für Datensatzexport spezifizieren.* Normalerweise erfolgt die Ausgabe einer Export-Operation zum internen Texteditor in *Vieweg Datenbank-Manager.* Wenn Sie jedoch aus irgendeinem Grund die Ausgabe in eine Plattendatei umleiten lassen wollen, dann können Sie dies mit der vorliegenden Option spezifizieren. Sie werden gebeten, einen gültigen Dateinamen anzugeben, der später als eine Ablage für die Exportausgabe benutzt wird. Mit <F6> können Sie die aktuelle Belegung für das Exportziel überprüfen.

<F6> *Exportieren, Index-Information.* Hier werden Ihnen verschiedene Informationen geboten, z.B. die Anzahl markierter Datensätze und Informationen zum Index-Management.

Sobald Sie sich das erste Fenster (s. unten) angeschaut haben, sollten Sie wie aufgefordert eine Taste drücken. Ihnen bietet sich nun ein zweites Fenster, in dem Informationen über den zur Zeit aktiven Filter angezeigt werden. Wenn kein Filter gesetzt ist, wird eine kurze dementsprechende Meldung ausgegeben.

```
D:\SRC\TC\VIEWEG\DATA\DB_TEST.DBF    DB: 1  Feld:  1 Sp.:   1 DS.:    26 [    30]
<                                >                                    [   |    ]
NACHNAME     C  30 Schulz
VORNAME      C  20 Sabine
STRASSE      C  30 Schwabenweg 55
STADT        C  20 Stuttgart
LAND         C  3
VORWAHL      C
TEL_NR       C  1        Index-File   D:\...TERA\DATA\DB_TEST.DBX
BEKANNT      D        Schlüsselfeld   NACHNAME
FREUND       L        Speichergröße     1.333 Byte
SCHUH        N           Noch übrig   228.896 Byte
HOBBY_TYP    C  2
                       Ausgabe-Ziel   Textbereich

                        Report-Form   [keine]
                       Mark. D-Sätze  0

                          Taste drücken!


St-Bild↑ St-Bild↓ St-G=GeheZu F1=Hilfe Alt-F7=Desk. F10=Browse [Shift-Tab=Menüs]
```

```
D:\SRC\TC\VIEWEG\DATA\DB_TEST.DBF    DB: 1   Feld:   1 Sp.:    1 DS.:      22 [    30]
<                                  >                                       [    |   ]
NACHNAME      C  30 Meyer
VORNAME       C  20 Hans
STRASSE       C  30 Brahms Allee 45
STADT         C  20 Hamburg
LAND          C  30 Deutschland
VORWAHL       C   8 0688
TEL_NR        C  12 361684
BEKANNT       D   8 22.07.1984
FREUND        L   1 F
SCHUH         N   2 46
HOBBY_TYP     C  20 Fechten

          Typ & Name      Inhalt                       Konnektor
          C, LAND         Deutsch                      und
          N, SCHUH        >= 40

          ------------ Abspeichern = <F10> ------------

St-Bild↑ St-Bild↓ St-G=GeheZu F1=Hilfe Alt-F7=Desk. F10=Browse [Shift-Tab=Menüs]
```

Beachten Sie, daß Sie den Filter an dieser Stelle mit <F10> in einer Textdatei sichern können. Die Extension `.exp` wird von *Vieweg DatenbankManager* automatisch hinzugefügt. Diese Filterausdrucksdatei kann zu einem späteren Datum geladen und benutzt werden.

<Shift-F6> *Ausgabeformular auswählen.* Beim Drücken dieser Tastenkombination erhalten Sie eine Verzeichnisauflistung, aus der Sie ein Ausgabeformular aussuchen können. Nur die Dateien mit der Extension `.rep` werden angezeigt (dies ist die Extension, die *Vieweg Report* für Ausgabeformulare verwendet). Wenn es in dem aktuellen Verzeichnis keine passende Datei gibt, dann können Sie mit <F8>, mittels eines Plattenstrukturbaums, zu einem Verzeichnis wechseln, in dem sich ein Formular befindet.

Anmerkung. Wenn Sie an dieser Stelle <Escape> drücken, so wird kein Ausgabeformular ausgewählt. Das bedeutet, daß beim Export der Inhalt jedes Datensatzes exakt so exportiert wird, wie er sich ergibt, d.h. der Inhalt eines Feldes in jedem Datensatz nimmt eine Zeile in der entstehenden Textdatei ein, wobei jedes Feld einmal und nur einmal vertreten ist.

Für nähere Details darüber, was Ausgabeformulare sind und wie sie erzeugt werden, siehe den Abschnitt über *Vieweg Report* weiter unten.

<F8> *Aktuellen Datensatz exportieren.* Die einfachste Methode, den Inhalt eines Datensatzes in einen Text hineinzubekommen, ist, zu dem Datensatz zu gehen (mittels <Bild↑> oder <Bild↓> während der Datenbankeditierung) und <F8> zu drücken. Wenn ein Ausgabeformular ausgewählt wurde (überprüfen Sie mit <F6>, ob dies der Fall ist), wird der Inhalt des aktuellen Datensatzes gemäß des Formulars zu der aktuellen Textdatei exportiert; wurde keins ausgesucht, wird der Datensatz auf einer Ein-Feld-pro-Zeile-Basis exportiert.

Anmerkung. Wenn beim Export momentan kein Text im Texteditor geladen ist, wird Ihnen zuerst eine Verzeichnisauflistung angeboten, aus der Sie eine Datei auswählen können, die den Inhalt des Datensatzes (der Datensätze) der Datenbank aufnehmen soll. Wenn Sie an dieser Stelle <Escape> drücken, wird, wie immer, eine neue Datei erzeugt (voreingestellter Name: `vdm.tmp`) und der Datensatz zu ihr exportiert. Sollten Sie eine Datei auswählen, so werden die Datensatzinhalte am Anfang der Datei eingefügt. Wenn Sie jedoch bereits eine Datei im Texteditor haben, so wird der Datensatzinhalt in dieser *an der Cursorposition* abgelegt. Halten Sie sich diese letzte Tatsache vor Augen. Sollten Sie einen speziellen Wunsch haben, wo der Datensatzinhalt im Text plaziert werden soll, bewegen Sie den Cursor zu dieser Position, bevor Sie die Exportoperation starten.

<Shift-F8> *Nur markierte Datensätze exportieren.* Datensätze können über <Alt-E> oder <Strg-E> (wenn ein Filter aktiv ist) markiert werden. Wenn Sie entschieden haben, welche Datensätze Sie aus einer Datenbank in einem Text benötigen, drücken Sie <Shift-F8>, und die markierten Datensätze werden in der momentan geladenen Textdatei an der Cursorposition eingefügt.

Angenommen, ein Ausgabeformular ist benutzt worden, so könnten die Resultate in etwa wie der untenstehende Ausdruck aussehen. Hier wird zu Beginn die Adresse aus dem Serienbrief oben rechts gedruckt, dann folgen auf der linken Seite Angaben aus den Feldern `VORNAME`, `NACHNAME`, `STRASSE` und `LAND` der Testdatenbank `DB_TEXT.DBF`, gefolgt von einer Anrede, in der die Felder `VORNAME` und `NACHNAME` noch einmal eingesetzt werden. Daran anschließend findet man den Text des Briefes, in dem die Angabe aus dem Feld `SCHUH` eingebettet ist.

```
D:\SRC\TC\VIEWEG\DATA\VDM.TMP              Zeile: 2        Spalte: 1
[·······|·······|·······|·······|·······|·······|·······|·······|·······|·······|······]
                                                     Im Abgrund 13
                                                     Kleinkleckersdorf
                                                     Wolkenkuckucksheim

                                                     Tel.: 000 99 99 99

                                                     Datum: 10/03/1992

Marlies Schuster
Birkenweg 4
Lüdinghausen
Deutschland

Sehr geehrte(r) Marlies Schuster,

Sicherlich ist bei Ihnen ein Interesse daran vorhanden, den optimalen
Schuh zu finden und ihn genießen zu können. Da Sie die ungewöhnliche
Schuhgröße von 36 aufweisen, sind Sie bei uns an der richtigen Adresse.

Wie Sie dem beiliegenden Katalog entnehmen können, bieten wir für den an-
spruchsvollen Kunden eine Reihe qualitativ hochwertiger Produkte an. Wir
empfehlen Ihnen, unsere Palette näher anzuschauen; für Sie ist ganz gewiß
Db.1: D:\...EG\DATA\DB_TEST.DBF                              [Sh-Tab=Menüs]
```

Der Vorgang wird wiederholt, bis alle markierten Datensätze in der Datenbank in die Textdatei exportiert worden sind. Beachten Sie, daß (i) nicht alle Felder jedes Datensatzes in den Text aufgenommen werden müssen, und (ii) daß Felder mehrmals im Text für jeden Datensatz vorkommen können. Nachdem der Vorgang abgeschlossen ist, stellt man fest, daß man soviele persönlich adressierte Briefe von *Vieweg DatenbankManager* erhalten hat wie es Datensätze in der aktuellen Datenbank gibt.

Anmerkung. Der Exportalgorithmus durchsucht immer die gesamte Datenbank nach markierten Datensätzen. Merken Sie sich dies, d.h., die übliche Regel, daß eine Operation nur von der aktuellen Position in einer Datenbank aus bis zum Ende greift (z.B. bei der Feldsuche), gilt hier nicht.

<Strg-F8> *Gesamte Datenbank exportieren.* Dies ist so einfach, wie es klingt. Jeder Datensatz ist von der Exportoperation betroffen, angefangen beim ersten Datensatz der Datenbank. Sie können <Escape> drücken, um die Exportoperation vorzeitig abzubrechen, wenn Sie dies wünschen.

<Alt-F8> *Markierte Datensätze in eine neue Datenbank exportieren.* Dieser Befehl erlaubt es Ihnen, alle diejenigen Datensätze der aktuellen Datenbank, die markiert wurden, in eine neue Datenbank zu exportieren. Die Struktur der aktuellen Datenbank wird dupliziert, und so viele Datensätze, wie markiert wurden, werden nach der neu erzeugten Datenbank exportiert. Der Name für letztere wird vom Benutzer bei der Aktivierung des vorliegenden Befehls spezifiziert.

<Alt-F10> *Bestimmtes Feld von jedem Datensatz nach Textdatei exportieren.* Unter den Exportoptionen von *Vieweg DatenbankManager* befindet sich die vorliegende, die ganz einfach den Inhalt des Feldes nimmt, auf dem sich der Cursor zur Zeit befindet (angefangen beim ersten *markierten* Datensatz in der Datenbank und weiter bis zum letzten), und es nach einer Textdatei exportiert, wobei es eventuell vorhandene Leerzeichen am Ende eines Feldes entfernt. Das Ergebnis ist eine Textdatei mit so vielen Zeilen, wie es markierte Datensätze in der aktuellen Datenbank gibt. Es werden keine Begrenzungszeichen in die Textdatei eingefügt. Der Name der erzeugten Datei wird vom Benutzer eingegeben, bevor die Operation beginnt.

1.3.10 Verschiedene Befehle

<F1> *Hilfe.* Eine eingebaute Hilfemöglichkeit ist in *Vieweg DatenbankManager* verfügbar. Damit dieser Befehl korrekt funktioniert, müssen die Dateien `vdm.hlp` und `vdm.ind` der *Vieweg DatenbankManager* zugänglich sein.

```
Online-Hilfe
[1]   Einführung (i)
[2]   Einführung (ii)
[3]   Initialisierung
[4]   Desktop-Funktionstasten
[5]   Datenbank anlegen
[6]   Löschen / Sortieren
[7]   Shell, Kopie, Löschen
[8]   Export, Import (i)
[9]   Export, Import (ii)
[10]  Datenbank editieren (i)
[11]  Datenbank editieren (ii)
Eingabe=Ansehen Esc=Storno
```

<F9> *Umgebung.* Der Umgebungsbefehl bietet einem einen Bildschirm mit nützlichen Informationen über die Systemumgebung, in der man gerade arbeitet, und einige Informationen darüber, wie DOS die Datenbankdatei, die man gerade verarbeitet, sieht.

```
D:\SRC\TC\VIEWEG\DATA\DB_TEST.DBF    DB: 1  Feld:  1 Sp.:   1 DS.:    27 [   30]
<                                >                                     [  |   ]
NACHNAME     C  30 Schuster
VORNAME      C  20 Marlies
STRASSE      C ─────────────────── Umgebung ──────────────────────
STADT        C
LAND         C           Datenbank  D:\...VIEWEG\DATA\DB_TEST.DBF
VORWAHL      C      Datensatzgröße  182 Byte
TEL_NR       C           Filegröße  5.847 Byte
BEKANNT      D          Archiviert  10/03/92; 22:11
FREUND       L
SCHUH        N      Aktueller Pfad  D:\SRC\TC\VIEWEG\DATA
HOBBY_TYP    C        Freier Platz   10.436.608 Byte
                   Arbeitsspeicher      210.448 Byte

                      Aktuelle Zeit  22:59:57
                   Aktuelles Datum  10/3/1992

                           Sprache  Ascii

               ────────────── Taste drücken! ──────────────


St-Bild↑ St-Bild↓ St-G=GeheZu F1=Hilfe Alt-F7=Desk. F10=Browse [Shift-Tab=Menüs]
```

<Strg-F1> *DOS-Shell laden.* Dies lädt das Betriebssystem (der Effekt besteht darin, daß Sie zu DOS befördert werden), aus dem heraus Sie kleinere Aufgaben ausführen können wie Dateikopie, Verzeichnisauflistung oder was auch immer. Beachten Sie, daß sich *Vieweg DatenbankManager* im Hintergrund befindet, so daß es um die 300K Arbeitsspeicher belegt. Die Eingabe von `'exit'` bringt Sie automatisch zu *Vieweg DatenbankManager* zurück, und Sie können dort weitermachen, wo Sie zuvor aufgehört hatten.

<Alt-F7> *Rückkehr zur Desktopebene.* Da der Befehl zum vollständigen Verlassen von *Vieweg DatenbankManager* <F7> ist, wird die Variante <Alt-F7> dazu benutzt, vom Editierungsbildschirm zur Desktopebene zurückzukehren, um zu vermeiden, daß man versehentlich im DOS landet, wenn man die <F7>-Taste nur ein wenig zu lange drückt.

Sie werden bemerkt haben, daß, wenn Sie innerhalb von *Vieweg DatenbankManager* in einer Datenbank blättern, auf Ihre Festplatte ganz kurz zugegriffen wird. Der Grund hierfür ist, daß *Vieweg DatenbankManager* plattenorientiert ist und die Position eines Datensatzes auf der Platte finden muß, wenn Sie sich mit der <Bild↑>- oder <Bild↓>-Taste dorthin bewegen. Ferner, wenn Sie einen Datensatz editieren und mit <Eingabe> hinausgehen, speichert *Vieweg*

DatenbankManager die Änderungen an der Position des Datensatzes in der Datenbank-Plattendatei. Dies bedeutet, daß, wenn Sie *Vieweg DatenbankManager* verlassen, nur der aktuelle Datensatz abgespeichert zu werden braucht. Daher ist das Hinausgehen schnell; machen Sie sich keine Sorgen über den kurzen Zugriff auf die Festplatte beim Verlassen des Programms (verglichen mit dem Zugriff, der beim Sichern eines Textes mit einem Textverarbeitungsprogramm stattfindet).

1.4 Datenbankverarbeitung

1.4.1 Eine neue Datenbank anlegen

Selbstverständlich ist es möglich, eigene Datenbanken innerhalb von *Vieweg DatenbankManager* herzustellen. Im Desktop-Menü gibt es eine Option hierfür, die sich selbst erklärt. Sie können eine bestimmte Datenbank als Modell auswählen, was bedeutet, daß der erscheinende Bildschirm nun mit der Strukturinformation der Modelldatenbank gefüllt ist und nur vom Benutzer verändert zu werden braucht.

```
        Pfeil mit ↑,↓,◄,► bewegen; ◄┘ drücken, um Box zu editieren
 ═══════════════════════════════ NEU.DBF ════════════════════════════════
        Feldname            Typ        Länge          Dezimal          ↑
 =►  1  [NACHNAME    ]    [ C ]      [ 30  ]        [ 0      ]
     2  [VORNAME     ]    [ C ]      [ 20  ]        [ 0      ]
     3  [STRASSE     ]    [ C ]      [ 30  ]        [ 0      ]
     4  [STADT       ]    [ C ]      [ 20  ]        [ 0      ]
     5  [LAND        ]    [ C ]      [ 30  ]        [ 0      ]
     6  [VORWAHL     ]    [ C ]      [ 8   ]        [ 0      ]
     7  [TEL_NR      ]    [ C ]      [ 12  ]        [ 0      ]
     8  [BEKANNT     ]    [ D ]      [ 8   ]        [ 0      ]
     9  [FREUND      ]    [ L ]      [ 1   ]        [ 0      ]
    10  [SCHUH       ]    [ N ]      [ 2   ]        [ 0      ]
    11  [KATEGORIE   ]    [ C ]      [ 20  ]        [ 0      ]
    12  [            ]    [   ]      [     ]        [        ]
    13  [            ]    [   ]      [     ]        [        ]
    14  [            ]    [   ]      [     ]        [        ]
    15  [            ]    [   ]      [     ]        [        ]
    16  [            ]    [   ]      [     ]        [        ]
    17  [            ]    [   ]      [     ]        [        ]
    18  [            ]    [   ]      [     ]        [        ]
    19  [            ]    [   ]      [     ]        [        ]
                                                                       ↓
 ──── <F1> Hilfe; <F5> Struktur-DB.; <F10> Sichern; <Esc> Storno ────
```

Es gibt fünf zulässige Feldtypen beim Erzeugen einer Datenbank (siehe die Anmerkungen in 1.1.2. *Behandlung von Feldtypen*). Diese können durch Drücken von <Eingabe> und dann <Leertaste> angeschaut werden, wenn der Pfeil vor einem Feld in der Spalte `'Typ'` positioniert ist. Beachten Sie in diesem Zusammenhang, daß, wenn ein *Memo*-Feld spezifiziert wird (durch Einsetzen des Buchstabens `M` in der `Typ`-Spalte), beim Drücken von <F10> zur Datenbankerzeugung ebenfalls eine zweite Datei mit dem gleichen Namen wie die Datenbank, aber der Extension `.dbt` erzeugt wird.

Bestimmte Vorgabewerte für die Länge eines Feldes werden bei der Auswahl eines bestimmten Feldtyps übernommen, so sind *date*-Felder automatisch 8 Zeichen lang, *logical*-Felder haben eine Länge von 1; eine Dezimalstelle kann nur spezifiziert werden, wenn das fragliche Feld numerisch im Typ ist.

Um Informationen in die verschiedenen Spalten einzugeben, bewegen Sie den Pfeil mit den Cursortasten. Benutzen Sie bei der Auswahl eines Feldtyps die <Leertaste>, um in der Liste zwischen den erlaubten Typen umzuschalten. Beachten Sie, daß ein Dezimalpunkt nur bei einem numerischen Feldtyp zulässig ist.

Sie legen eine neue Datenbank aus der Struktur heraus an, die Sie editieren, indem Sie <F10> drücken; Sie brechen die Operation mit <Escape> ab. Die Struktur bleibt nicht erhalten, wenn eine neue Datenbank erstellt wird. Sie kann jedoch wieder zurückgeholt werden, indem Sie die neue Datenbank als Modell auswählen, wenn Sie zu einem späteren Datum eine andere Datenbank erzeugen.

Pro Datenbank gibt es ein in *Vieweg DatenbankManager* internes Limit von 80 Feldern.

<F3> *Feldinhalt speichern/zurückholen.* Um die lästige Pflicht zu vermeiden, Feldinhalte mehr als einmal einzutippen, wurde diese Option in das Programm aufgenommen. Wenn Sie <F3> drücken, haben Sie die Wahl, ob Sie den Inhalt (für alle Parameter) des aktuellen Feldes in einen internen Puffer abspeichern möchten, oder ob Sie den Inhalt des Puffers in das aktuelle Feld zurückholen möchten, sollte im Puffer bereits etwas gespeichert sein. Diese Möglichkeit ist nützlich, wenn Sie ein Feld an eine andere Position in der Struktur einer Datenbank kopieren möchten. Öffnen Sie eine Lücke in der Struktur mit <F4>, kopieren Sie den Inhalt des zu verschiebenden Feldes in den Feldpuffer (mit <F3>), bewegen Sie den Cursor zu der Feldlücke und holen Sie dann den Puffer in das leere Feld zurück!

<F4> *Feld in Struktur einfügen.* Um ein Feld irgendwo in die Mitte der neuen Struktur einzufügen, drücken Sie <F4>: Eine leere Zeile erscheint an der gegenwärtigen Position des Pfeils, und alle Felder nach diesem werden um eine Stelle abwärts verschoben.

<Shift-F4> *Feld aus Struktur entfernen.* Um ein Feld zu entfernen (d.h. die Struktur zu komprimieren), benutzen Sie <Shift-F4>. Dies ist das Gegenteil des vorangehenden Befehls und entfernt das Feld an der aktuellen Position des Pfeils.

1.4.2 Datensätze löschen

Dies ist eine Implementierung des *dBASE pack*-Befehls. Wie sein Vorläufer erfordert er, daß Datensätze im voraus zum Löschen vorgemerkt werden (während irgendeiner Datenbankeditierungs-Arbeitssitzung, durch Drücken von <Strg-T> für eine Löschmarkierung; alle zum Löschen vorgemerkten Datensätze werden mit dem Hinweis `[Del.]` in der oberen rechten Ecke des Bildschirms angezeigt). Sie werden gebeten, eine Datenbank auszusuchen und diese letzte Handlung der Datensatzlöschung zu bestätigen. Nach einem Plattenzugriff zum Lesen und Schreiben der Datenbank zeigt eine kurze Meldung an, wieviele Datensätze aus der Quelldatenbank entfernt wurden. Es wird keine zusätzliche Datenbank erzeugt.

Sie können nicht mehr als 10.000 Datensätze auf einmal löschen. Die Anzahl vorgemerkter Datensätze in einer Datenbank kann bei der Editierung durch Drücken von <Strg-F9> ermittelt werden. Halten Sie sich vor Augen, daß eine Löschung die dauerhafte Veränderung einer Datenbank zur Folge hat (kein Rückgängigmachen möglich); Benutzerbestätigung ist erforderlich.

1.4.3 Sortieren und Indizieren einer Datenbank

1.4.3.1 Datenbank sortieren

Dies ist eine Implementation des *dBASE sort*-Befehls, der es Ihnen erlaubt, eine ausgewählte Datenbank nach einem bestimmten Feld oder Feldern zu sortieren. Ein Name für die Zieldatenbank muß vom Benutzer spezifiziert werden. Er muß auch die Felder spezifizieren (von minimal einem bis maximal vier), die als Schlüsselfeld(er) beim Sortieren fungieren sollen. Zusätzlich zur Auswahl des Feldes (der Felder) für die Sortierung muß der Benutzer *Vieweg Datenbank-Manager* mitteilen, welcher der vier Sortierungstypen, die in Form eines Auswahlfensters präsentiert werden, aktiviert werden soll.

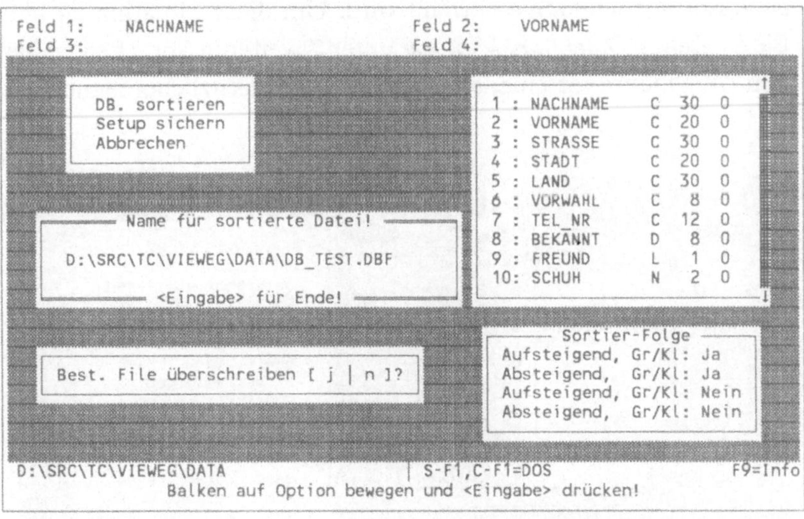

Während der Befehlssequenz wird Ihnen die Möglichkeit geboten, die aktuellen Initialisierungsparameter in einer Datei zu sichern. Diese Datei ist es auch, die Sie benutzen würden, wenn Sie später *Vieweg DatenbankManager* für ein automatisches Sortieren starten. Beachten Sie, daß für eine erfolgreiche Sortierung mindestens soviel Platz auf Ihrer Platte übrig sein muß wie die Größe der Eingabedatenbank beträgt, da *Vieweg DatenbankManager* während der Sortierung eine temporäre Datei erzeugt, die so groß ist wie die zu sortierende Datenbank.

Maximal 10.000 Datensätze können von *Vieweg DatenbankManager* sortiert werden.

1.4.3.2 Welche Sprache?

Gemäß der Vorgabe erfolgt die Sortierung in *Vieweg DatenbankManager* nach dem (erweiterten) ASCII-Zeichensatz. Dies funktioniert bei Englisch problemlos, führt aber zu Schwierigkeiten bei verschiedenen europäischen Sprachen, die aufgrund der Tatsache, daß viele ihrer Zeichen sich in der oberen Hälfte des ASCII-Zeichensatzes befinden, trotzdem nicht korrekt sortiert werden, wenn die vorgegebene Sortierreihenfolge gewählt wird. Um diese Situation zu beheben, können Sie in *Vieweg DatenbankManager* unter 7 weiteren Sprachen wählen, die alle in ihren Alphabeten verschiedene Reihenfolgen zusätzlicher Symbole haben.

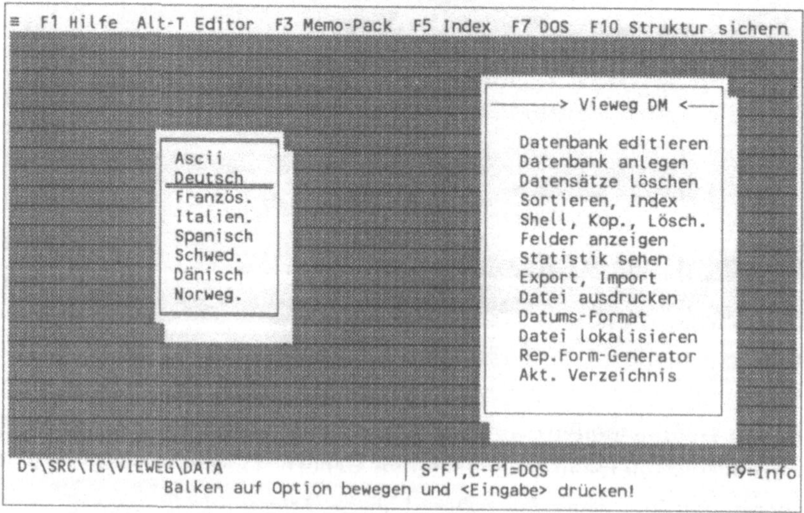

Sie können mit der vorliegenden Option eine Sprache interaktiv auswählen, oder Sie können eine Sprache in einer Initialisierungsdatei spezifizieren (siehe unten).

In jedem Fall folgt jede *Sortierung* und *Anordnung von Indexeinträgen* dem Muster der ausgewählten Sprache.

1.4.3.3 Datenbank indizieren

Hier können Sie eine Datenbank neu indizieren. Dies ist mindestens einmal erforderlich, wenn Sie die Datenbank zum ersten Mal benutzen, und später, wenn Sie (i) die Datensätze einer Datenbank sortieren, (ii) Datensätze aus ihr löschen oder (iii) Datensätze im Desktop an die Datenbank anfügen (aus welcher Quelle auch immer).

Der Dateiname für den Index, der von *Vieweg DatenbankManager* vorgeschlagen wird, ist der gleiche wie der der zu indizierenden Datenbank, nur mit der Extension .dbx. Wenn Sie irgendeinen anderen Namen benötigen, dann ist dies die Stelle, an dem er spezifiziert wird. Nachdem Sie den Namen der Datei bestimmt haben, suchen Sie ein Feld aus, das als Schlüsselfeld für den Index fungieren soll.

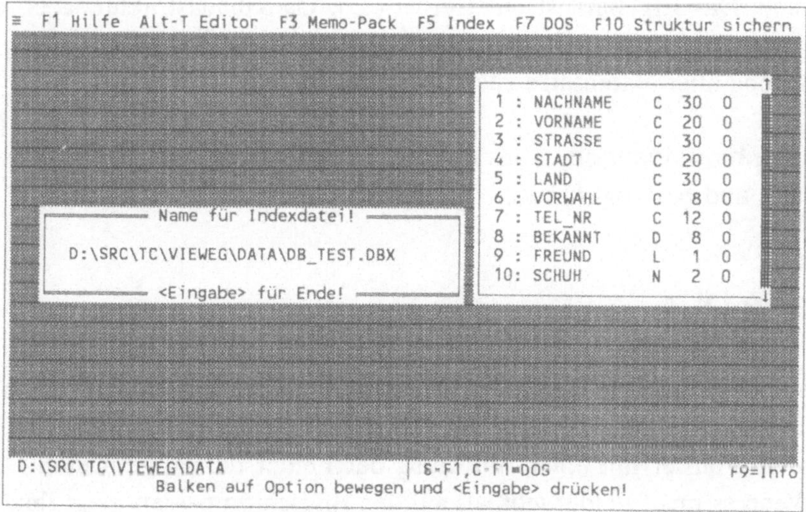

Damit ein Index nicht zuviel wertvollen Arbeitsspeicher verbraucht, werden nur die ersten 32 Zeichen eines Feldes, das länger ist, in die entstehende Indexdatei eingetragen. Dies ist ausreichend, um die Aufgabe eines Indexes zu erfüllen, nämlich Feldinhalte unverzüglich zu finden und für eine sortierte Datensatzanzeige zu sorgen.

1.4.4 Shell, Kopie, Löschen

Leere Datenbank (Shell) erzeugen. Wenn Sie eine leere Datenbank aus einer bestehenden ableiten möchten, dann ist dies die Option, die Sie wählen sollten. Im wesentlichen wird der Dateivorspann der Quelldatenbank in eine neue Datei kopiert. Die entstehende Datenbank ist selbstverständlich leer.

Eine Datenbank kopieren. Mittels des copy-Befehls von DOS erzeugt diese Option eine einfache Kopie einer Datenbank, die Sie aus einem Verzeichnis auswählen, unter einem benutzerspezifizierten Namen. Dies ist zweckmäßig, wenn Sie eine Arbeitskopie einer Datenbank zum Experimentieren herstellen möchten.

Alle Datensätze komplett löschen. Löscht alle Datensätze einer bestehenden Datenbank. Das Ergebnis ist ein Gerüst (d.h. Datenbankstruktur, aber keine Datensätze). Seien Sie sehr vorsichtig mit diesem Befehl, da es keinen Weg gibt, die Löschung aller Datensätze rückgängig zu machen.

Eine Datenbank löschen. Dies löscht eine Datenbank, die Sie zum Löschen ausgewählt und bestätigt haben.

1.4.5 Feldinformationen

Nachdem Sie eine Datenbank aus einem Verzeichnisfenster auf die übliche Weise ausgewählt haben, präsentiert sich Ihnen auf der linken Seite des Bildschirms ein Fenster mit einer Auflistung der Felder der ausgesuchten Datenbank. Wenn es mehr Felder gibt, als auf den Bildschirm passen, zeigt Ihnen ein Tastendruck einen weiteren Fensterinhalt, bis alle Felder angezeigt worden sind.

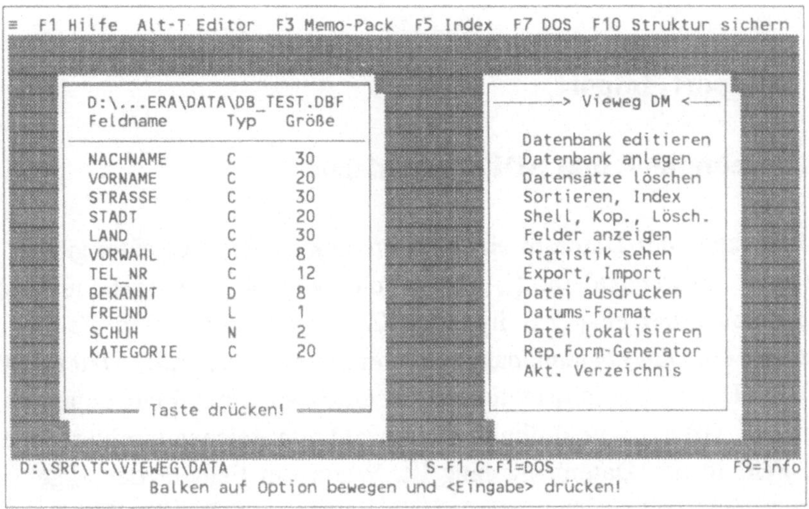

1.4.6 Datenbankstatistik

Bei der aktuellen Desktop-Option öffnet sich links ein Bildschirm, der Ihnen die Dateigröße in Bytes und die Anzahl der Datensätze in der Datenbank anzeigt, ebenso wie die Größe eines einzelnen Datensatzes und die Anzahl der Felder.

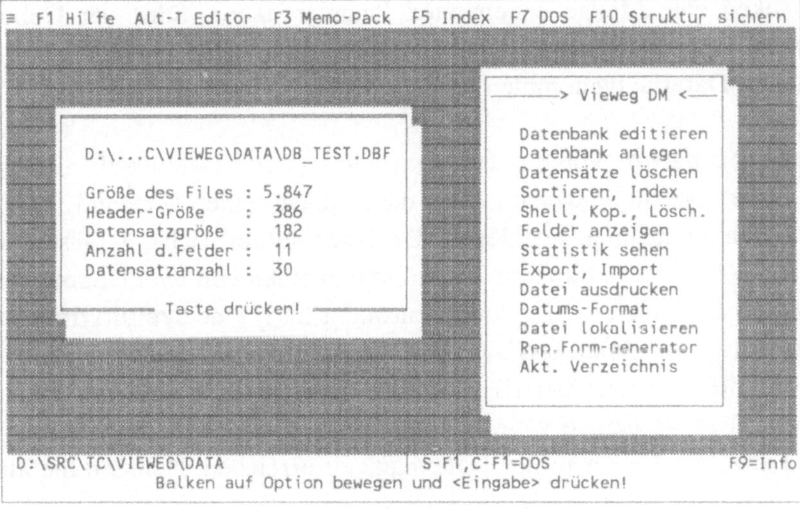

1.4.7 Export, Import

1.4.7.1 Delimited- und SDF-Textdateien

Beim Übertragen der Daten in einer Datenbank in eine Textdatei gibt es zwei grundlegende Möglichkeiten: (i) Jedes Feld wird von einem benutzerspezifizierten Zeichen begrenzt (z.B. irgendein Zeichen, das in keinem Feld benutzt wird), so daß ein Datenbankmanager beim erneuten Lesen einer Datei weiß, wo er mit dem Lesen von Informationen für ein bestimmtes Feld anfangen und aufhören soll; (ii) jedes Feld nimmt die Anzahl von Zeichen in einer Zeile ein, die das Feld in der Datenbank lang ist. Wenn ein Feld in der abgebenden Datenbank nicht voll ist, dann wird die Zeile bis zur folgenden Feldgrenze in der Textdatei mit Leerzeichen aufgefüllt. Beim erneuten Lesen einer solchen Datei benutzt ein Datenbankmanager die Struktur der aufnehmenden Datenbank, um zu bestimmen, wieviel einer Zeile in jedes Feld eines Datensatzes gelesen werden soll.

In beiden Dateitypen nimmt ein einzelner Datensatz eine Zeile ein, die durch ein Wagenrücklauf/Zeilenvorschub-Zeichenpaar beendet wird. Die Datei endet mit ASCII $26 (Strg-Z, die normale Markierung in DOS für das *end-of-file*). Wo Datenbanken eine Menge ungenutzten Platz enthalten, führt der Delimited-Dateityp zu einer signifikanten Größenverringerung, da freier Platz nicht in die entstehende Datei aufgenommen wird.

Zu Text exportieren. Um die Textverarbeitung einer Datenbank zu erlauben, wurde diese Option eingebaut. Sie dient dazu, eine Textdatei aus einer ausgewählten Datenbank anzulegen. Benutzer sollten sich an diesem Punkt darüber im Klaren sein, daß eine Datenbank in einen von zwei Haupttypen von Textdatei umgewandelt werden kann. Entweder in (i) eine **system data format (SDF)** oder (ii) eine **delimited** Textdatei. Der Unterschied zwischen den beiden ist im wesentlichen der: Bei (i) wird der Inhalt jedes Feldes in Text umgewandelt, und es werden so viele Leerzeichen danach angefügt, wie nötig sind, um die Länge des Feldes in der Datenbank zu erreichen. Nehmen Sie als Beispiel an, Sie haben das Wort "London" in einem Feld namens STADT, und letzteres ist in der Datenbank 16 Zeichen lang, dann würde das Wort "London" in den Text eingesetzt und 10 Leerzeichen daran angefügt werden. Daher weiß ein Datenbankverwaltungssystem beim Einlesen einer SDF-Datei in eine Datenbank immer, wo der Inhalt eines bestimmten Feldes beginnt, da die (End-) Spaltennummer eines Feldes in der Textzeile der Länge des Feldes in der Datenbank entspricht.

Bei (ii), Delimited-Textdateien, ist ein bestimmtes Symbol erforderlich, um den Anfang und das Ende eines Feldes zu markieren. Hier besteht nicht die Notwendigkeit, Feldinhalte mit Leerzeichen auszufüllen, da das Datenbanksystem, das eine solche Datei hinterher liest, sich nach dem Feldbegrenzer richten und erkennen kann, wo ein bestimmtes Feld anfängt und wo es aufhört. Dieser zweite Dateityp hat den Vorteil kleinerer Größe gegenüber der SDF-Datei (es gibt in ersterer Datei keine überflüssigen Leerzeichen).

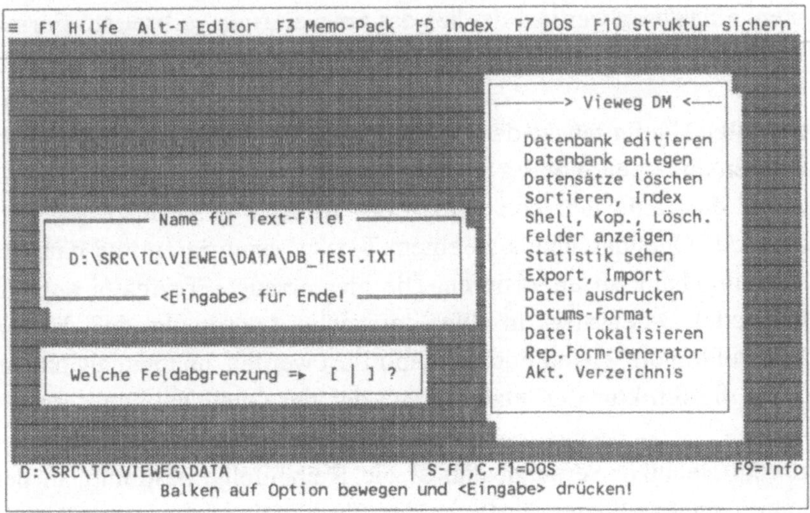

Beide Dateitypen halten sich an die Regel, daß genau eine Zeile Text benutzt wird, um den Inhalt nur eines Datensatzes aus der Datenbank aufzunehmen. Dies kann zu sehr langen Zeilen in der Textdatei führen, wenn die Datensatzgröße der abgebenden Datenbank hoch ist.

Seien Sie bei den Fragen vorsichtig, die Ihnen bei dieser Option gestellt werden. Wenn Sie 'nein' antworten auf die Frage, ob Sie wünschen, daß die rechten Leerzeichen aus jedem Feld entfernt werden, wird ein SDF-Text erzeugt; bei 'ja' wird ein Delimited-Text erzeugt, d.h. einer, bei dem die Leerzeichen aus jedem Feld entfernt werden. Im letzteren Fall müssen Sie ferner das Zeichen spezifizieren, das als Feldbegrenzer fungieren soll.

In *Vieweg DatenbankManager* werden Sie gefragt, nachdem Sie einen Namen für die Textdatei spezifiziert haben, ob aus jedem Feld die rechts stehenden Leerzeichen entfernt werden sollen. Ein 'nein' als Antwort impliziert, daß Sie eine SDF-Datei generieren wollen, und die Erzeugung der Textdatei beginnt. Sagen Sie an dieser Stelle 'ja', führt dies zu einer weiteren Frage, nämlich, welchen Begrenzer Sie benutzen möchten (da Sie die rechten Leerzeichen aus jedem Feld entfernen).

Sowohl eine SDF- als auch eine Delimited-Datei kann in ein anderes Datenbanksystem eingelesen werden, da dies das am weitesten verbreitete Format für die Übertragung von Datenbankinformationen zwischen Systemen darstellt.

Feldauswahl. Häufig taucht der Wunsch auf, Daten von einer Datenbank zu einer anderen mit einer anderen Struktur zu übertragen. Bei *Vieweg DatenbankManager* ist dies eine einfache Operation. Alles, was sie erfordert, ist, die Datensätze der Quelldatenbank zu einem Text zu exportieren und dann diesen in die Zieldatenbank zu importieren. Die hier erzeugte Textdatei enthält den Feldinhalt jedes Datensatzes in einer derartigen Anordnung, daß diese automatisch korrekt in die Zieldatenbank importiert werden, unabhängig davon, wie verschieden die Struktur der letzteren von der der Quelldatenbank ist.

Es wird vom Benutzer verlangt, daß er die Reihenfolge bestimmt, in der die Feldinhalte von Quelldatensätzen in der Textdatei, nach der sie exportiert werden, plaziert werden sollen. Dies geschieht durch Markierung der Felder der Quelldatenbank (in einem Fenster) in der Reihenfolge, in der man sie später haben möchte. Außerdem ist es möglich, leere Felder einzufügen (diese werden in der Textdatei als Sequenzen von zwei Feldbegrenzern geschrieben), und Sie können jedes beliebige Feld aus der Quelldatenbank wiederholen und selbstverständlich jedes beliebige Feld oder Felder bei der Textdateierzeugung ignorieren lassen. Die Reihenfolge, in der Sie Felder plazieren, sollte mit der Reihenfolge übereinstimmen, in der diese Felder in der Struktur der Zieldatenbank vorkommen. Dies stellt sicher, daß der Import aus der Textdatei erfolgreich verläuft.

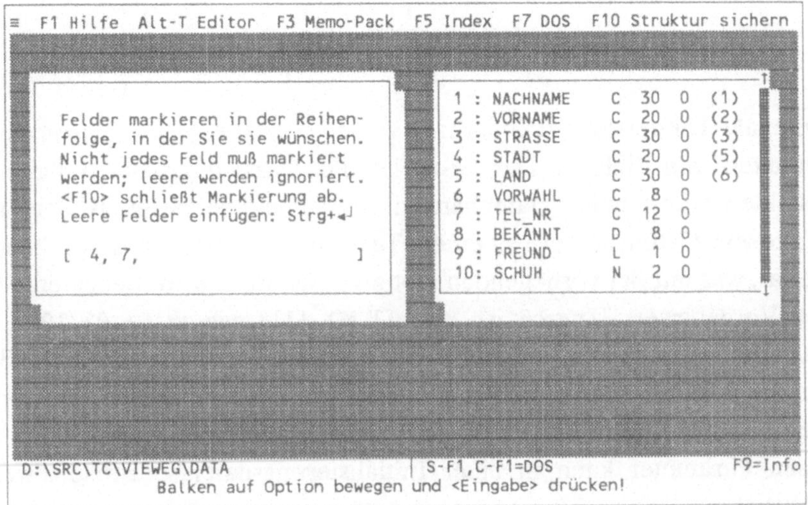

Anmerkung. Die Textdatei für diese Operation ist immer eine 'Delimited'-Textdatei.

Datenbanken komprimieren. Diese Option erlaubt es Ihnen, 'Delimited'-Dateien von jeder der Datenbanken im aktuellen Verzeichnis anzulegen. Das Ergebnis ist eine beträchtliche Verringerung der Datenbankgröße, was nützlich ist, wenn Sie viele Datenbanken auf einem begrenzten Medium abspeichern wollen, z.B. auf einer Diskette.

Anmerkung. Die Datensätze von denjenigen Datenbanken, die von einer Komprimierungsoperation betroffen sind, werden durch diesen Befehl nicht gelöscht.

Aus Text importieren. In diesem Fall werden Datensätze aus einer Textdatei an eine bestehende Datenbank (die nicht leer zu sein braucht!) angehängt. Achten Sie darauf, den richtigen Texttyp zur Benutzung beim Import zu spezifizieren, anderenfalls sind die Resultate unvorhersehbar.

Aus Datenbank importieren. Nach der Auswahl von abgebender und aufnehmender Datenbank vergleicht *Vieweg DatenbankManager* die beiden und hängt, wenn sie in der Struktur identisch sind, Datensätze aus der ersten an die zweite an. Die aufnehmende Datenbank braucht nicht leer zu sein.

1.4.8 Datumsformat

Das nationale Datumsformat innerhalb von *Vieweg DatenbankManager* ist an zwei Punkten von Belang. Der erste ist die Darstellung der Inhalte von Datumsfeldern während der Datenbankeditierung, und der zweite ist der Export der Inhalte von Datumsfeldern zu einem Text. In beiden Fällen ist das benutzte Format das, was mit der vorliegenden Option ausgewählt wird. Beachten Sie, (i) daß der Vorgabewert *Deutsch* ist, d.h. `TT.MM.JJJJ` wie in `01.01.1990`, und benutzt wird, wenn nichts anderweitiges ausgesucht wird, und (ii) daß die Belegung für das Datumsformat unabhängig von der Sprache ist, die für das Sortieren und die Anordnung von Indexeinträgen ausgewählt wurde. Ein Wert für diesen Parameter kann in einer Initialisierungsdatei spezifiziert werden (siehe unten).

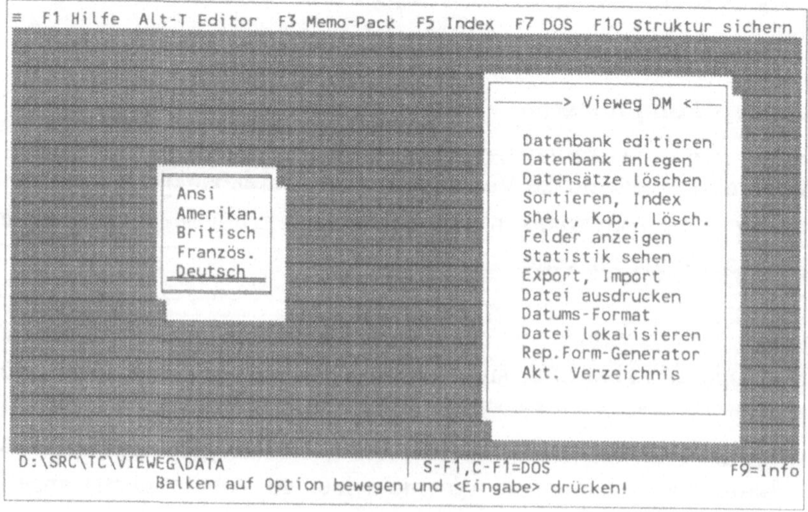

1.5 Verschiedenes

Die restlichen Optionen des Desktop erklären sich selbst. Sie betreffen das Betrachten oder Editieren von externen Textdateien und von Ausgabeformularen, die man vielleicht bei *Vieweg DatenbankManager*-Datenbanken benutzen möchte. Damit diese richtig funktionieren, müssen die Programme *Vieweg View*, *Vieweg Editor* und *Vieweg Report* über die DOS-Pfadvariable zugänglich sein.

Die letzte Option des Hauptfensters rechts auf dem Bildschirm ist wichtig, wenn Sie auf Datenbankdateien in einem anderen Verzeichnis als dem aktuellen zugreifen wollen. Wählen Sie die Option und spezifizieren Sie das neue Verzeichnis. Das aktuelle Laufwerk kann ebenfalls gewechselt werden, indem Sie es am Anfang des vollen Pfades des neuen Verzeichnisses spezifizieren. Alternativ dazu können Sie <F8> für *Verzeichnisbaum* drücken, wenn Sie eine Verzeichnisauflistung aktivieren möchten (mit der ersten Option des Desktop-Menüs).

1.5.1 Eingaben von der DOS-Befehlszeile

Einen einfachen Parameter übergeben. Sie können *Vieweg DatenbankManager* laden und den Namen einer zu ladenden Datenbank aus der Befehlszeile heraus übergeben. Dies ist offensichtlich nützlich bei Stapeldateien, wo Sie dem Benutzer nicht auferlegen möchten, sich eine Datenbank auszusuchen. Der an *Vieweg DatenbankManager* übergebene Name muß der einer gültigen Datenbank sein; die Extension `.dbf` ist nicht notwendig.

Beachten Sie, daß *Vieweg DatenbankManager* nicht überprüft, ob der übergebene Name in seinem *Inhalt* einer gültigen *dBASE*-kompatiblen Datenbank entspricht: Es liegt bei Ihnen, dies sicherzustellen.

Automatisches Sortieren mit "/s". Während der Sortierungsbefehlssequenz haben Sie sicher bemerkt, daß Ihnen die Option angeboten wurde, die aktuelle

Konfiguration in einer Datei zu sichern, (siehe die Beschreibung dieses Befehls weiter oben).

Wenn Sie die Initialisierungsparameter für die Sortierung gesichert haben, dann können Sie die auf Platte gespeicherte Datei an diesem Punkt hier als die Initialisierungsparameterdatei benutzen und, durch Spezifizierung von "`/s`" in der DOS-Befehlszeile, *Vieweg DatenbankManager* veranlassen, zu starten, eine bestimmte Datei in einer bestimmten Weise zu sortieren und automatisch wieder zu beenden.

Der Vorteil von diesem Modus ist, daß er aus einer DOS-Stapeldatei heraus aufgerufen werden kann und so *Vieweg DatenbankManager* dafür geeignet macht, Datenbanken zu sortieren, ohne daß Sie jedes Mal die Parameter interaktiv spezifizieren müssen.

Anmerkungen. Wenn Sie *Vieweg DatenbankManager* nur mit `vdm /s` starten, so sucht das Programm nach einer Initialisierungsdatei `vdm.srt` im *Ursprungs*-Verzeichnis von *Vieweg DatenbankManager.* Sollten Sie nach dem `/s`-Schalter den Namen einer Initialisierungsparameterdatei eingeben, dann wird diese benutzt. In diesem Fall wird kein Pfad nach der Initialisierungsdatei durchsucht, so daß, wenn sich diese nicht im aktuellen Verzeichnis befindet, der Pfad Bestandteil der Namensspezifikation der Initialisierungsdatei sein muß, z.B.:

`vdm /s-c:\data\setup.srt` (beachten Sie den Bindestrich hinter `/s`!)

Die Extension `.srt` muß genau genommen nicht unbedingt eingegeben werden, da sie in diesem Fall von *Vieweg DatenbankManager* hinzugefügt wird.

Expansion komprimierter Datenbanken mit "/e". Dieser Parameter bewirkt, daß *Vieweg DatenbankManager* startet und alle Delimited-Texte, die es im aktuellen Verzeichnis findet, zu entsprechenden Datenbanken expandiert. Seien Sie hier vorsichtig, da dies zu unerwünschten Auswirkungen führen kann. Beachten Sie in diesem Zusammenhang die folgenden Punkte:

(i) Datensätze aus 'Delimited'-Texten werden an Datenbanken angehängt (deren ursprüngliche Inhalte bleiben dabei erhalten). (ii) Wenn zu einem bestimmten

Text keine Datenbank paßt (der Teil vor dem Punkt beim Dateinamen muß in beiden Fällen derselbe sein), dann überspringt *Vieweg DatenbankManager* diesen und probiert den folgenden Text.

Eine Datei mit der Extension `.txt` wird von *Vieweg DatenbankManager* als eine korrekt strukturierte Delimited-Textdatei angesehen. Ist sie das nicht, sind die Ergebnisse unvorhersehbar.

Anmerkung. Wenn Sie hinter "/e" eine Dateispezifikation eingeben, dann expandiert *Vieweg DatenbankManager* nur diejenigen Datenbanken, die der Dateischablone entsprechen, vorausgesetzt, es gibt zwei Dateien mit dem gleichen Namen und den Extensionen `.dbf` und `.txt` im aktuellen Verzeichnis. DOS-Jokerzeichen ? * sind in der Dateispezifikation erlaubt.

1.5.2 Vieweg DatenbankManager-Dateitypen

Nachfolgend nun eine Liste der für *Vieweg DatenbankManager* relevanten Dateitypen. Benutzer sollten sich mit ihnen gleich am Anfang vertraut machen, so daß sie, falls der eine oder andere fehlt, sich der Aufgabe widmen können, die Situation zu beheben.

1)	**.DBF**	=	*dBASE*-kompatible Datenbank; dies ist die Datendatei, die von *Vieweg DatenbankManager* direkt verarbeitet wird
2)	**.DBX**	=	Von *Vieweg DatenbankManager* erzeugte Indexdatei
3)	**.SRT**	=	Konfigurationsdatei für eine Sortieroperation
4)	**.EXP**	=	Filterausdruck als Plattendatei (kann geladen werden)
5)	**.DBT**	=	Textdatei für Memo-Feld im *dBASE*-Format
6)	**VDM.INI**	=	Initialisierungsdatei mit Parameterwerten
7)	**VDM.HLP**	=	Die Textdatei für das Hilfesystem
8)	**VDM.IND**	=	Der Index, der für schnellen Zugriff auf Hilfetexte benutzt wird

Von Vieweg DatenbankManager nicht benutzte Dateitypen

1) **.NDX** = *dBASE*-Indexdatei
2) **.NTX** = *Clipper*-Indexdatei

1.5.3 Tastenbelegungen beim Verzeichnisverwalter

<F1> *Eingebaute Hilfe.* Bietet Ihnen einen Bildschirm mit den in *Vieweg DatenbankManager* verfügbaren Befehlen.

<F4> *Neues Laufwerk auswählen.* Erlaubt es Ihnen, ein neues Laufwerk anzusprechen. Listet die auf Ihrem System verfügbaren (logischen) Laufwerke auf.

<Shift-F4> *Neue Dateischablone.* Hier können Sie eine neue Schablone eingeben, um sich eine Auswahl von Dateien aus dem gegenwärtigen Verzeichnis anzeigen zu lassen. Dies gilt jedoch nur für die Auswahl eines Textes zum Editieren, da in allen anderen Fällen die Extension der zu wählenden Datei vorgegeben ist.

<F8> *Verzeichnisbaum aktivieren.* Zeigt die Struktur der gegenwärtigen Platte an, vorausgesetzt, die Strukturdatei `adirs.fil` befindet sich im Stammverzeichnis (dies ist dieselbe Datei, die von *Vieweg DatenbankManager* zusammen mit anderen Dateien aus der Programmgruppe benutzt wird). Wenn die Strukturdatei nicht vorhanden ist, werden die Verzeichnisse gelesen und sie betreffende Informationen auf Platte gespeichert. Sie können ein Neueinlesen der aktuellen Platte mittels <Alt-F8> bewirken.

Bewegen Sie den Leuchtbalken zu dem Verzeichnis, zu dem Sie wechseln möchten, und drücken Sie <Eingabe> oder brechen Sie die gegenwärtige Operation mit <Escape> ab.

<F9> *Umgebung zeigen.* Präsentiert Ihnen die gewohnte Bildschirmseite mit Informationen zum gegenwärtigen und ursprünglichen Pfad, Gesamtgröße der

Platte und freiem Platz, zusammen mit freiem Arbeitsspeicher und aktueller Zeit und aktuellem Datum.

Navigiertasten

<PfeilAuf, PfeilAb>	Jeweils einen Eintrag in der Auflistung nach oben, unten.
<Bild↑, Bild↓>	Jeweils eine Bildschirmseite in der Auflistung nach oben, unten.
<Strg-Bild↑, -Bild↓>	Anfang, Ende der Verzeichnisauflistung.

Anmerkungen. Um schnell eine Datei in einer Auflistung zu lokalisieren, tippen Sie die ersten Buchstaben des Namens ein, und der Leuchtbalken springt sofort zu der folgenden gefundenen Datei.

<Eingabe>	Die momentan hervorgehobene Datei in der Auflistung auswählen.
<Escape>	Operation abbrechen oder eine neue Datei starten (bei der Auswahl einer Textdatei zum Editieren).

1.5.4 Befehlsaktivierung über das Menüsystem

Es gibt zwei Hauptmethoden in *Vieweg DatenbankManager*, Befehle zu aktivieren. Die erste ist die, die bisher besprochen wurde: Der Benutzer drückt eine Funktionstaste oder Kombination von Tasten, um einen Befehl zu starten. Der Vorteil dieser Methode ist der von Geschwindigkeit, der Nachteil sollte gleichermaßen auf der Hand liegen: Es ist notwendig, eine große Anzahl von Tastenkombinationen auswendig zu lernen.

Taste zur Aktivierung des Menüsystems: *Shift-Tab*

```
 Allgem. Index  Sehen  Anfüg.  Halt. Find. Mark. Lösch.  Filter  Export  Text
<                              >                                   [    |    ]
NACHNAME     C  30 Kindermann          Strg-F      Inhalt finden
VORNAME      C  20 Heike               Strg-R,N    Nochmals suchen
STRASSE      C  30 Adenauer Allee 12   Strg-L      Buchstabenfeld
STADT        C  20 Bonn                Leertaste   Buchstabensuche
LAND         C  30 Deutschland         Strg-F2     Suchen & Ersetzen
VORWAHL      C   8 0228                Alt-F2      Ohne Bedingung
TEL_NR       C  12 341974              Alt-S       Art der Suche
BEKANNT      D   8 07.09.1985
FREUND       L   1 T
SCHUH        N   2 36
HOBBY_TYP    C  20 Rallyfahrer

St-Bild↑ St-Bild↓ St-G=GeheZu F1=Hilfe Alt-F7=Desk. F10=Browse [Shift-Tab=Menüs]
```

Was der Anfänger braucht, ist eine Methode, Befehle zu aktivieren, ohne zu wissen, welche Tasten erforderlich sind. Die Lösung dieses Dilemmas besteht in einer Reihe von eingebauten Auswahllisten, die durch einen einzigen Tastendruck aktiviert werden. Der Benutzer braucht sich noch nicht einmal zu merken, welcher dies ist, da er ständig unten auf dem Bildschirm angezeigt wird. In der Tat kann man hier aus einer Reihe von Tasten auswählen.

Sobald eine korrekte Tastenkombination gedrückt wurde, erscheint ein Fenster; dies ist eins von insgesamt elf, die mit den <PfeilLinks>- und <PfeilRechts>-Tasten ausgewählt werden können. Um sich in einem Fenster zu bewegen, benutzen Sie die <PfeilAuf>- oder <PfeilAb>-Tasten (oder <Bild↑>, <Bild↓>) für den Anfang oder das Ende einer Liste.

1.6 Aktivierung des Texteditors

Eins der wesentlichen Merkmale von *Vieweg DatenbankManager* ist seine Fähigkeit, Datenbanken mittels eines vordefinierten Ausgabeformulars mit Leichtigkeit in Texte zu konvertieren. Aus diesem Grund müssen Benutzer diesen Abschnitt sorgfältig lesen. Wenn Sie nicht verstehen, wie diese Schnittstelle funktioniert, dann wird *Vieweg DatenbankManager* für Sie nur ein Datenbankeditor sein und nicht mehr.

```
↑ Filename Ext.   Größe     Datum    Zeit
  BIBLIO   .DBF   21.919  03.10.92 21:36
  BIBLIO   .DBT      501  03.10.92 21:32
  BIBLIO   .DBX    1.036  03.10.92 21:54
  BIBLIO   .REP      316  29.09.92 13:31
  BIBLIO   .TXT    5.230  03.10.92 21:37
  DBSTAT   .EXE  318.558  30.09.92 13:03
  DB_TEST  .DBF    5.847  03.10.92 22:11
  DB_TEST  .REP    1.167  03.10.92 22:57
  GERM_ENG.DBF    22.940  27.10.91 23:43
  JAHR     .DBX      196  03.10.92 21:39
  VDM      .EXE  232.116  03.10.92 22:56
  VDM      .HLP   19.759  03.10.92 13:06
  VDM      .IND      933  03.10.92 13:53
  VDM      .INI    3.557  03.10.92 13:04
↓ File     1 von 17, Ins.   695.925 Bytes

D:\SRC\TC\VIEWEG\DATA              | S-F1,C-F1=DOS F4=LWerk F8=Baum F9=Info
                         Zu editierenden File wählen!
```

<Alt-T> *Texteditor aktivieren.* Schaltet von Datenbank auf Texteditierung um. Wenn sich momentan keine Datei im Texteditor befindet, erscheint eine Verzeichnisauflistung, aus der Sie eine zu verarbeitende Datei auswählen können. Der Texteditor kann auch vom Desktop aus aufgerufen werden.

Um eine Datei aus der Verzeichnisauflistung zu holen, drücken Sie <Eingabe>; um eine neue Datei zu öffnen, drücken Sie <Escape> (wie im *Vieweg Editor*).

Anmerkung. Wenn Sie einen Text geladen oder gestartet haben und ihn verändert haben (seit der letzten Sicherung), dann werden Sie aufgefordert, ihn zu sichern, bevor Sie von *Vieweg DatenbankManager* nach DOS zurückkehren. Eine bejahende Antwort auf die Anzeige bringt Sie zur Texteditierungsebene, in der Sie den Text wie üblich mittels <F10> sichern können.

<Strg-F5> *Texteditor mit Datensatzdatei aktivieren.* Vorausgesetzt, daß Sie eine Datenbank mit einem Feld namens `FILE_NAME` haben, und daß Sie es mit einer Angabe füllen, die einen DOS-Dateinamen darstellt (oder eine mögliche Datei), dann gehen Sie beim Drücken von <Strg-F5> zur Texteditierungsebene, wobei die Datei geladen wird, deren Name aus dem Datensatzfeld FILE_NAME gewonnen wurde.

Anmerkungen.

(i) Die Datei, die Sie in dem relevanten Feld spezifizieren, kann aus einem bloßen Namen bestehen oder aus einem vollen Dateipfad (mit Laufwerk und Verzeichnis).

(ii) Wenn Sie <Strg-F5> drücken und bereits eine Datei im Texteditor haben (die Sie in irgendeiner Weise verändert haben), dann werden Sie aufgefordert, diese zu sichern, bevor die Datei zum aktuellen Datensatz geladen wird (oder erzeugt, wenn sie nicht bereits existiert).

1.6.1 Texteditierung

Die untenstehenden Beschreibungen sind absichtlich oberflächlich, da die Befehle dieselben sind, die sich im *Vieweg Editor* finden und die weiter unten im Detail behandelt werden. Tatsächlich stellt der Texteditor in *Vieweg DatenbankManager* im wesentlichen den Kern der Editierungsfunktionen aus *Vieweg Editor* dar, präsentiert in einer absichtlich vereinfachten Form. Eine Möglichkeit, bei der der interne Texteditor von *Vieweg DatenbankManager Vieweg Editor* überlegen ist, findet man in seiner Fähigkeit, Texte direkt zu drucken (für Details siehe unten).

Anmerkungen. Das Größenlimit eines Textes, den Sie in *Vieweg Datenbank-Manager* laden und verarbeiten können, wird bestimmt durch die Größe des noch verfügbaren Arbeitsspeichers. Überprüfen Sie diese mit der <F9>-Taste (für *Umgebung*).

Wenn Sie eine Datenbank zu einem Text exportieren und nicht mehr genug freier Speicher da ist, den gesamten Inhalt der Datenbank aufzunehmen, so gibt *Vieweg DatenbankManager* eine Fehlermeldung aus und bricht die Exportoperation ab, wenn der Arbeitsspeicher erschöpft ist. In solchen Fällen sollten Sie das

Ziel für den Export neu auf eine Plattendatei einstellen. Dann ist es unwesentlich, wie groß die Ausgabedatei ist.

1.6.2 Funktionstastenbelegungen

<F1> *Hilfe-Bildschirm.* Gibt eine Zusammenfassung der vorhandenen Tastenbelegungen im Texteditor.

<F3> *Zeile speichern/holen.* Erlaubt es Ihnen, die Zeile, auf der sich der Cursor momentan befindet, zu speichern und sie später zu holen (an einer anderen Stelle im Text). Der Inhalt des Zeilenpuffers bleibt unverändert, selbst wenn Sie zum Datenbankeditor und wieder zurück geschaltet haben.

<Strg-F3> *Formatierung.* Zeigt Leerzeichen, Tabulatorzeichen und Zeilenenden an.

<F4> *Block markieren/kopieren.* Erlaubt es Ihnen, einen Textblock zu markieren. Benutzen Sie die <PfeilAuf>-, <PfeilAb>-, <Bild↑>-, <Bild↓>-Tasten, um die Größe des Blocks festzulegen (dieser wird in inverser Darstellung angezeigt), und drücken Sie erneut <F4>, um ihn in den Blockpuffer zu kopieren (Zurückholen des Inhalts erfolgt mittels <Shift-F10>).

<Strg-F4> *Block verschieben.* Wenn Sie die Blockmarkierung mit dieser Tastenkombination beenden, wird der markierte Abschnitt in den Blockpuffer kopiert und außerdem aus dem Text gelöscht.

<Alt-F4> *Blockpuffer anzeigen.* Zeigt die ersten Zeilen des aktuellen Pufferinhalts in einem Fenster auf dem Bildschirm an. Drücken Sie eine beliebige Taste, um das Fenster wieder zu schließen!

<F5> *Neue Datei.* Ruft den Dateiverwalter in *Vieweg DatenbankManager* auf und erlaubt Ihnen damit das Laden einer neuen Datei. Wie immer, wenn Sie in einer Verzeichnisauflistung sind, können Sie mit <Escape> eine neue Datei starten.

<Shift-F5> *Datei einfügen.* Gestattet das Einfügen einer Datei in eine andere (an der aktuellen Cursorposition).

<F6> *Löschen rückgängig machen.* Erlaubt es Ihnen, das letzte Textstück, das seit der letzten Cursorbewegung gelöscht wurde, zurückzuholen.

<Shift-F6> *Vorangehende Zeile kopieren.* Kopiert einen Teil oder die gesamte vorangehende Zeile in die aktuelle, richtet sich dabei nach der Cursorposition (von dort bis zum Ende der Zeile).

<F7, Alt-Q> *Ende.* Schaltet zurück zum Datenbankeditor. Benutzen Sie <Alt-T>, um wieder in den Texteditor zu gelangen.

<F9> *Umgebung anzeigen.* Bietet ein Fenster mit wesentlichen Informationen darüber, wieviel Speicher und Plattenplatz Sie übrig haben, Größe der Platte, aktuelles Datum und Zeit usw.

<F10> *Text/Block sichern.* Speichert den aktuellen Text oder Block auf Platte unter einem benutzerspezifizierten Namen. Sie können den vollen Pfad (Laufwerk, Verzeichnis und Dateiname) für die Datei bestimmen, bevor sie gespeichert wird.

<Shift-F10> *Block holen.* Fügt den Inhalt des Blockpuffers in den Text an der aktuellen Cursorposition ein. Sie können den Blockpuffer vor dem Kopieren mit <Alt-F4> überprüfen.

1.6.3 Navigiertasten

<PfeilAuf, PfeilAb> *Jeweils eine Zeile nach oben, unten.*
<Bild↑, Bild↓> *Jeweils eine Bildschirmseite nach oben, unten.*

<Strg-Bild↑, Strg-Bild↓> *Anfang, Ende des Textes.*
<Strg-PfeilRechts, -Links> *Jeweils ein Wort nach rechts, links gehen.*

<Pos1, Ende>	*Anfang, Ende der Zeile.*
<Strg-Pos1>	*Gehe zu einer bestimmten Zeile.*
<Minus-,PlusTaste>	*Eine halbe Bildschirmseite nach oben, unten.*
<Strg-T>	*Tabulatorbreite setzen.*

1.6.4 Löschbefehle

<Strg-R>	*Rechts stehendes Wort löschen.*
<Strg-Ende>	*Bis zum Ende der Zeile löschen.*
<Strg-L>	*Aktuelle Zeile löschen.*
<Entf>	*Zeichen an der Cursorposition löschen.*
<Escape>	*Jede begonnene Operation stornieren.*

1.6.5 Suchen und ersetzen

<Strg-F>	*Zeichenkette finden.*
<Strg-N>	*Nächste Fundstelle.*
<Strg-E>	*Zeichenketten ersetzen.*

```
D:\SRC\TC\VIEWEG\DATA\DB_TEST.REP          Zeile: 18       Spalte: 1
[·······|·······|·······T·······|·······|·······|·······|·······|·······|······]
                                                          Datum: I

◄02► ◄01►
◄03►                      Groß#Kleinschreibung:  Nein
◄04►                   Bestätigung der Ersetz.:  Ja
◄05►                Mit Leertaste umschalten, ↵ für Ende!

Sehr geehrte(r) ◄02► ◄01►,
                          String tippen; <Esc>=Storno
Sicherlich
Schuh zu f        Finde:    Schuh
Schuhgröße      Ersetze:    Stiefel

Wie Sie de
spruchsvoll
empfehlen Ihnen, unsere Palette näher anzuschauen; für Sie ist ganz gewiß
etwas dabei.

Wir würden uns sehr freuen, von Ihnen in naher Zukunft zu hören.

                           Hochachtungsvoll,

Db.1: D:\...RA\DATA\DB_TEST.DBF                                  [Sh-Tab=Menüs]
```

Anmerkung. Im Texteditor in *Vieweg DatenbankManager* (im Gegensatz zu *Vieweg Editor*) müssen Sie spezifizieren, ob die Suche Groß- und Kleinschreibung gleich behandeln soll oder nicht, bevor Sie den Suchstring eingeben. Wenn Sie Zeichenketten ersetzen möchten, dann müssen Sie angeben, ob das Ersetzen mit Benutzerbestätigung erfolgen soll oder nicht. Sie können im Texteditor nicht rückwärts suchen.

1.6.6 Das Menüsystem auf der Texteditierebene

Ähnlich der Position auf der Datenbankeditierungsebene gibt es im Texteditor-Modul von *Vieweg DatenbankManager* zwei Methoden, Befehle zu aktivieren. Die erste ist die direkte Methode, eine Funktionstaste oder Kombination von Tasten zu drücken. Die zweite beinhaltet ein System von Menüs, die durch eine der folgenden Tasten aktiviert werden können:

Aktivierung des Menüsystems des Texteditors: *Shift-Tab*

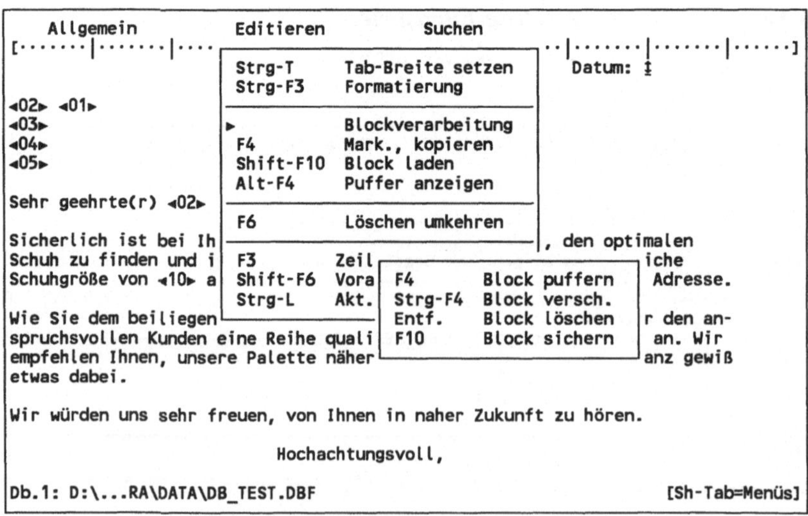

Um eine Option auszuwählen, verschieben Sie den Leuchtbalken und drücken Sie <Eingabe>; um die Operation zu stornieren und die Menüs zu schließen, drücken Sie <Escape>.

1.7 Initialisierungsdateien

Die wesentlichen Informationen für *Vieweg DatenbankManager* können in einer Initialisierungsdatei spezifiziert werden. Diese ist eine normale ASCII-Textdatei mit der Extension `.ini`, die von *Vieweg DatenbankManager* konsultiert wird, wenn letztere geladen wird. Eine Initialisierungsdatei kann irgendeinen Namen haben, d.h. alle Buchstaben können vor der Extension stehen. Die Vorgabe ist `vdm.ini`; jeder andere Name muß in der Befehlszeile spezifiziert werden (siehe Programmaufruf-Syntax zu Beginn dieses Abschnitts).

Anmerkungen. *Vieweg DatenbankManager* liest Informationen nur von denjenigen Zeilen einer Initialisierungsdatei, die *nicht* mit einem Semikolon beginnen.

Um einen positiven Wert für einen Parameter anzuzeigen, können Sie entweder das Wort 'ja' eintippen oder die Zahl '1' (ohne Anführungszeichen). Ein negativer Wert wird entweder durch 'nein' oder durch '0' symbolisiert.

Wenn Sie irgendwelche Parameter verändern, dann achten Sie darauf, sich an das festgelegte Format zu halten, wie es in den untenstehenden Anmerkungen umrissen ist!

Vieweg DatenbankManager liest die Initialisierungsparameterdatei nur beim Programmstart. Um das Programm mit geänderten Parametern laufen zu lassen, müssen Sie *Vieweg DatenbankManager* verlassen und neu starten.

```
; Hier ist der Initialisierungsfile für Vieweg DatenbankManager. Er ist
; ein normaler ASCII-Text, den man mit Vieweg DatenbankManager selber
; oder einem beliebigen Editor bearbeiten kann. Man beachte, daß Vieweg
; DatenbankManager nur solche Zeilen liest, die NICHT mit einem Semi-
; Kolon anfangen.
;
; Wenn Sie irgendwelche der folgenden Parameter ändern, halten Sie
; dennoch das vorgegebene Datenformat, wie es in den Kommentaren unten
; erläutert wird, ein.
;
```

```
; Jeder Filename darf mit einer Pfadspezifikation beginnen, z.B.:
; D:\MY_FILES\SPECIAL.DBF für eine Datenbank.
;
; Ein FileName kann bis zu 40 Zeichen, ein numerischer Wert bis zu 4
; Zahlen enthalten.
;
;----------------------------------------------------------------;
; Punkt 1: Name des Standard-Verzeichnisses
; (Lassen Sie diese Zeile leer, wenn Sie beim Start kein
;  Verzeichniswechsel wollen. Auf dem Desktop kann dieser Wert geändert
;  werden)
;
;----------------------------------------------------------------;
; Punkt 2: Name der ersten Datenbank
; (Zeile leer lassen, falls keine Vorgabedatenbank erwünscht!)
;
BIBLIO
;
;----------------------------------------------------------------;
; Punkt 3: Name der zweiten Datenbank
; (Zeile leer lassen, falls keine Vorgabedatenbank erwünscht!)
;
HUGE
;
;----------------------------------------------------------------;
; Punkt 4: Index während der Datenbankbearbeitung benutzen?
; 1 = Ja; 0 = Nein
;
0
;
;----------------------------------------------------------------;
; Punkt 5: Index beim Laden der Datenbank auswählen?
; 1 = Ja; 0 = Nein
;
0
;
;----------------------------------------------------------------;
; Punkt 6: Datenbank automatisch re-indizieren beim Laden?
; 1 = Ja; 0 = Nein
;
1
;
;----------------------------------------------------------------;
; Punkt 7: Nationales Format fürs Sortieren
;
; Schlüssel:
;           0  =  Ascii
;           1  =  Deutsch
;           2  =  Französisch
;           3  =  Italienisch
;           4  =  Spanisch
;           5  =  Schwedisch
;           6  =  Dänisch
;           7  =  Norwegisch (gleiche Reihenfolge wie Dänisch)
```

```
;
1
;
;-----------------------------------------------------------------;
; Punkt 8: Nationales Datumsformat
;
; Schlüssel:
;        0  =  Amerikanisch  (MM/DD/YYY)
;        1  =  Britisch      (DD/MM/YYY)
;        2  =  Deutsch       (DD.MM.YYY)
;
2
;
;-----------------------------------------------------------------;
; Punkt 9: Anzahl der Leerzeichen pro Tabulator
;
8
;
;-----------------------------------------------------------------;
; Punkt 10: Automatische Foramtierungsanzeige (Tabs und Zeilenenden)
; 1 = Ja; 0 = Nein
;
0
;
;-----------------------------------------------------------------;
; P.S. Vergessen Sie nicht, daß der Default-Name für die
; Initialisierungsdatei VDM.INI heißt. Wenn Sie die jetzigen Datei
; editieren und sie unter einem anderen Namen speichern, dann müssen
; diese schon auf der Kommandozeile beim Aufruf von Vieweg Datenbank-
; Manager angeben, z.B.
;
;                       vdm /i-special.ini
;
; Hiermit wird Vieweg DatenbankManager geladen und mit den Werten in
; der Datei "special.ini" initialisiert. Wenn Sie die Extension ".ini"
; vergessen, wird diese automatisch von Vieweg DatenbankManager
; hinzugefügt.
;
; Wenn Ihnen der Initialisierungsvorgang zu langsam ist, entfernen Sie
; sämtliche Kommentare aus dem Initialisierungsfile. Dadurch muß Vieweg
; DatenbankManager sie nicht lesen, um sie sowieso zu vernachlässigen,
; da sie nur Kommentar darstellen.
;
;
```

2 Vieweg Editor

Syntax: `ved Dateiname`

Vieweg Editor ist eine normale unter MS-DOS ausführbare Datei mit einer Größe von etwa 160K. In den Arbeitsspeicher geladen belegt sie etwas über 170K. Abhängig von der Größe der Textdatei oder -dateien, die Sie dann editieren, ist die Größe des verfügbaren Arbeitsspeichers entsprechend reduziert.

Vieweg Editor kann durch einfaches Eintippen von 'ved' gestartet werden oder durch Hinzufügen eines Dateinamens nach diesem in der Befehlszeile, wie in:

```
ved my_file.txt
```

das *Vieweg Editor* lädt und automatisch den ersten Textbereich mit einer Datei namens `my_file.txt` füllt, vorausgesetzt, daß sich diese im aktuellen Verzeichnis befindet. Sie können auch den Namen eines Laufwerks und/oder Verzeichnisses vor dem Dateinamen in der Befehlszeile spezifizieren:

```
ved \source\my_prog.c
ved d:\source\my_prog.c
```

Beachten Sie...

Wenn Sie (i) eine neue Datei öffnen oder (ii) ein Dateifehler tritt auf, öffnet *Vieweg Editor* automatisch eine leere Datei mit einem Namen wie `_ved_001.tmp` (die Nummer bezieht sich auf den jeweils aktuellen Textbereich). Um zu vermeiden, daß Sie eine gleichnamige Datei überschreiben, benennen Sie diese Datei sobald wie möglich um, indem Sie sie mittels <F10> sichern.

2.1 Bildschirm-Layout

Angenommen, Sie haben erfolgreich eine Datei geladen, so sollte der Bildschirm in etwa wie folgt aussehen:

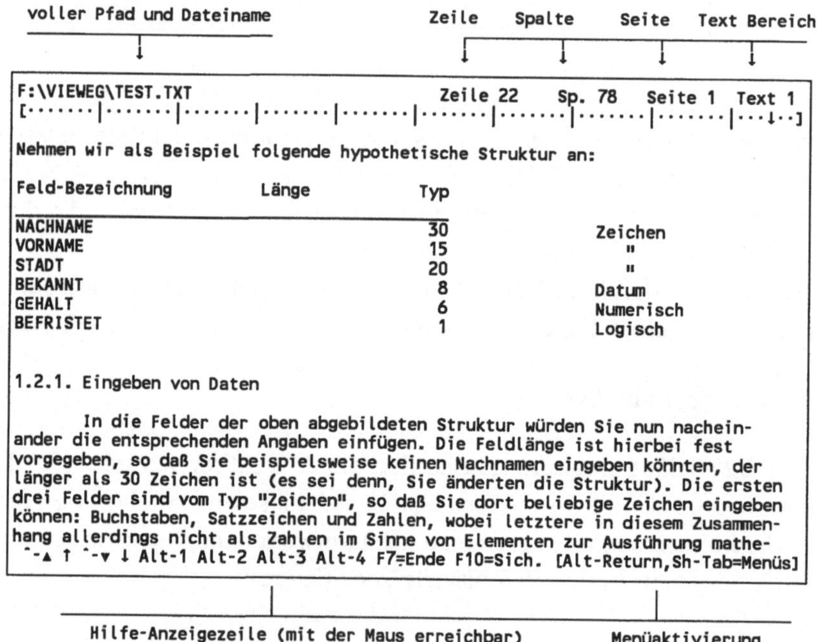

Sie können sich nun nach oben und unten in Ihrem Text bewegen und ihn nach Belieben verändern. Weist Ihr Text Zeilen auf, die länger als der Bildschirm sind, wird der Text jeweils 40 Zeichen nach links verschoben (horizontales Rollen). Durch Vergleich der Cursorposition mit dem Spaltenzähler in der oberen Zeile des Bildschirms können Sie feststellen, wie weit rechts außen Sie sich in einer Zeile befinden. Das Limit liegt bei 512 Zeichen pro Zeile. Wenn der Text, den Sie laden, Zeilen enthält, die länger sind, dann findet ein Umbruch in eine neue Zeile statt und das PfeilAb-Symbol (↓) erscheint am Ende der Zeile. Beim Zurückspeichern einer Datei auf Diskette/Festplatte wird dieses Symbol entfernt, um in der Disketten-/Plattenversion die ursprüngliche Zeilenlänge zu ergeben.

2.1.2 Mehrere Texte mit Vieweg Editor bearbeiten

Vieweg Editor erlaubt es Ihnen, bis zu vier Texte gleichzeitig zu bearbeiten. Jeder Text ist von dem folgenden unabhängig. Sie können jedoch Zeilen oder Textblöcke von einem zum anderen kopieren. In einem Text können Sie Text löschen und die Löschung in einem weiteren Text rückgängig machen. Makros (sowohl Dateizeilen und Alpha-Makros, siehe unten) können in jedem Text aktiviert werden, ebenso wie eine Textdatenbank.

Von der Benutzerschnittstelle aus gesehen präsentiert *Vieweg Editor* die vier möglichen Textbereiche als von 1 bis 4 numerierte Fenster. Wenn Sie *Vieweg Editor* starten, werden Sie automatisch in den ersten Textbereich positioniert und können sich zu jedem der anderen Textbereiche und wieder zurück mit den folgenden Tasten bewegen:

<Alt-1> *Auf Textbereich eins umschalten.*
<Alt-2> *Auf Textbereich zwei umschalten.*
<Alt-3> *Auf Textbereich drei umschalten.*
<Alt-4> *Auf Textbereich vier umschalten.*

Wenn in dem Bereich, den Sie mit der <Alt>-Taste plus Zahl auswählen, zur Zeit kein Text geöffnet ist, dann wird der Dateiverwalter aufgerufen und Sie werden aufgefordert, entweder (i) einen zu bearbeitenden Text aus der im Dateifenster angebotenen Verzeichnisauflistung auszuwählen oder (ii) <Escape> zu drücken, um anzuzeigen, daß Sie einen neuen Text beginnen möchten.

Anmerkung. Sie können feststellen, in welchem Textbereich Sie sich befinden, indem Sie oben rechts auf den Bildschirm schauen, wo das Wort `'Text'`, gefolgt von der Nummer des aktuellen Arbeitsbereichs, zu sehen ist.

```
                                                                    Textbereich ─┐
F:\VIEWEG\TEST.TXT                           Zeile 22   Sp. 78   Seite 1  Text 1
[·······|·······|·······|·······|·······|·······|·······|·······|·······|·······|······]
```

2.1.3 Geteilter Bildschirm

Häufig ist es günstig, einen Teil von zwei Texten gleichzeitig zu betrachten (sagen wir, Sie übersetzen einen Text, dann könnten Sie das Original auf einem Teil des Bildschirms haben und Ihre Übersetzung auf einem anderen). Um dies zu berücksichtigen, hat *Vieweg Editor* einen speziellen Befehl zum Teilen des Bildschirms: <Alt-F7>.

```
F:\VIEWEG\TEST.TXT                                    Zeile 22    Sp. 78   Seite 1  Text 1
[·······|·······|·······|·······|·······|·······|·······|·······|·······|·······|···↓··]

Nehmen wir um des Beispiels willen folgende hypothetische Struktur an:

Feld-Bezeichnung          Länge          Typ

NACHNAME                                 30              Zeichen
VORNAME                                  15                 "
STADT                                    20                 "
BEKANNT                                   8              Datum
GEHALT                                    6              Numerisch
F:\VIEWEG\LDB.HLP                                     Zeile 13    Sp. 1    Seite 1  Text 2
[·······|·······|·······|·······|·······|·······|·······|·······|·······|·······|···↓··]

   Vieweg DM. Das vorliegende Programm ist ein kombinierter dBASE-kompatibler
Datenbankverwalter und ASCII-Editor. Es können Datenbanken beliebiger Größe und
alle Texte, die in den Arbeitsspeicher passen, verarbeitet werden (circa 300K
wird dafür frei sein). Zwei Datenbanken kann man gleichzeitig bearbeiten und
Datensätze bzw. Feldinhalte hin und her kopieren.

   Die wahre Stärke von ^NVieweg DM^O liegt in der Einfachheit, mit der man Date
sätze aus einer offenen Datenbank in einen Text übertragen kann. Datensätze
können einzeln oder in Gruppen exportiert werden. Der Transfer der Daten er-
 ^-▲ ↑ ^-▼ ↓ Alt-1 Alt-2 Alt-3 Alt-4 F7=Ende F10=Sich. [Alt-Return,Sh-Tab=Menüs]
```

Nun sind zehn Zeilen Text aus jedem Textbereich sichtbar (im Gegensatz zu den 22 Zeilen im Ganzseitenmodus). Die Bereiche, die Sie sehen können, sind immer Text 1 oder Text 3 in der oberen Hälfte des Bildschirms und Text 2 oder Text 4 in der unteren Hälfte. Sie können feststellen, welche Hälfte des Bildschirms aktiv ist, indem Sie überprüfen, wo der Cursor ist. Für den geteilten Bildschirmmodus gelten alle Befehle, die im Ganzseitenmodus erlaubt sind.

Der Befehl zum Teilen des Bildschirms ist ein Kippschalter: Er kehrt den zur Zeit aktiven Modus ins Gegenteil um und kann so zum Hin- und Herschalten zwischen den beiden Modi benutzt werden.

Anmerkung. Da *Vieweg Editor*-Dateien in ihrer Gänze in den Speicher lädt, kann es sein, daß Sie irgendwann an den Punkt gelangen, an dem kein Arbeitsspeicher mehr übrig ist. Dies ist unwahrscheinlich bei Dateien, die eine Durchschnittsgröße aufweisen (sagen wir, nicht mehr als 50K). Wenn Sie versuchen, einen für den Arbeitsspeicher zu großen Text zu laden, erhalten Sie eine Fehlermeldung, und es wird nur so viel von der Datei geladen, wie noch in den Speicher paßt. In diesem Fall kann nur dringendst davon abgeraten werden, die fragliche Datei zu editieren.

Es gibt kein eigenes Dateigrößenlimit. Wenn Sie sich also entschließen, nur eine einzelne Datei zu editieren, auf einem System mit 640K Speicher, sollten Sie etwa 360K an Arbeitsspeicher zur Verfügung haben, vorausgesetzt, Sie haben keine speicherresidente Software geladen, abgesehen von einem Maus- und Tastaturtreiber (Sie haben entsprechend mehr Speicher, wenn Sie die Version 5 von MS-DOS benutzen). An jedem beliebigen Punkt in *Vieweg Editor* können Sie die Größe des restlichen Speichers überprüfen, indem Sie <F9> für *Umgebungsinformation* drücken.

Merken Sie sich, daß *Vieweg Editor* eine Datei ganz in den Speicher lädt. Während Sie sehr große Texte, die gerade unter der Speichergrenze liegen, bearbeiten, kann es sein, daß Sie, wenn Sie zuviel neuen Text eingeben, die Fehlermeldung "Speicher voll" erhalten. Dann können Sie nichts anderes tun als die Datei auf Diskette/Platte zu sichern, sie in handlichere Stücke aufzuteilen und diese dann einzeln zu editieren.

2.1.4 Befehlsausführung mittels Auswahlfenstern

Es gibt zwei Hauptmethoden in *Vieweg Editor*, Befehle zu aktivieren. Die erste ist die bisher besprochene. Der Benutzer drückt eine Funktionstaste oder Kombination von Tasten, um einen Befehl zu starten. Der Vorteil dieser Methode ist der von Geschwindigkeit, der Nachteil sollte ebenfalls auf der Hand liegen: Es ist notwendig, eine große Anzahl von Tastenkombinationen auswendig zu lernen. Was der Anfänger braucht, ist eine Methode, Befehle zu aktivieren, ohne zu wissen, welche Tasten erforderlich sind. Die Lösung für dieses Dilemma besteht in einer Reihe von eingebauten Auswahlfenstern, die durch einen einzigen Tastendruck aktiviert werden. Der Benutzer braucht sich nicht einmal daran zu erinnern, welcher das ist, da er ständig unten auf dem Bildschirm angezeigt wird. Jede der folgenden Tastaturbetätigungen genügt hier.

Taste zur Aktivierung der Auswahlfenster: *Shift-Tab*

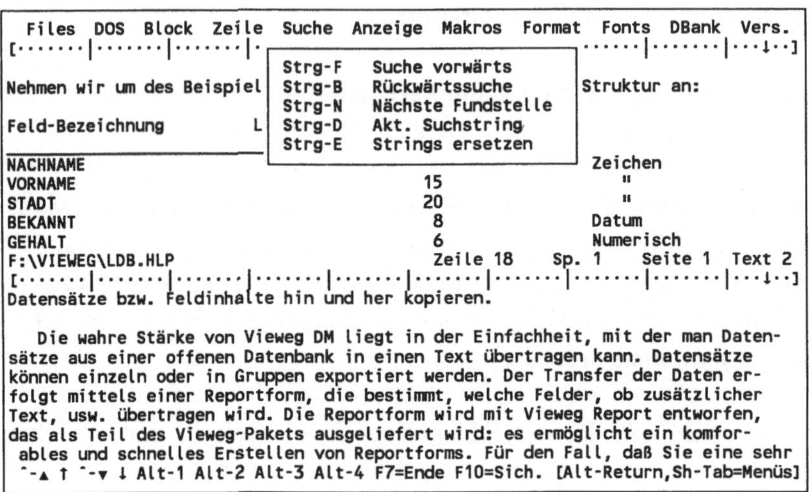

Einmal gedrückt, erscheint ein Fenster; dies ist eins von dreien, das mit den <PfeilLinks>- und <PfeilRechts>-Tasten ausgewählt werden kann. Um sich in einem Fenster zu bewegen, benutzen Sie die <PfeilAuf>- oder <PfeilAb>-Tasten (oder <Bild↑>, <Bild↓> für den Anfang oder das Ende einer Liste).

Jedes Fenster enthält den Text eines Befehls und davor die Tastenkombination, die denselben Effekt hat (im Laufe der Zeit werden Sie die Auswahlfenster nicht mehr brauchen, da Sie sich an die benötigten Tastenkombinationen für einen Befehl ohne weiteres erinnern werden). Beachten Sie, daß jede Auswahlfensteroption mit der Maus aktiviert werden kann, indem Sie den Cursor zu dem Text einer Option bewegen und den linken Mausknopf drücken.

Das während der Texteditierung verfügbare System von Auswahlfenstern ist auch auf der Dateiverwalterebene verfügbar. Natürlich sind die Befehle hier andere, aber das Prinzip ist dasselbe: Ihnen wird der gesamte erlaubte Befehlssatz in Form von Listen angeboten, aus denen Sie den gewünschten Befehl auswählen.

Anmerkung. Um irgendeins der Auswahlfenstersysteme zu verlassen, ohne einen Befehl zu aktivieren, drücken Sie die <Escape>-Taste (oder den rechten Mausknopf).

Wenn ein Pfeil nach rechts vor einer Option in einem Auswahlfenster erscheint, zeigt dies an, daß es ein weiteres Fenster gibt, das durch Auswählen dieser Option geöffnet werden kann.

Ein spezielles Auswahlfenster wird aktiviert, indem Sie <F1> drücken, während Sie gerade einen Textblock markieren. Dieses enthält die verfügbaren Befehlsoptionen.

2.2 Befehlszusammenfassung

Nicht zuletzt, um versierten Benutzern entgegenzukommen, ist *Vieweg Editor* stark funktionstastenorientiert. Das bedeutet, daß für alle Befehle außer Texteditierung und Navigation eine der zehn Funktionstasten (oder eine Kombination von einer dieser Tasten entweder mit der <Shift>-, <Strg>- oder <Alt>-Taste) benutzt wird.

Alle Befehle, die mit einer Funktionstaste oder Kombination angesprochen werden, können genauso einfach mit der Maus aktiviert werden (siehe die Bemerkungen zur Mausunterstützung weiter unten) oder über die Auswahlfenster (siehe vorangehender Abschnitt).

2.2.1 Texteditierungsoptionen

2.2.1.1 Navigationstasten

<Ende>	*Ende der aktuellen Zeile.*
<Pos1>	*Anfang der aktuellen Zeile.*
<Bild↑>	*Oberer Rand des aktuellen Bildschirms.*
<Bild↓>	*Unterer Rand des aktuellen Bildschirms.*
<Shift-Bild↑>	*Eine Textseite nach oben.*
<Shift-Bild↓>	*Eine Textseite nach unten.*
<Plus-Taste>	*Einen halben Bildschirm nach unten.*
<Minus-Taste>	*Einen halben Bildschirm nach oben.*
<Strg-Bild↑>	*Anfang des Gesamttexts.*
<Strg-Bild↓>	*Ende des Gesamttexts.*
<Strg-PfeilRechts>	*Ein Wort nach rechts gehen.*
<Strg-PfeilLinks>	*Ein Wort nach links gehen.*
<Pfeiltasten>	*(Erwartete Cursorbewegungen)*

<Strg-Pos1> *Gehe zu Zeile #.* Zusätzlich zu den gerade aufgeführten Cursorbewegungen können Sie mit diesem Befehl zu einer bestimmten Zeile springen.

2.2.1.2 Löschoperationen

<Entf>	*Aktuelles Zeichen löschen (keine Verschiebung).*
<Rückschritt>	*Zeichen löschen (Verschiebung nach links).*
<Strg-L>	*Aktuelle Zeile löschen.*
<Strg-Ende>	*Löschen vom Cursor bis zum Ende der aktuellen Zeile.*
<Strg-R>	*Wort rechts vom Cursor löschen.*

Anmerkung. Alle Löschoperationen bewirken, daß die gelöschten Zeichen in den Löschpuffern für ein späteres Zurückholen gespeichert werden, falls dies gewünscht wird. Die Löschpuffer haben jeweils eine Größe von 4000 Byte; löschen Sie mehr Text auf einem Mal, so werden nur die ersten 4K gespeichert.

<F6> *Löschen rückgängig machen.* Jedes Stück Text, das mit irgendeiner der Löschoperationen (siehe oben) gelöscht wurde, kann aus einer Reihe von 4 internen Puffern zurückgeholt werden, in denen *Vieweg Editor* gelöschten Text speichert.

```
Lösch-Puffer: 4
 Index-Files. Dieser Datenbank-Verwalter kreiert und benutzt eigene Index-
Files, die alle die Extension .DBX aufweisen. Ein Index-File ermöglicht (i)
das sofortige Finden von Feldinhalten und (ii) eine alphabetische Anzeige von
Datensätzen, auch wenn die physische Reihenfolge in der Datenbank eine andere
ist. Indexfiles werden automatisch aktualisiert, wenn Sie entweder einen Daten-
satz anfügen oder den Inhalt des Index-Feldes in einem Datensatz ändern. Bis
zu 65536 Datensätzen können indiziert werden.
:                                                                              :
:                                                                              :

<Leertaste> = Blättern, <Escape> , <Return> = Holen
```

Der Bildschirm wechselt beim Drücken von <F6>. Die ersten 23 Zeilen des ersten Puffers werden angezeigt, und Ihnen stehen drei Tastenbetätigungen zur Verfügung: (i) <Leertaste>, um durch die Löschpuffer zu blättern, (ii) <Eingabe>, um die Inhalte eines Puffers zurückzuholen und (iii) <Escape>, um ohne eine Änderung zum aktuellen Text zurückzukehren.

Beachten Sie, daß, sobald alle vier Puffer mit Text gefüllt sind, die folgende Löschung dazu führt, daß der erste Puffer neu gefüllt wird und so weiter im Kreis.

2.2.1.3 'Suchen und Ersetzen'-Operationen

<Strg-F> *Suchstring finden.* Diese Operation beginnt immer bei der momentanen Cursorposition. Um also das erste Vorkommen einer Zeichenkette in einem Text zu finden, gehen Sie zum Anfang mit <Strg-Bild↑> (oder suchen Sie rückwärts). Ein Such- oder Ersetzstring kann bis zu 48 Zeichen lang sein.

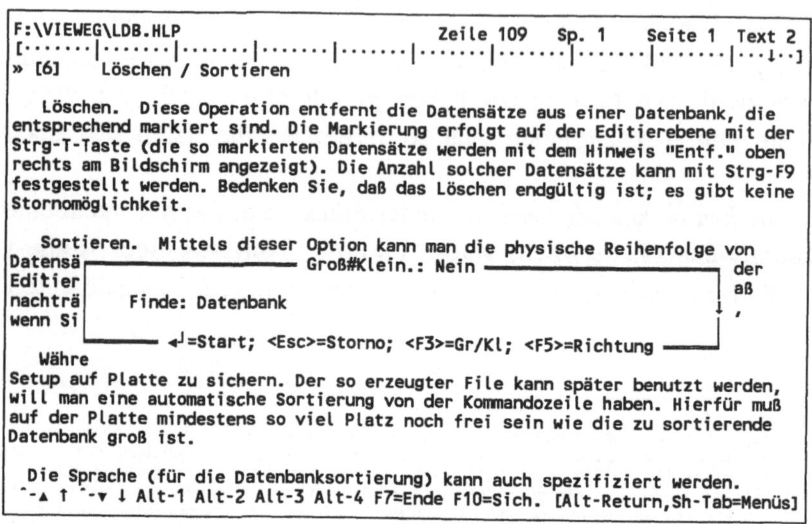

```
F:\VIEWEG\LDB.HLP                           Zeile 109   Sp. 1    Seite 1  Text 2
» [6]    Löschen / Sortieren

   Löschen.  Diese Operation entfernt die Datensätze aus einer Datenbank, die
entsprechend markiert sind. Die Markierung erfolgt auf der Editierebene mit der
Strg-T-Taste (die so markierten Datensätze werden mit dem Hinweis "Entf." oben
rechts am Bildschirm angezeigt). Die Anzahl solcher Datensätze kann mit Strg-F9
festgestellt werden. Bedenken Sie, daß das Löschen endgültig ist; es gibt keine
Stornomöglichkeit.

   Sortieren.  Mittels dieser Option kann man die physische Reihenfolge von
Datensä ─────────────── Groß#Klein.: Nein ──────────────────── der
Editier                                                           aß
nachträ     Finde: Datenbank                                    ↓ ,
wenn Si
        ──────── ↵=Start; <Esc>=Storno; <F3>=Gr/Kl; <F5>=Richtung ────
   Währe
Setup auf Platte zu sichern. Der so erzeugter File kann später benutzt werden,
will man eine automatische Sortierung von der Kommandozeile haben. Hierfür muß
auf der Platte mindestens so viel Platz noch frei sein wie die zu sortierende
Datenbank groß ist.

   Die Sprache (für die Datenbanksortierung) kann auch spezifiziert werden.
```

Wie am oberen Rand des Fensters angezeigt, das sich beim Drücken von <Strg-F> öffnet, wird bei einer Suche per Vorgabe zwischen Groß- und Kleinschreibung *nicht* unterschieden. Drücken Sie <F3>, um Groß- und Kleinschreibung unterscheiden zu lassen (dies wird in der obersten Zeile des Eingabefensters angezeigt). Mit der <F5>-Taste können Sie festlegen, in welcher Richtung *Vieweg Editor* suchen soll, entweder von der aktuellen Cursorposition bis zum Anfang oder bis zum Ende des Textes. Ein kleiner blinkender Pfeil in der rechten Ecke des Dialogkästchens zeigt die momentan gewählte Richtung an. Drücken Sie <Eingabe>, um die Suche zu beginnen, <Escape>, um die Operation abzubrechen.

<Strg-N> *Nächstes Vorkommen des Suchstrings.* Dies setzt die Suche von der aktuellen Cursorposition aus fort, ohne daß Sie den Suchstring neu eingeben müssen. Sie können solange fortfahren, bis kein weiteres Vorkommen im Text gefunden wird (eine diesbezügliche Meldung erscheint in der ersten Zeile des Bildschirms).

<Strg-B> *Rückwärtssuche.* Dies ist im wesentlichen der gleiche wie der vorangehende Befehl mit dem offensichtlichen Unterschied, daß die Suche von der aktuellen Cursorposition rückwärts bis zum Anfang des Textes durchgeführt wird. Wenn nicht bereits ein Suchstring spezifiziert worden ist, öffnet sich das entsprechende Dialogkästchen.

<Strg-D> *Suchstring anzeigen.* Zeigt Ihnen einfach den aktuellen Suchstring in der ersten Bildschirmzeile in geschweiften Klammern an.

<Strg-E> *Zeichenketten ersetzen.* Um die Operation *Suchen und Ersetzen* zu beginnen, drücken Sie <Strg-E>, worauf ein Dialog ähnlich dem für Suche eröffnet wird; er ist etwas komplexer, weil mehr Informationen benötigt werden und mehr Optionen verfügbar sind.

Zuallererst spezifizieren Sie die zu suchende Zeichenkette; drücken Sie <Eingabe>! Die zweite Eingabezeile wird aktiv, und Sie geben die Zeichenkette ein, durch die die gesuchte Zeichenkette ersetzt werden soll; Drücken Sie <Eingabe>, um den Dialog zu beenden und die Operation zu beginnen!

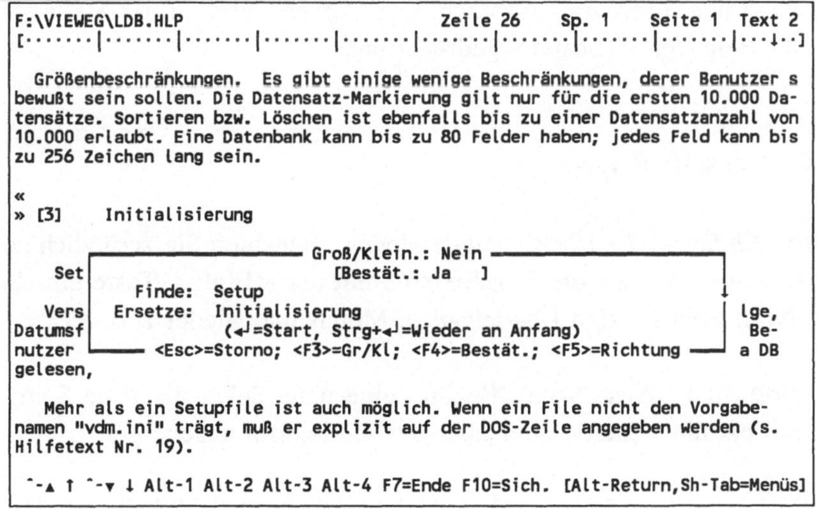

```
F:\VIEWEG\LDB.HLP                          Zeile 26    Sp. 1    Seite 1  Text 2

 Größenbeschränkungen. Es gibt einige wenige Beschränkungen, derer Benutzer s
bewußt sein sollen. Die Datensatz-Markierung gilt nur für die ersten 10.000 Da-
tensätze. Sortieren bzw. Löschen ist ebenfalls bis zu einer Datensatzanzahl von
10.000 erlaubt. Eine Datenbank kann bis zu 80 Felder haben; jedes Feld kann bis
zu 256 Zeichen lang sein.

«
» [3]    Initialisierung

                            Groß/Klein.: Nein
    Set                     [Bestät.: Ja  ]
            Finde:  Setup
   Vers  Ersetze:  Initialisierung                                    lge,
Datumsf              (↵=Start, Strg+↵=Wieder an Anfang)                Be-
nutzer      <Esc>=Storno; <F3>=Gr/Kl; <F4>=Bestät.; <F5>=Richtung     a DB
gelesen,

   Mehr als ein Setupfile ist auch möglich. Wenn ein File nicht den Vorgabe-
namen "vdm.ini" trägt, muß er explizit auf der DOS-Zeile angegeben werden (s.
Hilfetext Nr. 19).

 ^-▲ ↑ ^-▼ ↓ Alt-1 Alt-2 Alt-3 Alt-4 F7=Ende F10=Sich. [Alt-Return,Sh-Tab=Menüs]
```

Während Sie entweder den Such- oder den Ersetzstring spezifizieren, können Sie eine der folgenden drei Funktionstasten drücken, um den Operationsmodus festzulegen:

<F3> *Beachtung von Groß-/Kleinschreibung umschalten.*

<F4> *Bestätigung für Zeichenkettenaustausch umschalten.*

<F5> *Richtung umschalten, in der gesucht werden soll.*

Anmerkung. Wenn Sie die Suche durch Drücken von <Strg-Eingabe> beginnen, positioniert *Vieweg Editor* den Cursor automatisch neu auf die Zeile, von der die Suche beginnt, wenn (i) die Suche (und das Ersetzen) beendet ist oder (ii) Sie die Operation durch Drücken von <Escape> beenden.

Wenn Sie sich für eine Bestätigung des Ersetzens entscheiden, dann hält *Vieweg Editor* bei jedem Vorkommen an, und die folgende Anzeige erscheint oben auf dem Bildschirm: `Ersetzen [ j ¦ n ¦ Esc ]?` Sie können eine der drei angezeigten Möglichkeiten auswählen, entweder manuell oder, indem Sie den Mauscursor zu dem gewünschten Abschnitt in eckigen Klammern bewegen und den linken Mausknopf drücken.

Anmerkung. Während jeder Such- oder Ersetzungsoperation führt die <Escape>-Taste sofort zum Abbruch. Der Cursor bleibt an der Stelle stehen, an der der Benutzer <Escape> gedrückt hat.

2.2.1.4 Verschiedenes

<Einfg> *Einfüge- oder Überschreiben-Modus.* Beachten Sie zusätzlich zu den obigen Befehlen, daß Sie die Eingabemodi mit der <Einfg>-Taste umschalten können (vom *Einfüge-* zum *Überschreiben*-Modus und wieder zurück).

<Strg-Eingabe> *Neue Seite.* Beginnt eine neue Seite; die neue Seite wird durch zwei parallele Linien quer über den Bildschirm angedeutet.

<F3> *Zeile speichern/holen.* Dieser Befehl speichert den Inhalt der aktuellen Zeile; durch nochmaliges Drücken von <F3> können Sie die gespeicherte Zeile in eine neue Zeile hineinkopieren.

Bevor *Vieweg Editor* fortfährt, muß der Benutzer spezifizieren, ob er die Zeile speichern möchte, in der sich der Cursor momentan befindet, oder ob er den Inhalt des Zeilenpuffers holen möchte (vorausgesetzt, daß zuvor etwas dort hineinkopiert worden ist). Beachten Sie, daß das Spaltenlineal in der zweiten Bildschirmzeile durch eine spezielle Anzeige ersetzt wird!

Benutzen Sie entweder <PfeilLinks> oder <PfeilRechts> bzw. die <Tab>- oder <Shift-Tab>-Tasten, um die gewünschte Aktion auszuwählen (wie immer bricht <Escape> die Aktion ab)! Wenn der Zeilenpuffer bereits gefüllt worden ist, dann wird sein Inhalt in der zweiten Bildschirmzeile angezeigt.

```
F:\VIEWEG\TXT                                    Zeile 25    Sp. 1    Seite 1  Text 1
   Speichern  Holen   | In das vierte Feld könnten Sie die Einstellungen
Feld-Bezeichnung              Länge             Typ
_______________________________________________________
NACHNAME                                        30                 Zeichen
VORNAME                                         15                    "
STADT                                           20                    "
```

Anmerkung. <F3> bewirkt, daß die aktuelle Zeile von der gegenwärtigen Cursorposition bis zum Ende der Zeile gespeichert wird. Wenn Sie die gesamte Zeile kopieren möchten, dann müssen Sie durch Drücken der <Pos1>-Taste zum Anfang gehen.

Wenn Sie *Holen* wählen, wird der Inhalt des Puffers an der Cursorposition in die aktuelle Zeile eingefügt. Der Rest der Zeile bleibt intakt.

<Shift-F6> *Vorangehende Zeile kopieren.* Vorausgesetzt, daß die vorangehende Zeile eine größere Länge als eins besitzt, führt diese Tastenkombination dazu, daß die vorangehende Zeile in die gegenwärtige kopiert wird. Beachten Sie, daß nur der Abschnitt von der Cursorposition bis zum Ende der vorangehenden Zeile kopiert wird (um die gesamte Zeile zu duplizieren, bewegen Sie den Cursor mit <Pos1> zum Anfang der aktuellen Zeile). Der Abschnitt wird dann in die gegenwärtige Zeile eingefügt, d.h. wenn rechts von dem Cursor in der aktuellen Zeile Text steht, dann wird dieser entsprechend nach rechts verschoben.

<Strg-F8> *Zeit einfügen.* Fügt die Systemzeit an der Cursorposition ein.

<Strg-F10> *Datum einfügen.* Schreibt das aktuelle Systemdatum an die gegenwärtige Cursorposition. Es gibt drei mögliche Formate für das Systemdatum: amerikanisch (`MM/TT/JJ`), britisch (`TT/MM/JJ`) und deutsch (`TT.MM.JJ`); die Vorgabe ist das deutsche Format.

2.2.2 Das Erscheinungsbild des Textes

<Strg-T> *Tabulatorbreite setzen.* Die vorgegebene Anzahl von Leerzeichen, in die ein Tabulatorzeichen aufgelöst wird, ist 8. Sie können diesen Wert manuell ändern, indem Sie <Strg-T> drücken und einen neuen Wert in das sich öffnende Dialogkästchen eingeben; der zulässige Wertebereich liegt zwischen 2 und 12. Wenn Sie die Tabulatorzeichen und die aus ihnen herrührenden Leerzeichen sehen möchten, dann drücken Sie <Strg-F3> (= *Formatierung anzeigen*). Die Tabulatorpositionen sind auch auf dem Lineal in der zweiten Zeile des Bildschirms auf der Textebene zu sehen.

<Strg-F3> *Formatierung anzeigen.* Dies ist ein Schalter, der abwechselnd die Anzeige von Zeilenenden und Tabulatoren an- oder ausschaltet.

```
F:\VIEWEG\TXT                              Zeile 1    Sp. 1    Seite 1  Text 1
[·······|·······|·······|·······|·······|·······|·······|·······|·······|···↓··]
¶
Nehmen·wir·um·des·Beispiels·willen·folgende·hypothetische·Struktur·an:¶
¶
Feld-Bezeichnung········Länge··········Typ¶
________________________________________¶
NACHNAME·····························30···············Zeichen¶
VORNAME······························15··················"¶
STADT································20··················"¶
BEKANNT······························8················Datum¶
GEHALT·······························6················Numerisch¶
BEFRISTET····························1················Logisch¶
¶
¶
1.2.1.·Eingabe·von·Daten¶
¶
·······In·die·Felder·der·oben·abgebildeten·Struktur·würden·Sie·nun·nachein-¶
ander·die·entsprechenden·Angaben·einfügen.·Die·Feldlänge·ist·hierbei·fest¶
vorgegeben,·so·daß·Sie·beispielsweise·keinen·Nachnamen·eingeben·könnten,·der¶
länger·als·30·Zeichen·ist·(es·sei·denn,·Sie·änderten·die·Struktur).·Die·ersten¶
drei·Felder·sind·vom·Typ·"Zeichen",·so·daß·Sie·dort·beliebige·Zeichen·eingeben¶
können:·Buchstaben,·Satzzeichen·und·Zahlen,·wobei·letztere·in·diesem·Zusammen-¶
 ^-▲ ↑ ^-▼ ↓ Alt-1 Alt-2 Alt-3 Alt-4 F7=Ende F10=Sich. [Alt-Return,Sh-Tab=Menüs]
```

Der Anfangszustand ist "aus". Das Anschalten der Formatierungsanzeige ist besonders nützlich bei Texten mit Spalten, wo von Tabs viel Gebrauch gemacht wird und wo letztere sich in der Anzahl der Leerzeichen, in die sie aufgelöst werden, unterscheiden können. Beachten Sie, daß Zeilenenden durch das Symbol ȩ̄ angezeigt werden, während die zur Auflösung von Tabulatorzeichen verwendeten Leerzeichen durch   angezeigt werden, und der Anfang jeder neuen Tabulatorposition durch den unterbrochenen senkrechten Balken, ¦, dargestellt wird.

<Alt-F3> *Codes anzeigen.* Diese Tastenkombination dient zum Umschalten: Sie schaltet von der Anzeige von Druckerkontrollcodes zu einer Anzeige in Klarschrift um und wieder zurück. Das Prinzip in *Vieweg Editor* ist wie folgt: Alle Druckerkontrollcodes (zu diesen siehe den Kommentar unter **<Alt-F8>** *Font auswählen* im nächsten Absatz) werden in Texte als eine Sequenz aus zwei Bytes eingebettet, ASCII $5 gefolgt von einer Zahl von 1 bis 8. Wenn der *Codes anzeigen*-Schalter an ist, dann sind diese als das zu sehen, was sie sind. Wenn der Schalter aus ist, wird ein Textstück zwischen zwei Kontrollcodes in einer vom Normaltext abweichenden Darstellung ausgegeben, d.h. in Klarschrift. Der Wert des Schalters *Codes anzeigen* ist der, daß er es einem erlaubt, im nachhinein zu überprüfen, welche Codes in den aktuellen Text eingebettet sind.

<Alt-F8> *Font auswählen.* Ein begrenztes Maß an Textformatierung ist in *Vieweg Editor* gestattet. Der Benutzer kann aus acht Schrifttypen auswählen und so einen nicht druckerspezifischen Zeichensatzverweis in den aktuellen Text an der Cursorposition einbetten.

Ein Zeichensatzverweis besteht aus zwei Bytes, ASCII $5 gefolgt von einer Zahl von 1 bis 8, und signalisiert die Nummer des an dieser Stelle im Text zu aktivierenden Fonts.

Zeichensatzverweise sind anfangs generisch, was bedeutet, daß sie sich nicht auf einen spezifischen Druckertyp beziehen. Beim Drucken mit *Vieweg Editor* oder mit dem Dienstprogramm *Vieweg Print* werden die Zeichensatzverweise durch die Befehlszeichenketten ersetzt, die in der Druckerbefehlsdatei (vorausgesetzt, sie ist zugänglich) für den von Ihnen gewählten Druckertyp enthalten sind.

Achtung!
Wenn Sie einen Zeichensatz mittels <Alt-F8> einschalten, vergessen Sie nicht, diesen wieder auszuschalten, indem Sie erneut <Alt-F8> drücken und den Basiszeichensatz anwählen!

Mit dem *Vieweg Editor* werden zwei Dateien mit der Extension `.pcf` mitgeliefert. Bei ihnen handelt es sich um sogenannte Druckerbefehlsdateien. Sie bestehen aus genau 8 Zeilen, und in jeder von ihnen befindet sich eine Zeichenkette, die zum Drucker geschickt werden soll, wenn ein Zeichensatzverweis mit der gleichen Nummer in dem Text angetroffen wird, den *Vieweg Editor* oder *Vieweg Print* gerade druckt.

Anmerkungen.

In *Vieweg Editor* sind vier Font-Makros eingebaut: **<Strg-H>** *Hervorhebung* (= Fettdruck); **<Strg-I>** *Kursiv* (= 'italic'); **<Strg-U>** *Unterstreichen*; **<Strg-O>** *Normal* (= 'ordinary type'). Wenn Sie irgendeinen der ersten drei aktivieren, wird der Rest der aktuellen Zeile in einem bestimmten Bildschirmattribut dargestellt (gewöhnlich eine bestimmte Farbe). Bewegen Sie den Cursor zu der Stelle, wo Sie das bestimmte Attribut enden lassen wollen. Drücken Sie <Strg-O> für Normalschrift, und der Rest der Zeile von dort an wird mit einem normalen Bildschirmattribut angezeigt.

Sie können jede beliebige Zeichenkette mit jeder beliebigen Fontnummer assoziieren. Das Ihnen angebotene Auswahlfenster hat jedoch Einstellungen für die ersten vier Fonts, da dies diejenigen sind, die Sie bei der Texteditierung am wahrscheinlichsten benötigen werden.

Sobald Sie einen Zeichensatz mit <Alt-F8> wählen, bleibt dieser bis zum Ende der aktuellen Zeile aktiv. Schalten Sie einen Font wieder aus, indem Sie die *Basiszeichensatz*-Option wählen.

Es gibt keine Vorkehrung dafür, ein Font-Kennzeichen in eine folgende Zeile zu übernehmen, wenn Sie Text eintippen. Sie müssen den Font für die neue Zeile neu spezifizieren. Sie können aber mit <F4> einen Block markieren und dann einen bestimmten Font für den gesamten Block mit einem der vier Formatierungsmakros (siehe die Bemerkungen weiter oben) spezifizieren.

```
F:\VIEWEG\TXT                               Zeile 1     Sp. 1    Seite 1  Text 1
[·······|·······|·······|·······|·······|·······|·······|·······|·······|··↓··]
¶
Nehmen·wir·um·des·Beispiels·willen·folgende·hypothetische·Struktur·an:¶
¶                                                           ┌──────────┐
Feld-Bezeichnung········Länge··········Typ¶                 │ Basis-ZS │
                                         ¶                  │ Fett     │
NACHNAME·······························30··············Zei │ Kursiv   │
VORNAME································15················ │ Unters.  │
STADT··································20················ │ User 1   │
BEKANNT································8···············Dat │ User 2   │
GEHALT·································6···············Num │ User 3   │
BEFRISTET······························1···············Log │ User 4   │
¶                                                           └──────────┘
¶
1.2.1.·Eingabe·von·Daten¶
¶
······In·die·Felder·der·oben·abgebildeten·Struktur·würden·Sie·nun·nachein-¶
ander·die·entsprechenden·Angaben·einfügen.·Die·Feldlänge·ist·hierbei·fest¶
vorgegeben,·so·daß·Sie·beispielsweise·keinen·Nachnamen·eingeben·könnten,·der¶
länger·als·30·Zeichen·ist·(es·sei·denn,·Sie·änderten·die·Struktur).·Die·ersten¶
drei·Felder·sind·vom·Typ·"Zeichen",·so·daß·Sie·dort·beliebige·Zeichen·eingeben¶
können:·Buchstaben,·Satzzeichen·und·Zahlen,·wobei·letztere·in·diesem·Zusammen-¶
hang·allerdings·nicht·als·Zahlen·im·Sinne·von·Elementen·zur·Ausführung·einer¶
 ^-▲ ↑ ^-▼ ↓ Alt-1 Alt-2 Alt-3 Alt-4 F7=Ende F10=Sich. [Alt-Return,Sh-Tab=Menüs]
```

<Strg-Q> *Farben für Textanzeige umschalten.*

2.2.3 Blockverarbeitung

<F1> *Reihe von Blockoptionen.* Die normale Hilfetaste öffnet ein Auswahlfenster mit der Gruppe von Optionen zur Blockmarkierung, aus dem Sie eine durch Drücken von <Eingabe> auswählen können oder das Fenster mit <Escape> verbergen.

<F2> *Zeilen in Block sortieren.* Beim Drücken dieser Taste werden die Zeilen im momentan markierten Block in aufsteigender alphabetischer Reihenfolge sortiert.

<Shift-F2> *Zeilen in Block numerieren.* Diese Option fügt Zeilennummern am Anfang jeder Zeile im momentan markierten Block ein. Die Numerierung beginnt am Anfang des Blocks und geht weiter bis zur letzten Zeile des Blocks. Die Zeilennumerierung ist unabhängig von der numerischen Position der markierten Zeilen gegenüber dem gesamten Text.

<F3> *Umwandlung in Großbuchstaben.* Wandelt alle Buchstaben zwischen 'a' und 'z' in die entsprechenden Großbuchstaben um, d.h. macht aus Kleinbuchstaben große.

<Shift-F3> *Umwandlung in Kleinbuchstaben.* Das Gegenteil der vorangehenden Option: Alle Großbuchstaben werden in die entsprechenden Kleinbuchstaben umgewandelt.

<F4> *Block markieren/kopieren.* Dieser Tastendruck aktiviert die Blockverarbeitungsfunktion in *Vieweg Editor*. Wenn Sie <F4> drücken, bemerken Sie, daß in der ersten Zeile des Bildschirms eine Meldung erscheint `'<Escape> storniert Blockmarkierung'`. Sie können nun jede der folgenden vier Tasten verwenden, um ein Textstück zu markieren: <PfeilAuf>, <PfeilAb>; <Bild↑>, Bild↓>.

Sobald Sie mit dem Textabschnitt, den Sie markiert haben, zufrieden sind, können Sie eine von mehreren Funktionen an diesem Textstück ausführen. Hier sind die zulässigen Tastenbetätigungen:

<F1>	*Hilfe zur Blockverarbeitung.*
<F2>	*Zeilen sortieren.*
<Shift-F2>	*Markierte Zeilen numerieren.*
<F3>	*Umwandlung in Großbuchstaben.*
<Shift-F3>	*Umwandlung in Kleinbuchstaben.*
<F4>	*Aktuellen Block kopieren.*
<Shift-F4>	*Aktuellen Block formatieren.*
<Strg-F4>	*Aktuellen Block verschieben.*
<F8>	*Aktuellen Block drucken.*
<Entf>	*Aktuellen Block löschen.*
<F10>	*Block auf Diskette/Platte sichern.*

<Strg-E> *Zeichenketten innerhalb des Blocks ersetzen.*
<Strg-X> *Wortanzahl in Block ermitteln.*

Anmerkungen. Es gibt kein vorher festgelegtes Limit für die Größe eines markierbaren Blocks. Der Abschnitt des aktuellen Textes, der als ein Block definiert ist, wird in einer temporären Disketten-/Plattendatei gesichert, wenn die abschließende Taste für die Markieroperation das Zurückholen dieses Textabschnitts zu einem späteren Zeitpunkt impliziert (z.B. <F4>). Wenn das markierte Textstück gelöscht wird, dann ist es sofort für ein Rückgängigmachen der Löschung verfügbar (für Details siehe die Kommentare zu <F6> weiter oben).

Um den Text in einem Blockpuffer zu holen, drücken Sie <Shift-F10>.

Sie können die Blockpuffer mit <Alt-F4> betrachten.

<Shift-F4> *Block formatieren.* Das Drücken dieser Tastenkombination, während ein Textabschnitt markiert wird, läßt ein Fenster oben rechts auf dem Bildschirm erscheinen. Dies ist ein Auswahlfenster mit einer Gruppe von vier Optionen, die mit der Textformatierung zusammenhängen.

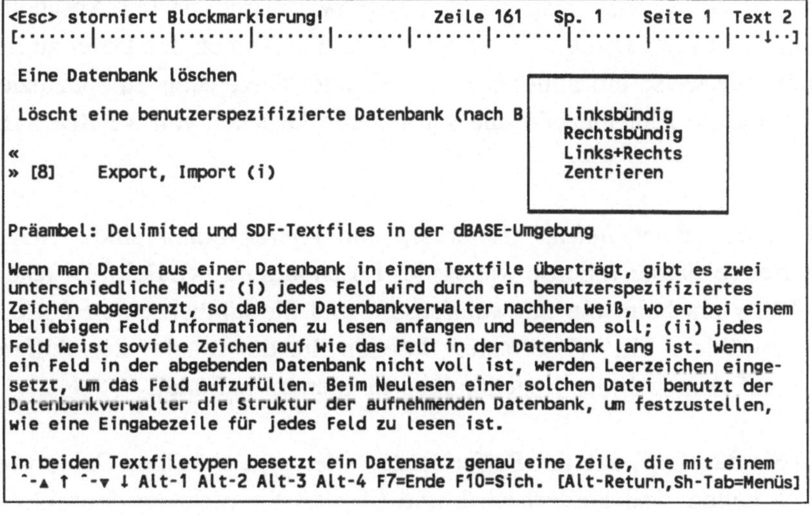

Nach Auswahl einer Option wird der markierte Block auf die im Auswahlfenster ausgesuchte Weise angezeigt. Beachten Sie, daß Sie während der Bearbeitung einen markierten Abschnitt in Blocksatz setzen können oder im Druckmenü spezifizieren, daß ein ganzer Text bei der Ausgabe auf dem Drucker in Blocksatz dargestellt werden soll, zu letzterem siehe die Bemerkungen weiter unten.

<Strg-F4> *Block verschieben.* Löscht den markierten Textabschnitt an seiner gegenwärtigen Position und erlaubt es Ihnen, ihn an einer anderen Stelle entweder in demselben oder in einem anderen Text mittels <Shift-F10> einzufügen.

<Alt-F4> *Blockpuffer betrachten.* Das Drücken dieser Tastenkombination zeigt Ihnen die Inhalte, wenn vorhanden, der Blockpuffer. Der Bildschirm sieht wie der aus, der sich Ihnen beim Drücken von <F6> darbietet, und Sie können in den Blockpuffern mit der <Leertaste> blättern.

<F8> *Block drucken.* Diese Option gibt den aktuellen markierten Textabschnitt auf dem Drucker aus. Beachten Sie, daß die momentan ausgewählte Druckerkonfiguration benutzt wird. Überprüfen Sie diese mit <F8> (Druckkontrollebene), wenn Sie einen Textblock gerade *nicht* markieren.

<F10> *Block sichern.* Schreibt den gegenwärtig markierten Abschnitt des aktuellen Textes auf Diskette/Festplatte. Um den Namen der Datei zu ändern (und möglicherweise ein anderes Laufwerk und Verzeichnis zu spezifizieren), editieren Sie die Eingabezeile, die sofort beim Drücken von <F10> aktiviert wird.

<Shift-F10> *Block holen.* Innerhalb von *Vieweg Editor* sind 4 mögliche Blockpuffer verfügbar (ebenso wie es vier Löschpuffer gibt). Beim Drücken von <Shift-F10> erscheint ein Auswahlfenster, und Sie können einen Puffer zum Holen auswählen. Mit <Leertaste> können Sie die Inhalte des Puffers anschauen, auf dem sich der Leuchtbalken momentan befindet.

Denken Sie daran, (i) daß der Pufferinhalt ab der gegenwärtigen Cursorposition in den aktuellen Text kopiert wird, und (ii) daß Sie nicht an denselben Text gebunden sind, wenn Sie Text aus einem der Blockpuffer zurückholen.

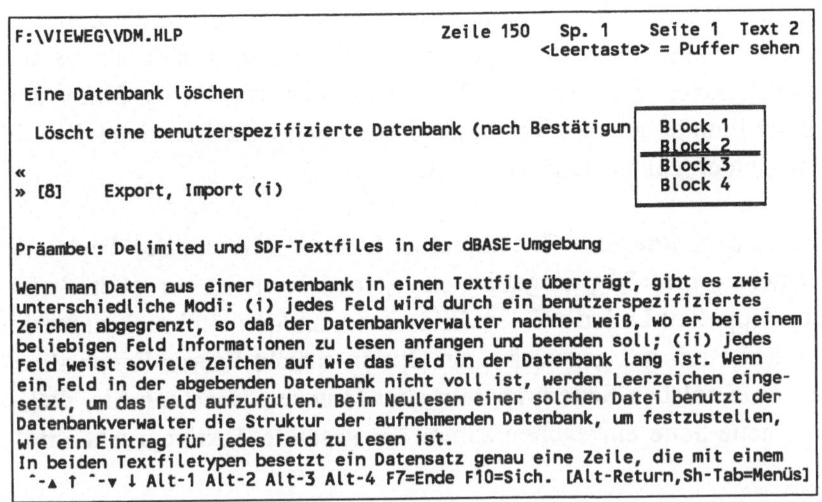

```
F:\VIEWEG\VDM.HLP                              Zeile 150   Sp. 1    Seite 1  Text 2
                                                       <Leertaste> = Puffer sehen

 Eine Datenbank löschen

  Löscht eine benutzerspezifizierte Datenbank (nach Bestätigun   Block 1
                                                                 Block 2
«                                                                Block 3
» [8]     Export, Import (i)                                     Block 4

Präambel: Delimited und SDF-Textfiles in der dBASE-Umgebung

Wenn man Daten aus einer Datenbank in einen Textfile überträgt, gibt es zwei
unterschiedliche Modi: (i) jedes Feld wird durch ein benutzerspezifiziertes
Zeichen abgegrenzt, so daß der Datenbankverwalter nachher weiß, wo er bei einem
beliebigen Feld Informationen zu lesen anfangen und beenden soll; (ii) jedes
Feld weist soviele Zeichen auf wie das Feld in der Datenbank lang ist. Wenn
ein Feld in der abgebenden Datenbank nicht voll ist, werden Leerzeichen einge-
setzt, um das Feld aufzufüllen. Beim Neulesen einer solchen Datei benutzt der
Datenbankverwalter die Struktur der aufnehmenden Datenbank, um festzustellen,
wie ein Eintrag für jedes Feld zu lesen ist.
In beiden Textfiletypen besetzt ein Datensatz genau eine Zeile, die mit einem
 ^-▲ ↑ ^-▼ ↓ Alt-1 Alt-2 Alt-3 Alt-4 F7=Ende F10=Sich.  [Alt-Return,Sh-Tab=Menüs]
```

<Entf> *Aktuellen Block löschen.* Löscht den momentan markierten Block nach Bestätigung durch den Benutzer. Der gelöschte Abschnitt wird im *Löschen-rückgängig-machen*-Puffer untergebracht und kann mit <F6> angeschaut und/oder zurückgeholt werden.

Anmerkung. Beachten Sie, daß nur die ersten 4K des markierten Blocks für ein weiteres Zurückholen behalten werden.

<Strg-E> *Zeichenketten innerhalb eines Blocks ersetzen.* Identisch mit der allgemeinen Ersetzungsfunktion, betrifft aber nur im momentan markierten Block gefundene Zeichenketten.

<Strg-X> *Anzahl der Wörter im Block zählen.* Führt eine Zählung der Wörter des momentan markierten Blocks durch (anderenfalls des gesamten Textes).

2.2.4 Druckoptionen

<F8> *Druckkontrollebene.* *Vieweg Editor* ermöglicht ein relativ flexibles Drucken von Texten. Um dies zu erreichen, wird Ihnen beim Drücken von <F8> ein Bildschirm angeboten, auf dem verschiedene Auswahlfenster angezeigt werden. Um Druckerfunktionen einzurichten, benutzen Sie entweder die Optionen auf dieser Ebene oder spezifizieren Sie die nötigen Parameter in einer Initialisierungsdatei und rufen Sie diese beim Start von *Vieweg Editor* auf. Die meisten der Funktionen auf der Druckkontrollebene erklären sich selbst. Einige erfordern jedoch nähere Erläuterungen.

(i) *Aktuelle Seite drucken.* Seitenwechsel können während der Texteditierung durch Drücken von <Strg-Eingabe> eingegeben werden. Hierbei erscheint eine Zeile aus doppelten Linien auf dem Bildschirm, um den Umbruch zu markieren. Beim Drucken mit der gegenwärtigen Option schickt *Vieweg Editor* allen Text zwischen zwei solchen Seitenwechseln zum Drucker. Beachten Sie, daß, wenn Sie keine neue Seite eingegeben haben, der gesamte Text gedruckt wird!

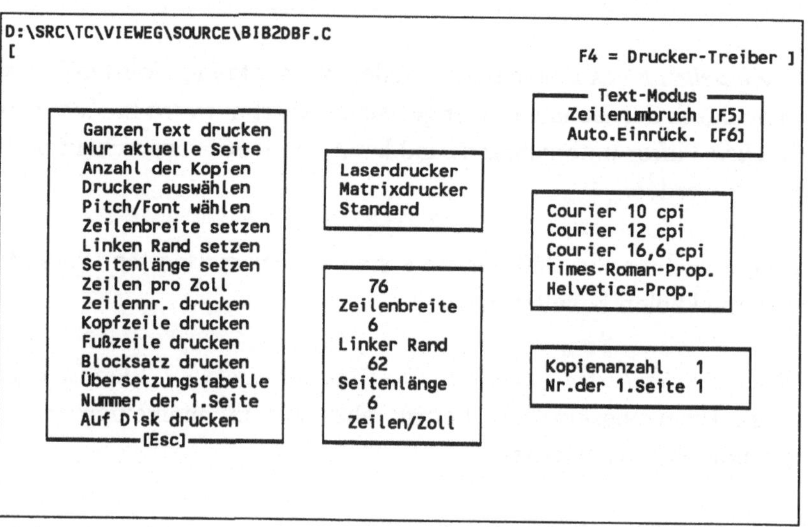

(ii) *Drucker auswählen.* Wählen Sie entweder einen Laser- oder Punktmatrixdrucker aus, so wird er mit den für jeden Typ typischen Befehlen initialisiert. Der "Standard"-Drucker unterscheidet sich von den vorangehenden beiden dadurch, daß *keine* Initialisierungssequenz zum Drucker geschickt wird. Benutzen Sie diesen Typ, wenn Sie irgendeine Art von Drucker haben, auf den *Vieweg Editor* nicht eingestellt ist!

(iii) *Zeilenbreite setzen.* Dieser Parameter wird nur bei der Textformatierung benutzt (Ausrichtung oder Zentrierung von Zeilen), entweder während der Texteditierung (nachdem ein Textabschnitt markiert worden ist und <Shift-F4> gedrückt wurde) oder bei der Ausgabe von Text auf dem Drucker.

(iv) *Linken Rand setzen.* Die hier eingegebene Zahl bezieht sich auf die Anzahl der Leerzeichen in der momentan ausgewählten Schrittschaltung, die ausgegeben werden, bevor die eigentliche Zeile gedruckt wird. Ein Rand von 10 bei einer Schrittschaltung Line Courier 16.6 hat als Ergebnis einen linken Rand von etwas mehr als einem halben Zoll.

(v) *Seitenlänge setzen.* Der hier eingegebene Wert bezieht sich auf die Gesamtanzahl der pro Seite gedruckten Zeilen inklusive einer eventuell vorhandenen Kopf- und Fußzeile. Vergessen Sie nicht, letztere in Betracht zu ziehen, wenn Sie ausrechnen, wieviele Zeilen an eigentlichem Text auf jeder Seite gedruckt werden! Wenn der Wert für die Seitenlänge erreicht ist, sendet *Vieweg Editor* einen Seitenvorschub (ASCII $12) zum Drucker.

Anmerkung. Wenn der Wert, den Sie hier eingeben, größer ist als die längste mögliche Seite für Ihren Drucker, dann geschieht folgendes: Eine volle Seite wird gedruckt und ein Teil einer zweiten Seite. Die Zeilenanzahl auf dieser letzteren Seite ist der gegenwärtige Wert für "Seitenlänge" weniger die Maximalanzahl von Zeilen pro Seite, wie sie die Hardware Ihres Druckers diktiert.

(vi) *Zeilenabstand setzen.* Der Zeilenabstand wird in den normalerweise üblichen "Zeilen pro Zoll" gemessen. Wenn Sie die gegenwärtige Option wählen, können Sie mit der <Leertaste> die Werte im mittleren Fenster umschalten; der zulässige Wertebereich geht von 1 bis 12 (mit Zweierschritten von 4 aufwärts).

(vii) *Zeilennummern drucken.* Etwas für diejenigen, die die Zeilen ihres Texts numerieren lassen möchten. Die Numerierung erscheint im linken Rand jeder Seite.

(viii) *Kopfzeile drucken / Fußzeile drucken.* Um eine Kopfzeile oder Fußzeile zu drucken, überprüft *Vieweg Editor*, ob es eine Datei mit der Extension `.hdr` bzw. `.ftr` gibt, und zwar entweder in (i) dem *Zusatzdateiverzeichnis* oder, wenn dies nicht gesetzt ist, im *Vieweg Editor*-Ursprungsverzeichnis (das immer erreichbar ist, da *Vieweg Editor* anderenfalls erst gar nicht gestartet wäre). Die vorgegebenen Namen für die Kopf- und Fußzeilendateien sind `ved.hdr` bzw. `ved.ftr`; diese können durch Spezifizierung des Namens für Kopf- und Fußzeilendatei aufgehoben werden. Beachten Sie, daß bei einer Benutzerspezifizierung sowohl Kopf- als auch Fußzeilendatei den gleichen Namen haben müssen; die gerade genannten Extensionen werden von *Vieweg Editor* automatisch hinzugefügt.

Am Anfang jeder Seite druckt *Vieweg Editor* nun den Inhalt jeder dieser Dateien (wenn Sie spezifizieren, daß sowohl eine Kopfzeilen- als auch eine Fußzeilendatei erforderlich ist). Was jede Datei enthält, ist für den Druckvorgang irrelevant. Die einzige Einschränkung besteht darin, daß Kopf- und Fußzeile zusammen nicht länger sein dürfen als die Anzahl der auf jeder Seite zu druckenden Zeilen.

Sowohl die Kopfzeilen- als auch die Fußzeilendatei können bestimmte Zeichenkombinationen enthalten, die von *Vieweg Editor* in einer spezifischen Weise interpretiert werden. Dies sind sogenannte Befehlssequenzen, die zur Verschlüsselung von Anweisungen für das Programm verwendet werden.

Befehlssequenzen in Kopf- und Fußzeilendateien:

$4 1 : Name des aktuellen Textes
$4 2 : Größe der aktuellen Datei
$4 3 : Aktuelles Datum
$4 4 : Aktuelle Zeit
$4 5 : Seitennummer (fängt bei der benutzerspezifizierten Zahl an)
$4 6 : Gesamtanzahl der zu druckenden Seiten
$4 7 : Seitennummer (beginnt immer bei '1')

Um diese Sequenzen in eine Kopfzeilen- oder Fußzeilendatei einzugeben, drücken Sie die <Alt>-Taste und tippen Sie die Zahl "4" auf dem Ziffernblock auf der rechten Seite der Tastatur ein; dann geben Sie gleich dahinter die entsprechende Zahl ein, letztere muß auf der Ziffernzeile oben auf dem alphanumerischen Block der Tastatur eingetippt werden (natürlich ohne die <Alt>-Taste zu drücken). Das ASCII $4-Zeichen hat die Form eines Karos (♦). Wenn Sie die Kopf- und Fußzeilendateien mit *Vieweg Editor* selbst editieren, werden Sie dieses Zeichen beim Drücken von <Alt> + "4" sehen. Sollten Sie einen anderen Editor benutzen, kann es sein, daß das Programm stattdessen "^D" anzeigt, was eine Kurzschreibweise für "Strg-D" ist, eine andere Art, sich auf das Zeichen mit dem numerischen Wert 4 im ASCII-Zeichensatz zu beziehen.

Anmerkung. Für Beispiele einer Kopf- und Fußzeilendatei schauen Sie sich die mitgelieferten Dateien auf der Distributionsdiskette des *Vieweg Datenbank-Managers* an!

(ix) *Text in Blocksatz ausrichten.* Durch Aktivierung dieser Option können Sie sicherstellen, daß ein Text in Blocksatz gesetzt ist, wenn er gedruckt wird. Beachten Sie, daß die Ausrichtung während des eigentlichen Drucks erfolgt und keine Wirkung auf das Erscheinungsbild des Textes hat, wie Sie ihn editieren. Einige Punkte sollten in diesem Zusammenhang von Benutzern beachtet werden.

1) Sie müssen eine Zeilenbreite spezifizieren, auf die jede Zeile bei der Ausrichtung gestreckt wird (es sei denn, Sie übernehmen den Vorgabewert von 76 Zeichen pro Zeile). Diese muß unter der maximalen Zeilenbreite von 256 Zeichen liegen.

2) Jede Textzeile, die länger als die Zeilenbreite ist, wird nach rechts über den ausgerichteten Block hinausragen; wenn die bestimmte Textzeile länger ist als die von Ihrem Drucker erlaubte maximale Zeilenlänge, dann wird sie gekürzt (dies wird vom Drucker erledigt).

3) Nur diejenigen Zeilen, deren Länge mindestens 80% der spezifizierten Zeilenbreite beträgt, werden in Blocksatz gesetzt. Die Vorgabezeilenlänge von 76 vorausgesetzt, werden nur diejenigen Textzeilen, die eine Länge von 60 Zeichen oder mehr besitzen, beim Druck in Blocksatz ausgegeben werden.

4) Wenn eine Textzeile ein oder mehrere Tabulatorzeichen enthält, wird sie nicht in Blocksatz gesetzt. Der Grund hierfür ist, den Blocksatz bei einem Text zu vermeiden, der absichtlich mit Tabs irgendwo in einer Zeile positioniert worden ist (z.B. die rechtsbündige Ausrichtung einer Adresse in einem Briefkopf).

Um die Blocksatzfunktion zu testen, sollten Sie einen Text in eine Datei umleiten, die Datei `ved.prt` in einen leeren Textbereich laden und nachsehen, wie der Effekt der Ausrichtung aussieht, indem Sie diese Ausgabe mit der ursprünglichen Textdatei vergleichen.

(x) *Übersetzungstabelle benutzen.* Dies ist eine fortgeschrittene Option, die es Ihnen ermöglicht, Zeichen beim Druck in andere Zeichenwerte übersetzen zu lassen. Außerdem können Sie spezifizieren, welche Befehlssequenz vor und nach jedem übersetzten Zeichen zum Drucker geschickt werden soll. Die hauptsächliche Verwendung einer solchen Funktion ist es, einen Download-Font in einem Drucker zu aktivieren und wieder zu deaktivieren und es Ihnen so zu erlauben, beim Drucken zwischen einem Standard- und einem individuell angepaßten Zeichensatz umzuschalten.

Im folgenden nun die Befehlssequenzen für Download ein und aus (dies gilt für Punktmatrixdrucker, die dem *Epson LQ*-Standard entsprechen):

An: 27 38 01 (hex: 1B 26 01)
Aus: 27 38 00 (hex: 1B 26 00)

Übersetzungstabellendatei. Der vorgegebene Name für die Zeichentabellendatei ist `ved.tbl`. Drücken Sie <Eingabe>, um ihn unverändert zu lassen, oder editieren Sie ihn nach Belieben. Ein anderer Name für die Zeichentabellendatei und von den Vorgabewerten abweichenden Sequenzen können in einer Initialisierungsdatei spezifiziert werden (siehe unten).

Die Tabellendatei enthält eine Reihe von Ersetzungen, die vorgenommen werden, wenn *Vieweg Editor* einen Text druckt. Ein Beispielinhalt einer Zeichentabellendatei könnte sein:

230 102
228 101
233 105

In diesem einfachen Fall werden alle Fälle von ASCII $230 durch ASCII $102, alle die von $228 durch $101 und die von $233 durch $105 ersetzt. Technisch gesehen funktioniert dies wie folgt.

Die Zeichentabellendatei wird in den Speicher in eine Zeichenübersetzungstabelle gelesen. Diese kann bis zu 256 Einträge auf einmal enthalten. Beim Drucken vergleicht *Vieweg Editor* jedes ausgehende Zeichen mit den Ersetzungen, die es in die Zeichenübersetzungstabelle gelesen hat. Wenn es eine Entsprechung gibt, dann wird das zu druckende Byte in das Ersetzungsbyte in der Zeichenübersetzungstabelle übersetzt und zum Drucker geschickt, flankiert von der Befehlssequenz für *Download an* und *Download aus*, falls diese Sequenzen spezifiziert worden sind.

Die Zeichentabellendatei muß ein festes Format haben. Sie ist eine ASCII-Datei mit einer Übersetzung pro Zeile. Zuerst kommt die Nummer (in dezimaler Form!) eines Eingabebytes, dann kommt ein Tabulator oder wenigstens ein Leerzeichen, um das Eingabebyte von dem Ausgabebyte zu trennen, das nun folgt, ebenfalls in dezimaler Form. Die Datei sollte soviele Zeilen enthalten wie gewünschte Ersetzungen.

(xi) *Nummer der ersten Seite.* Diese Option ist nützlich, wenn Sie eine Datei in zwei Teile aufgeteilt haben, aber einen kontinuierlichen Ausdruck haben möchten: Spezifizieren Sie die Nummer hinter der letzten Seite des ersten Textes als die Nummer der ersten Seite des zweiten Textes!

(xii) *Text in Datei drucken.* Mit dieser Option können Sie sich dafür entscheiden, das Ergebnis der Druckoption in eine Datei umleiten zu lassen. Bei Auswahl dieses Punkts bietet *Vieweg Editor* Ihnen die Gelegenheit, den vorgegebenen Namen für die Ausgabedatei `ved.prt` zu verändern. Wenn Sie einfach nur <Eingabe> drücken, übernehmen Sie diesen Namen; um ihn zu ändern, editieren Sie die Eingabezeile oben auf dem Bildschirm. Merken Sie sich, daß es bei der Umleitung der Druckerausgabe zur Diskette/Platte keine Bestätigung des Überschreibens einer existierenden Datei gibt.

Anmerkungen. Wenn eine Option gewählt ist, erscheint ein Häkchen links von der Textzeile, die sich im ganz links stehenden Fenster auf sie bezieht. Optionen mit nur zwei möglichen Werten sind Kippschalter, d.h. Drücken von <Eingabe> schaltet die Option entweder an oder aus, je nach ihrem vorangehenden Zustand.

Die Fonts, die in dem Fenster auf der rechten Seite des Bildschirms verfügbar sind, hängen von dem ausgewählten Drucker ab. Um sich der *Times Roman-* und *Helvetica*-Schriften auf Laserdruckern zu bedienen, müssen die notwendigen ladbaren Schriften zuvor in den Drucker geladen worden sein (dies können Sie tun, ohne *Vieweg Editor* zu verlassen, indem Sie entweder mittels <Shift-F1> einen DOS-Befehl erteilen oder mit <Strg-F1> vorübergehend zu DOS wechseln).

Wenn Sie eine bestimmte Kombination von Druckeroptionen wiederholt benutzen möchten, dann spezifizieren Sie die Werte in einer Initialisierungsdatei und laden Sie diese beim Start von *Vieweg Editor* (für Details siehe unten).

Jede während des Drucks benötigte Datei, wie die Kopf- und Fußzeilendateien oder eine Übersetzungstabelle, muß sich im aktuellen *Zusatzdateiverzeichnis* befinden.

2.2.4.1 Druckertreiber und Vieweg Editor

<F4> *Druckertreiber.* Der Benutzer kann jederzeit den beim Drucken zu verwendenden Druckertreiber spezifizieren. Nach der Vorgabe wählt *Vieweg Editor* `LASER.PCF` für Laserdrucker und `DMP.PCF` für Punktmatrixdrucker (diese Druckertreiber werden mit *Vieweg Editor* mitgeliefert). Benutzer können jedoch ihren eigenen Druckertreiber mit der <F4>-Taste auf der Druckebene spezifizieren. *Vieweg Editor* überprüft, ob es die spezifizierte Datei erfolgreich lesen kann. Wenn nicht, wird eine Fehlermeldung ausgegeben. Für eine gute

Druckerausgabe müssen die in einer Druckertreiberdatei enthaltenen Befehle dem benutzten Drucker angepaßt sein. Beachten Sie, daß eine Druckertreiberdatei ein normaler ASCII-Text ist und mit *Vieweg Editor* selbst editiert werden kann. Kommentare können in einer solchen Datei enthalten sein, indem Sie wie üblich eine Zeile mit einem Semikolon beginnen.

Ausgewählter Druckertyp

Der Druckertyp, der für einen bestimmten Druckauftrag verwendet werden soll, wird auf der Druckkontrollebene mittels <F4> oder in einer Initialisierungsdatei spezifiziert (siehe unten). Beim Drucken ersetzt *Vieweg Editor* die Zeichensatzverweise durch die Befehlszeichenketten, die in der Druckerbefehlsdatei (vorausgesetzt, daß sie zugänglich ist) für den von Ihnen gewählten Druckertyp enthalten sind (das Programm *Vieweg Print* funktioniert übrigens ganz genauso).

Mit dem *Vieweg DatenbankManager*-Paket werden ein paar Dateien mit der Extension `.pcf` mitgeliefert. Diese sind sogenannte Druckerbefehlsdateien. Sie enthalten 8 Befehle, von denen jeder aus einer Zeichenkette besteht, die zum Drucker geschickt werden soll, wenn ein Zeichensatzverweis mit derselben Nummer in dem Text angetroffen wird, den *Vieweg Editor* gerade druckt.

Die Struktur einer Druckerbefehlsdatei ist recht einfach. Sie geben die Befehlszeichenkette in eine einzige Zeile ein. Wenn Sie mindestens ein Leerzeichen (oder Tabulator) danach eintippen, können Sie den Rest der Zeile als Kommentar benutzen wie in den folgenden Fällen:

```
LASER.PCF

^[(1X^[&d@    ;    (1) Letter Gothic (normal)
^[(2X         ;    (2) Letter Gothic (fett)
^[(3X         ;    (3) Letter Gothic (kursiv)
^[&dD         ;    (4) Automatisches Unterstreichen
^[(4X         ;    (5) Helvetica 12 Point (fett)
^[(5X         ;    (6) Helvetica 12 Point (kursiv)
```

```
^[(6X          ;    (7) Helvetica 14 Point (fett)
^[(7X          ;    (8) Helvetica 14 Point (kursiv)
```

Anmerkung. Die Kontrollsequenzen für den Laserdrucker bestehen einfach aus Identifizierungsnummern für verschiedene ladbare Schriften; dies vermeidet die Notwendigkeit, alle formalen Eigenschaften jedes Fonts zu spezifizieren, wenn Sie ihn aktivieren. Es setzt jedoch voraus, daß sich Fonts im Speicher des Laserdruckers befinden, die diese Identifizierungsnummern haben. Die in der rechten Spalte der obenstehenden Tabelle aufgeführten Zeichensatztypen sind die, die der Verfasser auswählt, wenn er während der Textbearbeitung ausdruckt. Andere Benutzer von *Vieweg Editor* müssen (i) eine Reihe von ladbaren Schriften in ihren Laserdrucker laden und (ii) sich entscheiden, welche ID-Nummern sie bei welchen dieser Zeichensätze verwenden wollen. Dieser Vorgang erfordert, daß sich Benutzer mit den technischen Einzelheiten der Verwaltung von ladbaren Schriften auf Laserdruckern vertraut machen, und ist etwas, dessen Verwirklichung einige Zeit und vor allem Geduld erfordern wird. Er stellt jedoch eine sehr flexible Methode zum Aktivieren einer individuell angepaßten Reihe von Fonts für das persönliche Ausdrucken dar.

Passende Software ist erhältlich bei den Herstellern des wichtigsten Typs von Laserdruckern, Hewlett Packard, die die Erstellung individuell angepaßter Zeichensätze und deren Laden mit geeigneten ID-Nummern ziemlich einfach macht und sie bestimmt innerhalb des Horizonts von Computerbenutzern, denen das Technische weniger liegt, bleiben läßt.

DOT.PCF

```
^[x1^[P^[H^[5^[-0    ;    (1) NLQ, Pica; nicht fett, kursiv, unterstrichen
^[G                  ;    (2) fett ein
^[4                  ;    (3) kursiv ein
^[-1                 ;    (4) Unterstreichen ein
^[x0                 ;    (5) Entwurfsqualität
^[P                  ;    (6) Pica (10 cpi)
^[M                  ;    (7) Elite (12 cpi)
^[g                  ;    (8) komprimiert (15 cpi)
```

Anmerkung. Die Stile und Schriftarten, die von der Befehlsdatei für Punktmatrixdrucker aktiviert werden, erfordern nicht das vorherige Laden von irgendwelchen ladbaren Schriften in den Drucker, da letzterer diese in dauerhafter Form enthält (als sogenannte Firmware).

Einbetten von Druckerbefehlen in eine Textdatei

Jede Textzeile, die mit '##' beginnt, wird als ein verschlüsselter Druckerbefehl angesehen, für den das folgende Format erwartet wird:

Erste zwei Zeichen: ##
Dann eine Zahl von 1 bis 9, wobei die folgenden Werte gelten:

1	=	Nummer des Druckertyps
2	=	Name der Druckerbefehlsdatei
3	=	Font-Typ
4	=	Zeilenbreite
5	=	Linker Rand
6	=	Seitenlänge
7	=	Zeilen pro Zoll
8	=	Blocksatz
9	=	Zu verwendender Druckerschnittstelle

Anmerkungen. Leerzeichen können '##' von der Befehlsnummer und letztere von dem nachfolgenden Befehl trennen. Schauen Sie in der Initialisierungsdatei `ved.ini` nach, um zu sehen, welche Werte für die obigen Parameter zulässig sind. Druckerbefehlszeilen können überall in einen Text eingebettet werden, werden aber nur einmal beim Laden eines Textes gelesen. Sie selbst werden nicht gedruckt und werden daher wie Zeilen behandelt, die mit `@@` beginnen.

Der Hewlett Packard Deskjet-Drucker kann mit dem Druckertreiber `laser.pcf` verwendet werden. Wenn Sie möchten, können Sie den Treiber `inkjet.pcf` spezifizieren, der mit *Vieweg Editor* mitgeliefert wird. Dieser arbeitet mit den Fonts des Deskjet-Druckers.

Zeilenumbruch und automatisches Einrücken

Obwohl *Vieweg Editor* ein Texteditor ist und kein Textverarbeitungsprogramm, enthält es zwei Merkmale, die gewöhnlich nur mit Textverarbeitungsprogrammen assoziiert werden. Das erste von ihnen ist der *Zeilenumbruch*. Der in *Vieweg Editor* benutzte Algorithmus ist mit Absicht einfach. Er erlaubt es Ihnen, kontinuierlich Text einzutippen ohne die Notwendigkeit, am Ende jeder Zeile <Eingabe> drücken zu müssen. In einem begrenzten Umfang ist *Vieweg Editor* zur Neuformatierung von Text fähig, wenn Sie etwas mitten in eine Zeile eintippen. Da das Programm jedoch nicht zwischen Zeilenwechseln und Absatzwechseln unterscheidet (beide verwenden die Kombination von *Wagenrücklauf* und *Zeilenvorschub*), wird *Vieweg Editor* nicht genau den Effekt erzeugen, den Sie von einem Textverarbeitungsprogramm erwarten würden, d.h. Text bis zum Ende des aktuellen Absatzes sauber neuzuformatieren. Damit der Zeilenumbruch funktioniert, sollte die aktuelle Zeilenlänge nicht mehr als 80 Zeichen betragen. Beachten Sie die folgenden beiden zusätzlichen Befehle in Verbindung mit dem Zeilenumbruch:

<Strg-F7>	*Zeilenumbruch eines Absatzes.*
<Strg-W>	*Zeilenumbruch der aktuellen Zeile.*

Das zweite hier enthaltene Merkmal ist *automatisches Einrücken*. Damit ist gemeint, daß der Cursor beim Beginn einer neuen Zeile (d.h. nachdem <Eingabe> gedrückt wurde) zu der ersten Spalte springt, die in der vorangehenden Zeile mit Zeichen gefüllt ist (jedes Zeichen außer Leerzeichen und Tabs). Dies ist nützlich beim Einrücken von Text, z.B. für ein Zitat oder bei der Erstellung von Tabellen.

Das Drucken von Zeilen verhindern

Jede Zeile in einem Text, die mit zwei @-Symbolen, d.h. `@@`, beginnt, wird von *Vieweg Editor* nicht gedruckt. Sie können sich dessen bedienen, um einem Text Kommentare hinzuzufügen, die dann beim Drucken ignoriert werden.

2.2.5 Laden von Dateien

<F2> *Dateiverwalter.* Dies aktiviert den internen Dateiverwalter in *Vieweg Editor.* Im Gegensatz zu anderen Situationen, in denen dieser geladen wird, werden Sie nicht aufgefordert, eine Datei auszuwählen. Der Zweck ist, es Ihnen zu erlauben, auf den Dateiverwalter zuzugreifen. Die <Escape>-Taste bringt Sie zu dem Text zurück, den Sie gerade editieren.

Anmerkung. Um den Text, den Sie momentan bearbeiten, mit Hilfe des internen Dateiverwalters zu kopieren, müssen Sie ihn zuerst einmal auf Diskette/Platte sichern (anderenfalls erscheint er nicht in der Verzeichnisauflistung auf der Dateiverwalterebene).

<F5> *Neue Datei.* Erlaubt es Ihnen, mit der Editierung eines Textes aufzuhören und einen anderen zu eröffnen. Bevor Sie dies tun, werden Sie gefragt, ob Sie den Text sichern möchten, bevor ein neuer geladen wird. Außerdem teilt Ihnen *Vieweg Editor* mit, ob der aktuelle Text geändert wurde. Um eine neue Datei zum Editieren auszuwählen, wird der Dateiverwalter aufgerufen, dann bewegen Sie den Leuchtbalken zu dem gewünschten Text und drücken <F5>, um ihn zu laden.

<Shift-F5> *Datei einfügen.* Ein ähnlicher Befehl wie <F5> mit dem Unterschied, daß bei diesem der aktuelle Text im Speicher bleibt und der neue Text an der gegenwärtigen Cursorposition in den vorhandenen Text eingefügt wird.

Anmerkung. Sie brauchen das Einfügen eines neuen Textes nicht zu bestätigen, also seien Sie vorsichtig, wenn Sie dies tun.

2.2.5.1 Dateiinformation

<Strg-F6> *Makro-Dateieinstellungen.* Zeigt beide Typen von Makrodateien an (Alt Makro- und Wortlistendateien).

<Alt-F6> *Geladene Dateien zeigen.* Hier wird Ihnen ein Überblick darüber geboten, welche Dateien zur Zeit welche Bereiche belegen. Größe, Datum und Uhrzeit der Dateien (wie aus den Verzeichniseinträgen auf Diskette/Platte ersichtlich) werden ebenfalls angezeigt. Beachten Sie, daß, wenn die Dateien ausgiebig editiert wurden, es durchaus eine Diskrepanz zwischen Speicher- und Disketten-/Plattengröße geben kann.

```
F:\VIEWEG\VDM.HLP                                  Zeile 150   Sp. 1    Seite 1  Text 2
[·······|·······|·······|·······|·······|·······|·······|·······|·······|·······|···↓··]

 Eine Datenbank löschen

  Löscht eine benutzerspezifizierte Datenbank (nach Bestätigung).
        ┌──────────────────────────────────────────────────────────────┐
«       │                                                              │
» [8]   │       Text 1 :  F:\VIEWEG\TXT                                │
        │                 [  2.298  04.10.92  02:03]                   │
        │                                                              │
Präambel│       Text 2 :  F:\VIEWEG\VDM.HLP                            │
        │                 [ 19.759  03.10.92  13:06]                   │
Wenn man│                                                              │ zwei
untersch│       Text 3 :´ -----                                        │ rtes
Zeichen │                 -----                                        │ ei einem
beliebig│                                                              │ jedes
Feld wei│       Text 4 :  -----                                        │ Wenn
ein Feld│                 -----                                        │  einge-
setzt, u│                                                              │ zt der
Datenban└──────────────────── Taste drücken! ─────────────────────────┘ ellen,
wie einer

In beiden Textfiletypen besetzt ein Datensatz genau eine Zeile, die mit einem
 ^-▲ ↑ ^-▼ ↓ Alt-1 Alt-2 Alt-3 Alt-4 F7=Ende F10=Sich. [Alt-Return,Sh-Tab=Menüs]
```

2.2.6 Systemeinrichtungen / Texte sichern

<F1> *Eingebaute Hilfe.* Das Hilfe-System für *Vieweg Editor* liegt in Dateiform vor. Die zwei Dateien, die benötigt werden, um die eingebaute Hilfe zu erhalten, sind `ved.hlp` and `ved.ind`. Erstere ist die Datendatei mit den Hilfetexten und letztere eine Indexdatei, die von *Vieweg Editor* dazu benutzt wird, ein Textstück sofort in der Datendatei zu lokalisieren. Das erfolgreiche Laden der Hilfedatei setzt voraus, daß beide soeben erwähnten Dateien über die DOS-Pfadvariable zugänglich sind, anderenfalls wird eine Fehlermeldung ausgegeben. Vorausgesetzt, daß dies der Fall ist, präsentiert sich Ihnen ein Bildschirm wie der folgende:

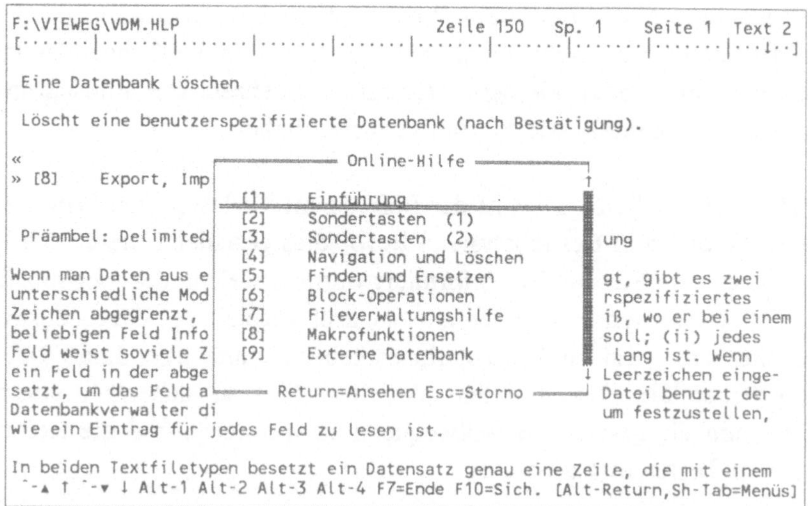

Sie können nun ein Thema aus dem Auswahlfenster wählen, zu dem Sie Informationen benötigen. Die Anzeige wechselt, und Ihnen bietet sich eine Bildschirmseite Text. Das Drücken einer beliebigen Taste bringt sie zu dem Hilfeauswahlfenster zurück. <Escape> läßt dieses Fenster verschwinden, und Sie befinden sich wieder in Ihrem Text, von dem aus Sie das Hilfesystem mittels <F1> erneut aufrufen können.

Anmerkung. Die Hilfesystemdateien sind normale ASCII-Texte. Geraten Sie nicht in die Versuchung, sie in irgendeiner Weise zu verändern. Wenn Sie das tun, wird die Indexfunktion nicht korrekt arbeiten, und die Textanzeige wird unberechenbar sein.

<Shift-F1> *DOS-Befehl.* Dieser Befehl führt die Angabe aus, die vom Benutzer eingegeben wird. Voraussetzung hierfür ist, daß die Angabe entweder den Namen eines Programms oder einen gültigen DOS-Befehl darstellt.

<Strg-F1> *DOS-Aufruf.* Mit diesem Befehl wird DOS vorübergehend geladen, und Sie können alle Befehle ausführen, als ob Sie sich normal im DOS befänden, mit der Einschränkung, daß ein Teil Ihres Arbeitsspeichers nun von *Vieweg Editor* belegt wird, das sich im Hintergrund befindet. Wenn Sie ein weiteres Programm laden, wenn Sie in DOS hineingehen, vermeiden Sie es,

DOS ein weiteres Mal aus diesem Programm heraus aufzurufen, da dies zu Schwierigkeiten führen kann! Wenn Sie die Arbeit in DOS beendet haben, geben Sie `exit` ein, um zu *Vieweg Editor* zurückzukehren. Der Bildschirm wird genauso wiederhergestellt, wie Sie ihn verlassen haben.

<F7> *Rückkehr zu DOS.* Dies ist der Befehl zum Verlassen von *Vieweg Editor* und zur Rückkehr zum Betriebssystem. Bevor dies geschieht, bietet sich Ihnen ein Fenster, in dem Sie darüber informiert werden, welche der vier möglichen Texte geändert worden sind. Hier gibt es drei verfügbare Vorgehensweisen. Drücken Sie <n>, um zu DOS zurückzukehren, ohne irgendeine Datei zu sichern; drücken Sie <j>, um den aktuellen Text zu sichern; drücken Sie <Escape>, um die gesamte Befehlssequenz zu stornieren und die Editierung des aktuellen Textes fortzusetzen.

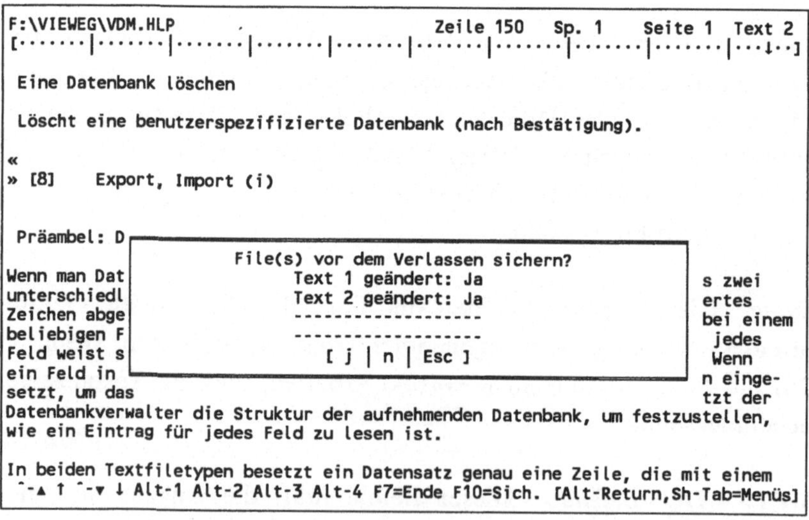

Anmerkungen. Sollte in einem bestimmten Textbereich keine Datei geladen sein, dann wird dies durch eine unterbrochene Linie in dem Fenster angezeigt, das beim Drücken von <F7> erscheint (siehe Bildschirmausdruck unten).

Wenn Sie sich dafür entscheiden, jeden geänderten Text zu sichern, geht *Vieweg Editor* zu dem ersten und bittet Sie, einen Namen anzugeben, unter dem er gespeichert werden soll. Dann geht das Programm zu dem folgenden geänderten

Text und so weiter, bis alle modifizierten Texte gesichert (oder vom Benutzer absichtlich verworfen) worden sind.

<Shift-F7> *Rückkehr mit Verzeichnisänderung.* Wenn Sie das Programm mit dieser Tastenkombination verlassen, dann erfolgt die Rückkehr nicht zu dem Verzeichnis, von dem aus Sie *Vieweg Editor* gestartet haben.

<F9> *Umgebung zeigen.* Dieser Befehl präsentiert Ihnen ein Fenster, in dem Ihnen einige wichtige Informationen über die Umgebung, in der Sie gerade arbeiten, angeboten wird. Die ersten drei Punkte beziehen sich auf den aktuellen Text (dieser kann unterschiedlich sein, je nachdem, in welchem Textbereich Sie sich befinden).

Die folgenden drei Punkte sollten vom Benutzer sorgfältig beachtet werden. Der erste bezieht sich auf das Verzeichnis, aus dem heraus *Vieweg Editor* gestartet wurde; der zweite auf das Verzeichnis, in dem man sich momentan befindet. Dies kann sich von dem ersten aus einem von drei Gründen unterscheiden:

(i) Ein von dem aktuellen verschiedenes Startverzeichnis ist in einer Initialisierungsdatei spezifiziert worden, die am Anfang geladen wurde.

(ii) Der Benutzer ist bei der Auswahl einer zu holenden Datei auf der Dateiverwalterebene zu einem anderen Verzeichnis gegangen.

(iii) Der Benutzer hat das Verzeichnis entweder während eines DOS-Befehls (mit <Shift-F1>) oder eines DOS-Aufrufs (mit <Strg-F1>) gewechselt.

Zusatzdateiverzeichnis. Das dritte Verzeichnis, das in dem Umgebungsfenster erwähnt wird, ist das, wo *Vieweg Editor* Zusatzdateien zu finden erwartet (vor allem für das Druck- und Makro-Management). Dieses Verzeichnis kann in einer Initialisierungsdatei spezifiziert werden (siehe die Bemerkungen weiter unten).

Anmerkung. Wenn Sie nicht explizit angeben, welches das Zusatzdateiverzeichnis ist, dann nimmt *Vieweg Editor* das Verzeichnis an, in dem es sich selbst befindet (Ursprungsverzeichnis).

```
F:\VIEWEG\TXT                                  Zeile 38    Sp. 1    Seite 1  Text 1
[·······|·······|·······|·······|·······|·······|·······|·······|·······|···↓··]
ander die entsprechenden Angaben einfügen. Die Feldlänge ist hierbei fest
vorgegeben, s┌────────────────────────────────────────────────────────┐nten, der
länger als 30│                                                        │Die ersten
drei Felder s│      Aktuelle Datei  TXT                               │n eingeben
können: Buchs│          File-Größe   2.298 Bytes; 38 Zeilen           │ Zusammen-
hang allerdin│          Archiviert  10/04/92; 02:03                   │ng scr.001
             │                                                        │
algorithmisch│      Original-Verz.  F:\VIEWEG                         │
ASCII-Zeichen│      Aktuell.-Verz.  F:\VIEWEG                         │eines
bestimmten An│        Editor-Verz.  F:\VIEWEG                         │e von 8
Zeichen: je 2│                                                        │nzungszeiche
( d.h. "/", "│         Plattenname  EXE_DSK                           │stimmten Lan
( amerikanisc│          Disk-Größe   41.150.464 Bytes                 │hlen können
fünften Feld,│        Freier Platz    9.656.320 Bytes                 │nthält,
eingegeben we│       Speicher Frei      280.064 Bytes                 │hlen
interpretiert│                                                        │timmte
Operationen a│         Aktuell.Zeit  03:17:13                         │st nur ein
Zeichen »lang│        Aktuell.Datum  10/4/1992                        │agen werden
kann, je nach│                                                        │ellt ist. Si
machen dies d└──────────────── Taste drücken! ────────────────────────┘. »true« =
zutreffend, An                                                          ffend,
 ^-▲ ↑ ^-▼ ↓ Alt-1 Alt-2 Alt-3 Alt-4 F7=Ende F10=Sich.  [Alt-Return,Sh-Tab=Menüs]
```

<F10> *Text sichern.* Schreibt den aktuellen Text auf Diskette/Platte. Um den Namen der Datei zu ändern (und möglicherweise ein anderes Laufwerk und Verzeichnis zu spezifizieren), editieren Sie die Eingabezeile, die sofort beim Drücken von <F10> aktiviert wird.

Wenn Sie entweder eine neue Datei laden oder *Vieweg Editor* verlassen, werden Sie gefragt, ob Sie den aktuellen Text sichern möchten. Hier wie bei dem Befehl *Sichern* erhalten Sie die Gelegenheit, einen Namen für den Text einzugeben. Durch Drücken von <Eingabe> können Sie einfach die Anzeige übernehmen.

Wenn Sie gefragt werden, ob Sie eine bereits auf Diskette/Platte existierende Datei überschreiben wollen, dann bewirkt nur ein Drücken der <j>-Taste, daß *Vieweg Editor* fortfährt (um unerwünschte Aktionen zu verhindern, wenn der Benutzer aus Versehen irgendeine andere Taste drückt). Wie immer können Sie den gesamten Befehl abbrechen, indem Sie <Escape> drücken.

<Strg-Y> *Anzeige einer ASCII-Tabelle.* Eine einfache Option, die dazu dient, Ihnen die Zeichen des erweiterten ASCII-Zeichensatzes, d.h. diejenigen Symbole, die Ihnen auf einem Personal Computer zur Vefügung stehen, auf einem separaten Bildschirm zu zeigen.

2.3 Makro-Einrichtungen

2.3.1 Einführung

Das Hauptaugenmerk in *Vieweg Editor* liegt auf dem schnellen und einfachen Entwerfen von Textmaterial. Zu diesem Zweck wurden eine Anzahl von Funktionen in das Programm eingebaut, die nicht unbedingt in anderen Texteditoren verfügbar sind.

Die erste Option ist eine interne Textmakrofunktion in *Vieweg Editor*. Mit ihr können Sie Zeichenketten von bis zu 64 Buchstaben einer beliebigen Taste von A bis Z zuordnen und dann, in Kombination mit der <Alt>-Taste, jede dieser Zeichenketten in ihren Text an der aktuellen Cursorposition einfügen. Die Einstellungen für die alphabetischen Tasten können in einer Datei gespeichert werden, und Sie können jede Gruppe von Einstellungen mittels <Strg-F2> laden.

2.3.1.1 Funktionstastenbelegungen

Es folgt nun eine Zusammenfassung der Funktionen der verschiedenen Funktionstastenkombinationen, die entweder mit den Textdatenbank- oder den Makro-Einrichtungen von *Vieweg Editor* assoziiert sind.

<Shift-F2> *Alpha-Makros.* Diese Tastenkombination öffnet ein großes Fenster in der Mitte des Bildschirms mit den ersten 12 der 26 Alpha-Makros, die bei der Editierung eines Textes in *Vieweg Editor* verfügbar sind.

Sie können sich vertikal in der Liste bewegen mit den <PfeilAuf>-, <PfeilAb>-Tasten oder <Bild↑>, <Bild↓>, um zum Anfang oder zum Ende der Liste zu springen.

```
F:\VIEWEG\TXT                                   Zeile 38    Sp. 1    Seite 1  Text 1
[·······|·······|·······|·······|·······|·······|·······|·······|·······|···↓··]
ander die entsprechenden Angaben einfügen. Die Feldlänge ist hierbei fest
vorgegeben, so daß Sie beispielsweise keinen Nachnamen eingeben könnten, der
länger als 30 Zeichen ist (es sei denn, Sie änderten die Struktur). Die ersten
dr ══════ ↵ = Edit.; F10 = Sichern; F5 = Neue Datei; Esc = Storno ═══════↑
kö
ha       A:   Hallo!
         B:   Hier
al       C:   ist
AS       D:   ein
be       E:   kleiner
Ze       F:   Test                                                         e
(        G:   der                                                          n
(        H:   Makrofunktion
fü       I:   innerhalb
ei       J:   des
in       K:   Vieweg Editors.
Op       L:   In
Ze
ka ════════════════════════════ VED.ALT ═══════════════════════════════↓ i
mac
zutreffend, Anm.d.Übers.) oder "F" ( für engl. »false« = nicht zutreffend,
 ^-▲ ↑ ^-▼ ↓ Alt-1 Alt-2 Alt-3 Alt-4 F7=Ende F10=Sich. [Alt-Return,Sh-Tab=Menüs]
```

Links auf dem Bildschirm ist der Buchstabe zu sehen, mit dem eine Textzeile assoziiert ist. Drücken Sie <Eingabe>, um ein bestimmtes Alpha-Makro zu editieren. Um die Zeile zu sichern, drücken Sie erneut <Eingabe> oder <Escape>, um die Änderungen zu verwerfen. <Escape> bringt Sie einfach nur zu Ihrem aktuellen Text zurück.

<F10> Um den Satz von Alpha-Makros auf Diskette/Platte zu schreiben, müssen Sie die <F10>-Taste benutzen. Er wird unter dem am unteren Fensterrand zu erkennenden Namen abgespeichert. Ist kein voller Pfad angegeben, so wird die Makro-Datei im Ursprungsverzeichnis von *Vieweg Editor* gesichert.

<F5> Man kann verschiedene Makro-Dateien mit *Vieweg Editor* verwalten und einsetzen. Als Vorgabe gilt die Datei `ved.alt`. Mit <F5> kann man jedoch eine neue Gruppe von Makros aus einer Verzeichnisauflistung auswählen, die dann angezeigt, bearbeitet und aufgerufen werden kann. Durch Drücken von <F10> sichert man eventuelle Änderungen beim aktuellen Makro-Satz.

Wenn Sie die Textzeile für irgendeinen Buchstaben geändert haben, dann ist das geänderte Textstück jetzt durch die <Alt>-Taste zusammen mit dem entsprechenden Buchstaben verfügbar, d.h., es ist nicht notwendig, die Alpha-Makros auf Diskette/Platte zu sichern, bevor dies gilt.

Anmerkung. Sie können eine Zeile des aktuellen Texts in ein <Alt>-Makro kopieren, indem Sie einfach die Zeile mittels <F3> speichern, das Makrofenster mit <Shift-F2> öffnen, zu dem gewünschten Buchstaben gehen und die Zeile mittels <F3> wieder zurückholen. Sie werden sehen, daß der Inhalt der Textzeile sofort als Makro-Text für den fraglichen Buchstaben eingefügt wird.

Merken Sie sich in diesem Zusammenhang, daß es bei <Alt>-Makros ein Limit von 64 Zeichen pro Makro gibt. Wenn die Zeile, die Sie mit <F3> speichern, länger ist als dieser Wert, dann werden nur die ersten 64 Zeichen in den Makro übertragen.

<Strg-F2> *Neue Alt-Datei.* Innerhalb von *Vieweg Editor* können mehrere Alpha-Makro-Dateien erzeugt und nach Belieben verwendet werden. Gemäß der Vorgabe erwartet das Programm eine Datei namens `ved.alt`. Um zu spezifizieren, daß eine andere Datei benutzt werden soll, können Sie eine aus der Verzeichnisauflistung, die Ihnen beim Drücken von <Strg-F2> geboten wird, auswählen.

Anmerkung. Eine Alpha-Makro-Datei in *Vieweg Editor* muß die Extension `.alt` haben. Aus diesem Grunde werden nur die Dateien im aktuellen Verzeichnis mit dieser Extension aufgelistet, wenn Sie diesen Befehl aktivieren.

2.3.1.2 Die Benutzung von Wortlisten

Ein weiterer, in *Vieweg Editor* verfügbarer Typ von Textmakro-Option hat mit Wortlisten zu tun. Der zugrunde liegende Gedanke ist recht einfach. Nehmen Sie den offensichtlichen Fall, in dem ein Benutzer einen Text schreibt und die häufig vorkommenden Wörter der Sprache, die er benutzt, in einer bequemen Makro-Form gebraucht. Legen Sie eine Liste der Wörter der Sprache, die Sie benutzen, an. Aktivieren Sie dann die Wortlistenfunktion mit <Strg-G>.

Zuerst müssen Sie eine Datei auswählen, die die Disketten-/Plattenquelle für die zu benutzende Wortliste ist. *Vieweg Editor* liest nun die Datei und deponiert den Inhalt in einer internen Liste, die in einem Fenster rechts auf dem

Bildschirm angezeigt wird, ebenso wie bei den anderen Makro-Einrichtungen. Sie können nun einen Leuchtbalken nach oben und unten bewegen und ein Wort aus der Liste auswählen. Um einen Gegenstand schnell zu lokalisieren, tippen Sie den ersten oder die ersten beiden Buchstaben ein, und der Leuchtbalken springt zu der folgenden Entsprechung in der Liste. Ein Drücken von <Eingabe> importiert das betreffende Wort in den aktuellen Text an der gegenwärtigen Cursorposition. Sie können mit der <F5>-Taste jederzeit eine neue Wortliste laden.

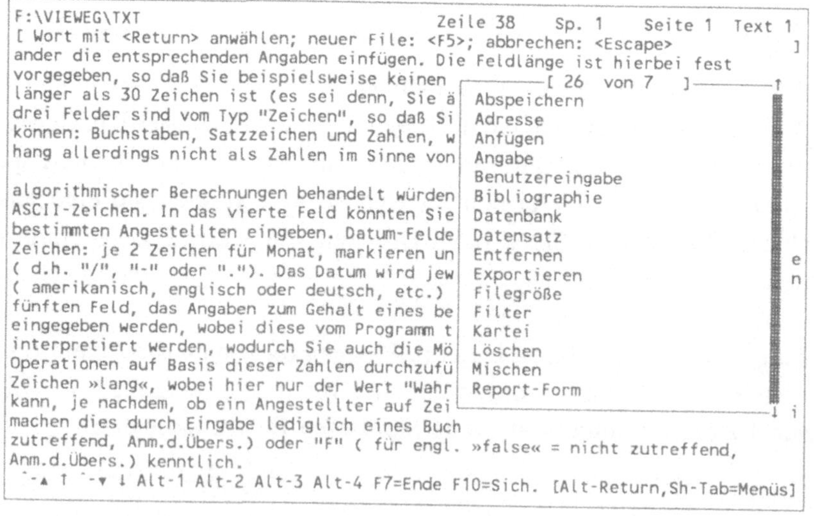

Anmerkungen. Vieweg Editor erwartet, daß sich irgendwelche Wortlistendateien im aktuellen *Zusatzdateiverzeichnis* befinden. Überprüfen Sie dieses mit <F9>, wenn Sie sich über den gegenwärtigen Wert nicht sicher sind. Denken Sie daran, daß es möglich ist, das momentan aktive *Zusatzdateiverzeichnis* mit <Alt-F9> zu ändern, wenn Sie sich auf der Dateiverwalterebene befinden.

2.3.2 Der Import von Daten aus einer externen Datenbank

Es ist jederzeit während der Editierung möglich, die Inhalte eines Datensatzes aus einer externen, *dBASE*-kompatiblen Datenbank in einen *Vieweg Editor*-Text zu importieren. Damit soll es Benutzern ermöglicht werden, den Zugriff auf in einer Datenbank enthaltene Daten zu erhalten ohne die Notwendigkeit, speziell für diese Aufgabe *Vieweg Editor* zu verlassen und den Datenbankmanager starten zu müssen. Eine Datenbank kann von *Vieweg Editor* aus so oft aufgerufen werden, wie Sie möchten. Sie können verschiedene Datenbanken und verschiedene Ausgabeformulare während derselben Arbeitssitzung verwenden, falls Sie dies wünschen.

Damit die gegenwärtige Einrichtung korrekt arbeitet, muß für *Vieweg Editor* der Zugriff auf das mitgelieferte Datenbankmodul `_db_mod` möglich sein. Der Texteditor ruft dieses Programm auf und übergibt ihm den Namen einer Datenbank und möglicherweise auch eines Ausgabeformulars, um sicherzustellen, daß es richtig funktioniert.

<Alt-F1> *Externe Datenbank auswählen.* Diese Tastenkombination erlaubt es Ihnen, den Namen der Datenbank festzulegen, der an `_db_mod.exe` von *Vieweg Editor* übergeben wird. Das tun Sie, indem Sie eine Datenbank mittels des Dateiverwalters in genau derselben Weise auswählen, in der Sie einen Text zum Editieren aussuchen würden. Wenn Sie versuchen, den externen Datenbank-Manager zu laden, ohne zuerst eine Datenbank ausgewählt zu haben, wird eine Fehlermeldung ausgegeben, und es geschieht weiter nichts.

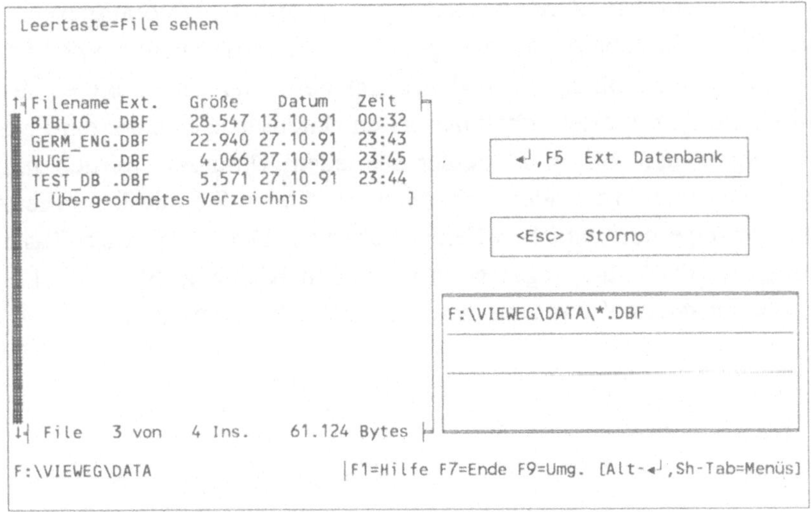

<Alt-F2> *Externes Ausgabeformular auswählen.* Hier ist die Prozedur die gleiche wie für das Auswählen einer Datenbank für den externen Datenbankanzeiger, nur daß Sie nun ein Ausgabeformular auswählen, das an `_db_mod.exe` übergeben wird.

Beachten Sie, daß ein Ausgabeformular, obwohl ratsam, nicht unentbehrlich ist! Achten Sie darauf, daß das Ausgabeformular, das Sie auswählen, zu der Datenbank paßt, die Sie benutzen möchten!

Für nähere Informationen zu Ausgabeformularen siehe die detaillierte Behandlung in dem Abschnitt über den Ausgabeformulargenerator *Vieweg Report* weiter unten! Tatsächlich müssen Sie dieses Programm benutzen, um zuerst einmal ein Ausgabeformular zu entwerfen.

<Alt-F5> *Datenbank- und Ausgabeformulareinstellungen anzeigen.* Zu Ihrer Information können Sie mit <Alt-F5> die aktuellen Einstellungen sowohl für die Datenbank als auch für das Ausgabeformular überprüfen, das an `_db_mod.exe` übergeben werden soll. Wenn das eine oder andere fehlt, wird in dem sich öffnenden Fenster eine Reihe von Strichen anstelle eines Dateinamens angezeigt.

<Alt-F10> *Externen Datenbankanzeiger aktivieren.* Vorausgesetzt, daß wenigstens eine Datenbank aus *Vieweg Editor* herausausgesucht worden ist, wird nun das Datenbankmodul `_db_mod.exe` geladen, und Ihnen bietet sich ein Bildschirm, auf dem Sie den Inhalt des ersten Datensatzes in einer ein-Feld-pro-Zeile-Anzeige sehen. Bis zu 23 Felder aus jedem Datensatz werden zunächst angezeigt. Sind mehrere Felder vorhanden, so können Sie mit der <PfeilAb>-Taste die Anzeige der restlichen Felder bewirken. Die <PfeilAuf>-Taste rollt die Anzeige in der entgegengesetzten vertikalen Richtung. Mit <Pos1> oder <Ende> kann man auf das erste bzw. das letzte Feld springen.

2.3.2.1 Die Benutzung des Datenbankanzeigers

Die Befehle des Datenbankmoduls sind in der untersten Zeile des Bildschirms zu sehen. Zusätzlich kann man ein Fenster mit weiteren Befehlen über <F1> für Hilfe öffnen. Diese Befehle werden weiter unten kurz kommentiert.

Es wird vorausgesetzt, daß Benutzer mit den Grundlagen der Datenbankverwaltung vertraut sind. Tatsächlich muß dies der Fall sein, da man zur Benutzung des Datenbankanzeigers Datenbanken im *dBASE*-Format zur Verfügung haben muß, was bedeutet, daß man sie wahrscheinlich zu einem früheren Zeitpunkt erstellt haben wird. Um das Wissen über Datenbankmanagement wieder aufzufrischen, wird empfohlen, den Abschnitt über den Datenbankmanager *Vieweg DatenbankManager* weiter oben zu konsultieren, wo eine detaillierte Diskussion dieses Bereichs der Datenverarbeitung zu finden ist.

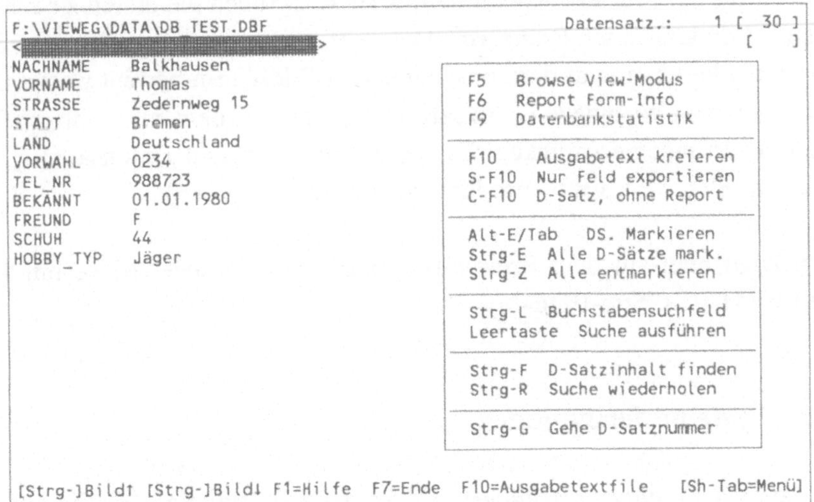

2.3.2.2 Navigation in einer Datenbank

<Bild↑> *Rückwärts rollen.* Geht einen Datensatz in der Datenbank rückwärts.

<Bild↓> *Vorwärts rollen.* Geht einen Datensatz in der Datenbank vorwärts.

<Strg-Bild↑> *Anfang der Datenbank.* Springt zum Anfang der Datenbank.

<Strg-Bild↓> *Ende der Datenbank.* Springt zum Ende der Datenbank.

<Strg-G> *Gehe zu Datensatz.* Bewirkt eine Eingabeaufforderung für die Nummer eines Datensatzes, zu dem das Programm dann springt und dessen Inhalte angezeigt werden. Wenn der Wert über den Bereich der Datenbank hinausgeht, wird der letzte Datensatz angezeigt.

<F10> *Datenbank im Browsemodus ansehen.* Der Browsemodus in der Datenbankeditierung ist ein Modus, in dem ein einziger Datensatz eine Zeile einnimmt (im Gegensatz zu dem Ganzseitenmodus, in dem ein Datensatz einen einzigen Bildschirm füllt). Er hat den Vorteil, daß er es dem Benutzer gestattet, eine Serie von Datensätzen zugleich zu überblicken. Zu diesem Zweck ist ein Typ von Browse in `_db_mod.exe` enthalten. Er zeigt Ihnen die ersten 24 Zeichen der ersten 3 Felder einer Reihe von Datensätzen, wenn Sie <F10> drücken. Ein Leuchtbalken kann auf dem erscheinenden Bildschirm bewegt werden. Mit diesem kann man zu einem Datensatz navigieren, zu dem man `_db_mod.exe` springen lassen möchte (drücken Sie <Eingabe>, um den Datensatzzeiger zu verschieben oder <Escape>, um ihn unverändert zu lassen).

Blättern kann man auf dem Browse-Bildschirm auf normale Weise mit ↑, ↓, <[Strg-] Bild↑>, <[Strg-]Bild↓>.

2.3.2.3 Systeminformationen

<F6> *Ausgabeformulareinstellungen.* Jedes Ausgabeformular, das Sie mit dem Datenbankanzeiger benutzen, wird mit dem Ausgabeformulargenerator *Vieweg Report* erzeugt worden sein. Es gibt weder eine Option zum Auswählen noch zum Ändern eines Ausgabeformulars im Datenbankanzeiger (erinnern Sie sich, daß das Formular in *Vieweg Editor* vor dem Laden von `_db_mod.exe` ausgewählt wird). Sie können jedoch die Parameter des momentan ausgewählten Ausgabeformulars mit <F6> überprüfen. Merken Sie sich auch, daß, wenn Sie Ihre Meinung ändern und keinen Export von Datensätzen zu einem Text wünschen, Sie dann einfach den Datenbankanzeiger mit <F7> verlassen können, und es findet keine Datenübertragung statt!

Anmerkung. Drei Informationen aus einem normalen Ausgabeformular werden von `_db_mod.exe` ignoriert: (i) der Name der Datenbank, aus der Datensatzinformationen für den Export zu einem Text gewonnen werden sollen, da der Datenbankname immer der der Datenbank ist, die innerhalb von *Vieweg Editor* vor dem Aufruf des Datenbankanzeigers ausgewählt worden ist, (ii) der Name des Ausgabeformulars selbst, da dieser ebenfalls aus dem Namen, der an `_db_mod.exe` beim Laden dieses Programms durch *Vieweg Editor* übergeben wird, gewonnen wird und (iii) der Name der zu erzeugenden Textausgabedatei, da letzterer immer `_db_mod.$$$` lautet (siehe die Bemerkungen zur Erzeugung einer Textdatei weiter unten).

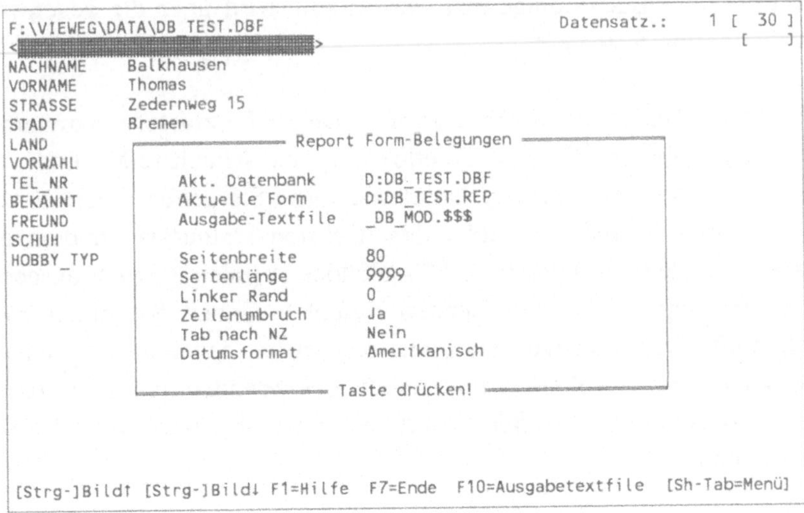

<F9> *Datenbankstatistik.* Das Fenster, das beim Drücken der <F9>-Taste erscheint, bietet eine Reihe allgemeiner Informationen zu der momentan geladenen Datenbank. Beachten Sie, daß Ihnen hier auch angezeigt wird, wieviele Datensätze für den Export nach einem Text markiert worden sind!

```
──────── Datenbank-Statistik ────────
  Datei-Größe    :  5847
  Header-Größe   :  386
  D-Satzanzahl   :  30
  D-Satz-Größe   :  182
  Feldanzahl     :  11

  Mark. D-Sätze  :  0
──────── Taste drücken! ────────
```

2.3.2.4 Feldinhalte lokalisieren

<Strg-L> *Feld für Buchstabensuche festlegen.* Buchstabensuche ist eine im Datenbankanzeiger enthaltene Möglichkeit, mit der Sie nach dem Inhalt eines bestimmten Feldes suchen können. Die besondere Eigenschaft der Buchstabensuche liegt darin, daß sie die aktuelle Datenbank von dem ersten Buchstaben aus, den Sie eingeben, zu durchsuchen beginnt und zu jedem Datensatz springt, der diesen Buchstaben in einem bestimmten Feld aufweist. Welches Feld nun für eine Buchstabensuche eingesetzt werden soll, wird über die gegenwärtige Tastenkombination festgelegt.

<Leertaste> *Buchstabensuche starten.* Die <Leertaste> aktiviert den Buchstabensuche-Befehl. Dies ist die effektivste und schnellste Methode, einen Datensatz zu finden. Das Prinzip lautet wie folgt: Sie geben einen einzelnen Buchstaben ein. `_db_mod.exe` findet den nächsten Datensatz, in dem dieser Buchstabe der erste Buchstabe des Schlüsselfeldes ist (mit <Strg-L> ausgewählt, siehe Beschreibung des vorangehenden Befehls). Geben Sie einen zweiten Buchstaben ein. Der folgende Datensatz, der sowohl den ersten als auch den zweiten Buchstaben als Anfangsbuchstaben des Schlüsselfeldes besitzt, wird gefunden und angezeigt. Sie fahren fort, bis Sie den gewünschten Datensatz gefunden haben.

Falls es mehr als einen Datensatz mit der Zeichenkette gibt, die Sie gerade eingegeben haben, drücken Sie <Eingabe>, um sich zum folgenden gefundenen Datensatz mit diesen Anfangsbuchstaben weiterzubewegen.

Der Datensatzzeiger wird nur neu positioniert, wenn Sie den Buchstabensuche-Befehl mit <Strg-Eingabe> beenden. <Escape> beläßt Sie bei dem Datensatz, von dem aus Sie den Befehl aktiviert haben.

Anmerkung. Das Aktivieren einer Buchstabensuche, bevor Sie ein Feld für die Suche ausgewählt haben, führt dazu, daß das Feldauswahlfenster erscheint, aus dem Sie ein Schlüsselfeld auswählen können.

<Strg-F> *Feldinhalte finden.* Dies ist die Option, die Sie wählen, wenn Sie ein spezifisches Feld der Datensätze einer Datenbank nach einem Suchstring durchsuchen möchten. Sie entspricht dem *locate*-Befehl in der *dBASE*-Umgebung.

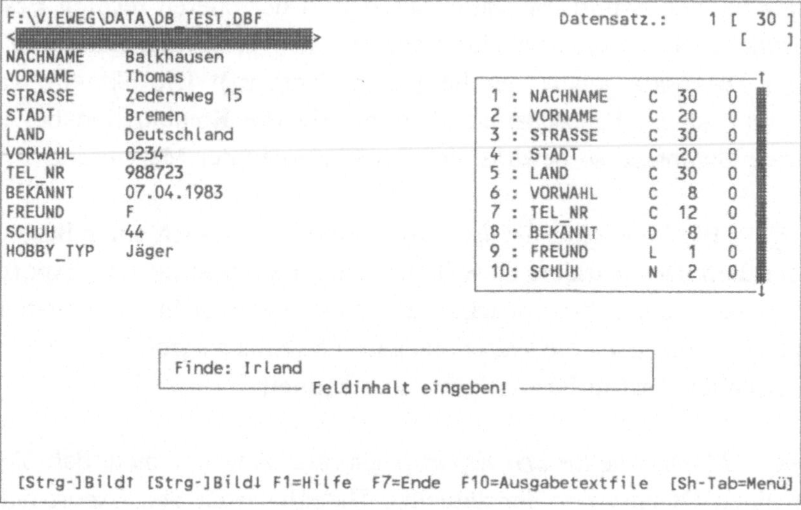

Beim Drücken von <Strg-F> erscheint ein Auswahlfenster mit den Feldern der aktuellen Datenbank auf der rechten Seite des Bildschirms. Sie wählen ein Feld für die Suchoperation aus und drücken <Eingabe>. Dann öffnet sich ein Eingabefenster, wo Sie den Inhalt des bestimmten Feldes, den Sie lokalisieren möchten, eingeben. Beenden Sie dies wiederum mit <Eingabe> (Drücken von <Escape> an irgendeinem Punkt führt zum Abbruch der gesamten Operation).

<Strg-R> *Suche wiederholen.* Hier geht es darum, daß eine Suche wiederholt wird mit denselben Werten für (i) das zu durchsuchende Feld und (ii) die zu findende Zeichenkette, ohne die Notwendigkeit, die Zeichenkette erneut einzugeben und das Feld erneut zu spezifizieren. Die Suche wird beim gegenwärtigen Datensatz fortgesetzt. Nachdem Sie mit <Strg-F> eine Zeichenkette spezifiziert und ein Feld ausgewählt haben, zeigt Ihnen wiederholtes Drücken von <Strg-R> alle Vorkommen der Zeichenkette in der aktuellen Datenbank.

2.3.2.5 Datensätze markieren und exportieren

<Alt-E> *Datensatz für Export markieren.* Markiert einfach den aktuellen Datensatz für den Export. Beachten Sie, daß in der oberen rechten Ecke des Bildschirms der Text `Exp.` erscheint, wenn Sie einen Datensatz markieren (oder zu einem Datensatz gehen, der bereits markiert ist)! Die aktuelle Tastenkombination ist ein Kippschalter: Drücken Sie die Kombination bei einem markierten Datensatz, so bewirkt dies das Entfernen der Markierung.

<Strg-E> *Alle Datensätze für den Export markieren.* Nach einer Bestätigung durch den Benutzer markiert diese Taste alle Datensätze für den Export nach einer Textdatei. Seien Sie vorsichtig mit diesem Befehl in Kombination mit großen Datenbanken, da die später erzeugte Textdatei zu groß für einen Import in den aktuellen Text in *Vieweg Editor* sein könnte!

<Strg-Z> *Markierung für den Export beseitigen.* Angenommen, daß Sie mindestens einen Datensatz in der aktuellen Datenbank für den Export markiert haben, so beseitigt diese Tastenkombination die Markierung. Sie müssen das Löschen bestätigen (da Sie die Datensätze womöglich mit viel Mühe markiert haben).

Anmerkung. Datensatzmarkierungen gelten nur so lange, wie der Datenbankanzeiger geladen ist. Wenn Sie `_db_mod.exe` verlassen und dieselbe Datenbank neu laden, werden Sie den Markierungsvorgang wiederholen müssen.

<F10> *Textdatei generieren.* Dies ist der wichtigste Befehl von allen. Er setzt einen Prozeß in Gang, bei dem jeder Datensatz in der aktuellen Datenbank untersucht wird. Wenn er markiert ist, wird der Inhalt des Datensatzes in einer Ausgabetextdatei deponiert, gemäß der Spezifikation eines Ausgabeformulars, das an den Datenbankanzeiger übergeben worden ist (siehe oben).

Es werden nicht unbedingt alle Felder exportiert. Ein Feld kann mehr als einmal exportiert werden, und eine beliebige Menge von zusätzlichem Text kann zusammen mit den Inhalten der Felder eines Datensatzes exportiert werden. All dies hängt davon ab, wie das ausgewählte Ausgabeformular aussieht.

Die hier generierte Ausgabedatei ist ein ASCII-Text mit dem Namen `_db_mod.$$$`. Dies ist eine temporäre Datei (was durch die aus drei Dollarzeichen bestehende Extension angedeutet wird), die von *Vieweg Editor* bei der Rückkehr zum Texteditor gelesen wird. Ferner wird die Ausgabetextdatei von *Vieweg Editor* gelöscht, nachdem der Texteditor ihren Inhalt in den aktuellen Text importiert hat. Wenn Sie die Ausgabe eines Datenbankexports mit einem Ausgabeformular als Datei auf Diskette/Platte erhalten wollen, dann verwenden Sie für diesen Zweck das Programm *Vieweg Report*.

<Shift-F10> *Nur Feld exportieren.* Es ist möglich, den Datenbankanzeiger jedes Ausgabeformular ignorieren zu lassen und nur den Inhalt eines einzigen Feldes zu exportieren (aus jedem von allen markierten Datensätzen), indem Sie die aktuelle Tastenkombination betätigen.

<Strg-F10> *Nur Datensatz exportieren.* Dies ist im wesentlichen ähnlich wie die vorangehende Option, außer daß in diesem Fall alle Felder eines Datensatzes zu einem Text exportiert werden, ohne daß ein Ausgabeformular benutzt wird.

Anmerkung. Wenn Sie einen der obigen drei Befehle aktivieren, ohne irgendwelche Datensätze markiert zu haben, dann wendet der Datenbankanzeiger den fraglichen Befehl auf den aktuellen Datensatz an, ungeachtet dessen, ob er markiert ist oder nicht. Mit dieser Methode können Sie einen einzelnen Datensatz exportieren, ohne ihn markieren zu müssen: Navigieren Sie zu dem fraglichen Datensatz und aktivieren Sie einen der obigen drei Befehle!

<F7> *Programmende ohne Export.* Um den Datenbankanzeiger zu verlassen, ohne eine Textdatei zu generieren, verwenden Sie diese Taste. Sie kehren zu *Vieweg Editor* zurück, und am aktuellen Text wird keine Veränderung vorgenommen.

Anmerkung. Auf der Distributionsdiskette befindet sich eine kleine Datenbank `biblio.dbf` mit einem passenden Ausgabeformular `biblio.rep`, die als Illustration dafür dient, was mit dem Datenbankanzeiger realisiert werden kann.

2.4 Die Benutzung des Dateiverwalters

<F2> *Dateiverwalter von der Editierungsebene aus aktivieren.* Es gibt Gelegenheiten, wo man vielleicht eine Dateiauflistung zu irgendeinem anderen Zweck als dem des Ladens einer Datei erhalten möchte. Mit dieser Taste können Sie den internen Dateiverwalter von *Vieweg Editor* aktivieren, ohne eine neue Datei auszuwählen oder die Datei im aktuellen Textbereich zu entladen. Sie kehren zu dem Text zurück, den Sie gerade editierten, indem Sie <Escape> drücken.

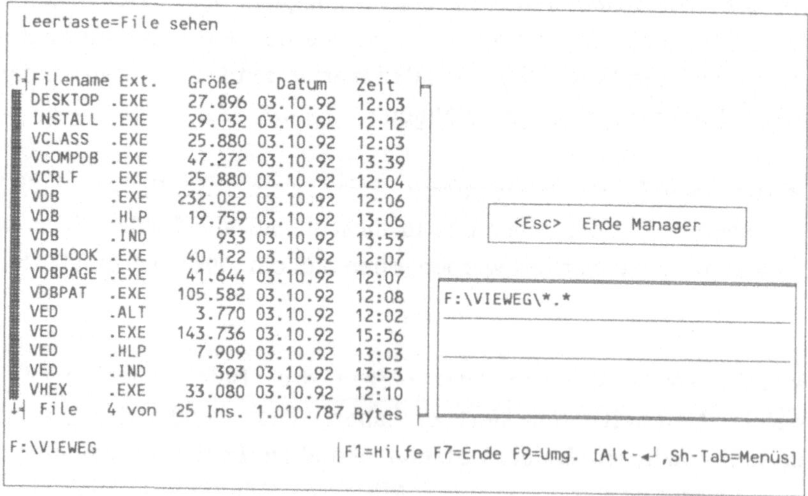

Tastenbelegungen auf der Dateiverwalterebene

<F2> *Datei betrachten.* Um sich eine Datei anzuschauen, bewegen Sie den Leuchtbalken zu ihr und drücken Sie <F2>. Dies ruft das Dienstprogramm *Vieweg View* auf und übergibt ihm den Namen der momentan hervorgehobenen Datei als ein Befehlszeilenparameter. Wenn auf `lview.exe` nicht zugegriffen werden kann, dann geschieht nichts.

Anmerkung. Wenn die momentan hervorgehobene Datei die Extension `.dbf` besitzt, nimmt *Vieweg View* an, daß es eine Datenbank ist, und der Datenbankanzeiger *Vieweg DbLook* wird aufgerufen und ihm wird der Name der aktuellen Datei in der Verzeichnisauflistung übergeben.

<Strg-F2> *Datei hexeditieren.* Dieser Befehl ist ähnlich wie der vorangehende, außer daß *Vieweg Hex* statt des Dateianzeigers aufgerufen wird.

<F4> *Neues Laufwerk ansprechen.* Benutzen Sie diese Option, wenn Sie das aktuelle Laufwerk wechseln möchten. Ein Fenster erscheint, in dem die logischen Laufwerke des aktuellen Systems aufgelistet werden. Wählen Sie das benötigte Laufwerk mit den Pfeiltasten aus und drücken Sie <Eingabe>; die Anzeige wird neu aufgebaut und zeigt den Inhalt des aktuellen Verzeichnisses für das neu ausgewählte Laufwerk an.

<Shift-F4> *Neue Verzeichnismaske.* Um sich nur diejenigen Dateien anzeigen zu lassen, die einer bestimmten Dateischablone entsprechen, z.B. `*.txt`, verwenden Sie die gegenwärtige Option. Um alle Dateien zu sehen, geben Sie `*.*` ein, wie Sie es auch in DOS tun würden.

<Shift-F5> *Verzeichnis neu lesen.* Dies veranlaßt *Vieweg Editor*, das aktuelle Verzeichnis neu zu lesen. Dies könnte nützlich sein, wenn Sie zum Beispiel eine Datei in der Verzeichnisauflistung umbenennen und sie danach alphabetisch sortieren lassen möchten.

<F6> *Datei löschen.* Hier handelt es sich um Dateilöschung; dies erfordert eine Benutzerbestätigung. Das Drücken von <j> bewirkt, daß die momentan hervorgehobene Datei gelöscht wird.

<Strg-F6> *Datei umbenennen.* Mit dieser Option können Sie eine Datei umbenennen, die im gegenwärtigen Verzeichnisauflistungsfenster enthalten ist. *Vieweg Editor* aktiviert automatisch die zweite Eingabezeile (unter der aktuellen Verzeichnis- und Schablonenzeile), da nur eine Datei auf einmal umbenannt werden kann; Sie geben nun den neuen Namen für die Datei ein, auf der sich der Leuchtbalken gerade befindet.

<F8> *Vieweg Dirs aufrufen.* Die mitgelieferte Utility *Vieweg Dirs* dient dem schnellen Wechsel von Verzeichnissen. Das Programm bietet einem eine Baumdarstellung des aktuellen Laufwerks, von der aus man ein neues Verzeichnis anwählen kann, indem man einen Leuchtbalken auf einen Verzeichnisnamen hinbewegt und <Eingabe> drückt.

<Shift-F8> *Mustersuche.* Auf der Dateiverwaltungsebene ist es möglich, in den Dateien, die im Verzeichnisfenster angezeigt werden, nach Zeichenketten zu suchen.

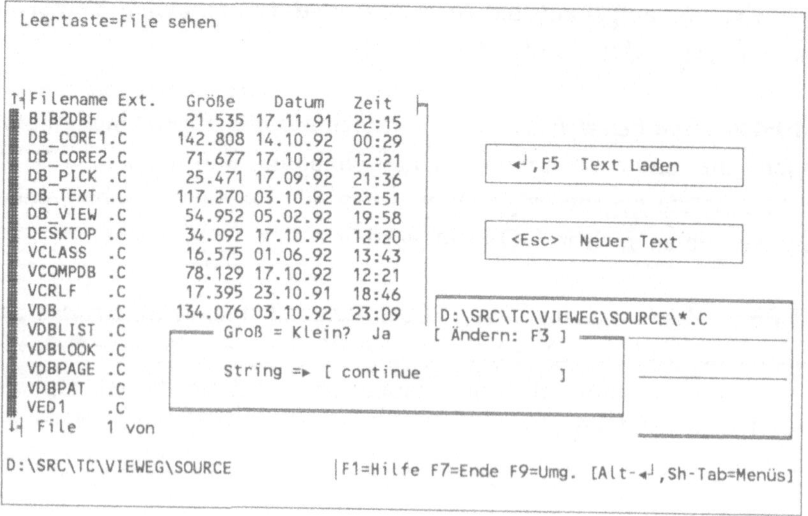

Um eine Mustersuche zu beginnen, drücken Sie die aktuelle Tastenkombination. Sie werden nun aufgefordert, eine Zeichenkette einzugeben, für die *Vieweg Editor* annimmt, daß Groß- und Kleinschreibung ignoriert werden sollen (schalten Sie dies mit <F3> um, wie Sie dies auch bei der Suche nach Zeichenketten auf der Textebene tun).

Die zu durchsuchenden Dateien sind diejenigen, die der momentan aktiven Schablone entsprechen. Aus diesem Grund können Sie *Vieweg Editor* veranlassen, nur eine Teilmenge der Dateien des aktuellen Verzeichnisses zu untersuchen, wenn die Mustersuche ausgeführt wird.

Die Suche wird durchgeführt, indem das Programm *Vieweg Search* (siehe unten) im Stapelverarbeitungsmodus aufgerufen und ihm die vom Benutzer gerade eingegebene Zeichenkette übergeben wird. Das Programm führt die Suche durch, schreibt die Ergebnisse automatisch in die Datei `vsearch.$$$`, die dann von *Vieweg Editor* gelesen wird, und die in ihr aufgelisteten Dateien werden in die Verzeichnisauflistung auf der linken Seite des Bildschirms eingetragen, die neu aufgebaut wird.

Damit die *Mustersuche*-Option funktioniert, muß *Vieweg Search* natürlich über die Pfadvariable von DOS zugänglich sein.

<Strg-F8> *Globale Schablone.* Die Dateischablone, die vielleicht vor einer Mustersuche mit <Shift-F8> aktiv gewesen ist, wird von *Vieweg Editor* aufgehoben, und nur die Dateien, die dem Muster entsprechen, werden in der Verzeichnisauflistung angezeigt. Dies stimmt sogar dann, wenn Sie zur Textebene zurückkehren und wieder zur Dateiverwalterebene zurückgehen. Mit dieser Methode können Sie die Liste von Entsprechungen auf der Dateiverwalterebene solange behalten, wie Sie wollen.

Um eine globale Auflistung aller Dateien zu erreichen und danach möglicherweise eine erneuerte Auswahl von Dateien zu haben, die einer spezifizierten Dateischablone entsprechen, müssen Sie die aktuelle Tastenkombination betätigen.

<Strg-F9> *Standardverzeichnis wechseln.* Wenn Sie den Dateiverwalter (aus welchem Grund auch immer) aktivieren, präsentiert Ihnen *Vieweg Editor* die Auflistung von dem, was es als das Standardverzeichnis ansieht. Zu Beginn ist dies das aktuelle Verzeichnis, aber Sie können dies auf der Dateiverwalterebene mit <Strg-F9> wechseln. Welches Verzeichnis aktuell ist, wird von *Vieweg Editor* als Standard registriert und bleibt es auch, bis es wieder geändert wird.

<F10> *Datei kopieren.* Um die Datei zu kopieren, auf der sich der Leuchtbalken momentan befindet, drücken Sie <F10>. Sie werden aufgefordert, ein Ziellaufwerk und Verzeichnis einzugeben. Die Vorgabe ist `A:`, da angenommen wird, daß das häufigste Ziel eine Diskette ist, die zu Sicherheitszwecken verwendet wird. Sie können jedoch die Eingabezeile editieren und jedes beliebige Ziel spezifizieren.

<Alt-F10> *Datei duplizieren.* Diese Option fertigt einfach ein Duplikat der momentan hervorgehobenen Datei an, nachdem der Benutzer einen Namen spezifiziert hat. Sie können einen vollen Pfad eingeben, d.h. ein Laufwerk und ein Verzeichnis vor dem Dateinamen, falls Sie dies wünschen.

Wenn Sie *Vieweg Editor* starten, ohne in der Befehlszeile einen Dateinamen einzugeben, präsentiert sich Ihnen der interne Dateiverwalter. Dies hat zwei wesentliche Funktionen: (i) es Ihnen zu erlauben, eine Datei auszuwählen, die zum Editieren geholt werden soll, (ii) Ihnen eine Reihe von Dateiverwaltungseinrichtungen zur Verfügung zu stellen. Mittels letzteren können Sie alle Verwaltungsoperationen ausführen wie Dateien kopieren, umbenennen, verschieben, betrachten, löschen, ohne *Vieweg Editor* verlassen zu müssen.

Wenn der Dateiverwalter aktiviert ist, öffnet sich ein Verzeichnisfenster links von der Eingabezeile, und die ersten 16 Dateien des aktuellen Verzeichnisses werden angezeigt, wobei sich auf der ersten ein Leuchtbalken befindet. Ferner werden die Gesamtanzahl der Dateien im ausgewählten Verzeichnis, die der Dateischablone entsprechen (beide sind noch in der Eingabezeile auf der rechten Seite zu sehen), und ihre Gesamtgröße an der unteren Grenze des Verzeichnisfensters angezeigt. Zusätzlich erscheinen zwei Zeilen unterhalb der Eingabezeile, um anzugeben, wieviele Dateien ausgewählt sind (z.B. zum

Kopieren), und wie ihre Gesamtgröße ist. Anfangs enthalten diese Zeilen natürlich keine Informationen.

2.5 Mausunterstützung

Auf allen Ebenen unterstützt *Vieweg Editor* eine *Microsoft*-Maus oder jede mit ihr kompatible Maus. Vorausgesetzt, daß Ihre Maus mit Ihrem Computer verbunden ist, und daß Sie den nötigen Maustreiber geladen haben, erscheint beim Start von *Vieweg Editor* ein Block-Mauscursor in der Mitte des Bildschirms. Dieser Block reagiert auf die Bewegung der Maus.

Das Prinzip der mausgesteuerten Befehlsaktivierung ist sehr einfach: Sie bewegen den Maus-Blockcursor zu dem Text der Funktion, die Sie benötigen, und klicken mit dem linken Knopf. Auf der Texteditierungsebene erscheint eine Zeile am unteren Bildschirmrand mit Befehlen. Diese kann zur Aktivierung des Auswahlfenstersystems verwendet werden, aus dem man jeden beliebigen aus der Menge der zulässigen Befehle auswählen kann.

Anmerkungen. Ein Zirkumflex vor einem Buchstaben (^) impliziert, daß es sich um einen Hinweis auf eine Kombination der <Strg>-Taste mit einem Buchstaben handelt.

In *Vieweg Editor* gibt es eine Unterscheidung zwischen dem Gebrauch des linken und des rechten Knopfes, derer sich Benutzer bewußt sein sollten und die auf allen Ebenen gilt:

Linker Mausknopf	=	<Eingabe>
Rechter Mausknopf	=	<Escape>

Beachten Sie ferner, wie der Mauscursor benutzt wird, wenn Sie aufgefordert werden, eine Taste zu drücken: Jederzeit, wenn Sie eine Auswahl haben, die mit einem Tastendruck getroffen werden soll, können Sie die Maus verwenden, um dies zu erreichen. In jedem Fall erscheint eine Anzeigezeile und dahinter oder darunter der folgende Text: `[ j ¦ n ¦ Esc ]`. Hier können Sie den Mauscursor in die Begrenzungen der gewünschten Option bewegen und mit dem linken Knopf klicken. Sagen wir, Sie möchten eine Option annehmen, dann müssen Sie nicht unbedingt den Mauscursor auf den Buchstabe *j* positionieren. Es genügt, ihn zwischen die eckige Klammer und die unterbrochene senkrechte Linie zu lokalisieren, in die das *j* eingeschlossen ist. Das gleiche gilt für die Antworten *n* und *Esc* auf der Anzeige.

2.6 Verzeichnishilfsprogramm Vieweg Dirs

Syntax: `vdirs [/e] [Laufwerk:][Pfadfragment]`

Dieses Programm dient der Wiedergabe der Festplattenstruktur in Form eines Baumdiagramms, so daß der Benutzer leicht erkennen kann, welche Verzeichnisse sie auf welchen Ebenen enthält. Zu Beginn sollte der Bildschirm ungefähr wie folgt aussehen:

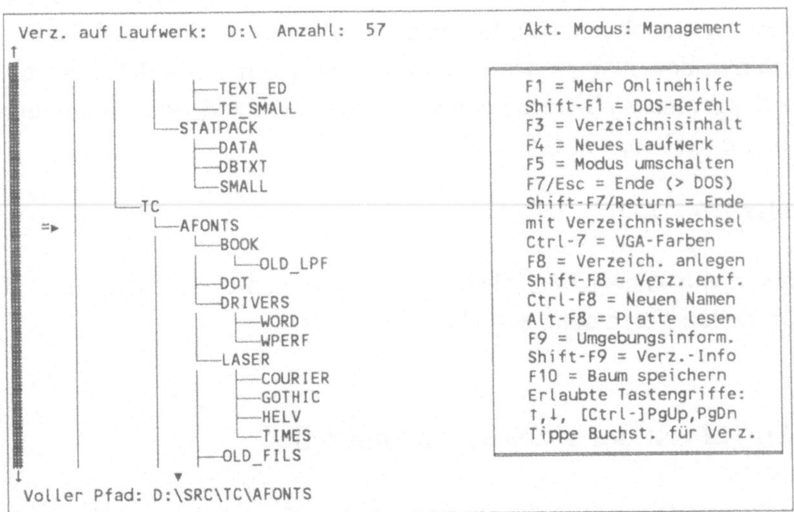

Man kann zusätzlich das anzuzeigende Laufwerk angeben, z.B. `vdirs d:`. Wird kein Laufwerk angegeben, so wird das aktuelle Laufwerk dargestellt.

Sie können sich in der von *Vieweg Dirs* gebotenen Baumstruktur auf die übliche Weise bewegen: <PfeilAuf>, <PfeilAb> bewegen den Leuchtbalken Eintrag für Eintrag weiter; <Bild↑>, <Bild↓> bewegen ihn um eine Bildschirmseite weiter und <Strg-Bild↑> und <Strg-Bild↓> springen zum Anfang oder Ende des momentanen Listings.

Die Struktur einer Festplatte kann in eine Datei geschrieben werden, deren Name vom Benutzer angegeben wird. Hierfür drückt man <F10>. In dem Fenster, daß dann erscheint, gibt man einen Namen für die Textdatei ein, in der die Baumstruktur abgelegt wird. Wenn bereits eine Datei mit diesem Namen existiert, müssen Sie ihr Überschreiben bestätigen oder den Vorgang abbrechen.

Drücken von <Eingabe> (oder <Shift-F7>) bewirkt die Rückkehr aus *Vieweg Dirs* mit einem Wechsel in das Verzeichnis, das als letztes in der Baumstruktur hervorgehoben war. <Escape> bzw. <F7> beendet ohne Wechsel des Verzeichnisses.

In *Vieweg Dirs* können Sie auch von der 43-Zeilendarstellung eines VGA/EGA Videoadapters Gebrauch machen. Um dies zu tun, müssen Sie den Schalter /e unmittelbar hinter dem Namen des Programms und vor irgendwelchen weiteren Schaltern (z.B. ein einzustellendes Laufwerk und/oder eine Ausgabedatei für die Baumstruktur) eingeben, wie in:

```
vdirs /e [d:]
```

Beim Verlassen von *Vieweg Dirs* schaltet der Videoadapter automatisch in den normalen 25-Zeilen-Textmodus zurück.

2.6.1 Aufruf von der DOS-Kommandozeile

Startet man *Vieweg Dirs* mit mehr als dem bloßen Namen, so verhält sich das Programm prinzipiell anders. In diesem Falle wird die zusätzliche Angabe als Fragment eines Pfades verstanden. *Vieweg Dirs* versucht dann, eine Entsprechung zu diesem Pfad zu finden und in das entsprechende Verzeichnis zu wechseln. Man betrachte einige diesbezüglichen Beispiele:

	Fragment		Verzeichniswechsel
(i)	`vdirs man`	->	`\manuals`
(ii)	`vdirs \vie`	->	`\src\tc\vieweg`
(iii)	`vdirs \`	->	`\` (d.h. Stammverzeichnis)
(iv)	`vdirs c:wor`	->	`c:\word_proc`

Die eingegeben Fragmente dürfen ausreichend sein, um in die rechts angedeuteten Verzeichnisse wechseln zu können, vorausgesetzt, sie bestehen auf der Festplatte. Diese Funktion von *Vieweg Dirs* arbeitet wie folgt. Das Programm vergleicht das übergebene Fragment mit den Einträgen in der Baumstruktur, die in der Datei `adirs.fil` im Stammverzeichnis des aktuellen bzw. des angegebenen Laufwerks abgelegt sind. Findet es eine Entsprechung, so geschieht ein Verzeichniswechsel. Ist das Fragment nicht ausreichend, um zwei ähnliche Verzeichniseinträge zu unterscheiden, so wechselt *Vieweg Dirs* in das erste Verzeichnis. Durch erneute Eingabe von der DOS-Kommandozeile wechselt man in das zweite Verzeichnis mit einem ähnlichen Namen.

Wie aus dem zweiten Beispiel oben zu ersehen ist, kann man einen Backslash als Teil eines Fragments eingeben; er braucht auch nicht das erste Zeichen des Fragments zu sein.

Weitere Optionen, die *Vieweg Dirs* dem Benutzer zur Verfügung stellt, können aus dem Hilfe-Text auf der rechten Bildschirmseite entnommen werden.

3 Vieweg Report

Syntax: `vreport [Initialisierungsdatei]`

Der Zweck von *Vieweg Report* ist es, Benutzern von *Vieweg DatenbankManager* ein Dienstprogramm zu bieten, mit dem sie individuell angepaßte Ausgabeformulare aus den Datenbanken, die sie mit letzterem Programm erzeugen/verarbeiten, generieren können; tatsächlich funktioniert *Vieweg Report* mit jeder *dBASE*-kompatiblen Datenbank.

Zuerst sollten die Neulinge in der Datenbankverwaltung verstehen, was ein *Ausgabeformular* ist. Es ist eine einfache ASCII-Datei, die aus (a) normalem Text und (b) Platzhaltern für die Inhalte von Datenbankfeldern besteht. Das Ausgabeformular wird zur Übertragung von Daten von einer Datenbank in einen Ausgabetext benutzt. Die Daten aus bestimmten Feldern der Datenbank, d.h. diejenigen, für die es im Ausgabeformular Platzhalter gibt, werden während der Exportoperation durch das Formular geschickt. Im Prinzip kann die Ausgabe eines Ausgabeformulars auf dem Drucker oder in eine Disketten-/Plattendatei erfolgen.

Beachten Sie...

Die Plattenausgabe eines Ausgabeformulars ist immer eine ASCII-Textdatei, die keinerlei Formatierungen enthält. Solche Angaben, die nur bei einem Textverarbeitungsprogramm vorkommen, müssen später manuell eingegeben werden.

Ein Ausgabeformular wird wiederholt benutzt. Für jeden Datensatz einer Datenbank, oder zumindest für jeden *markierten* Datensatz, wird das Ausgabeformular von dem Ausgabeformulargenerator überprüft, und der in ihm enthaltene Text wird zusammen mit den Daten der Felder, für die es Verweise im Ausgabeformular gibt, in eine Datei geschrieben (oder zum Drucker geschickt).

Das einfachste Beispiel für ein Ausgabeformular ist ein Standardbrief, der einmal für jeden (markierten) Datensatz einer Adreßdatenbank generiert wird. Nach der Exportoperation hat man so viele individuell angepaßte Buchstaben, wie es Adressaten in den (markierten) Datensätzen der Eingabedatenbank gibt.

Bei *Vieweg Report* gehen alle Ausgabedaten in eine Datei (von wo aus Sie die Daten über Ihr Textverarbeitungsprogramm zum Drucker schicken können). Ausgabe ist dann der Vorgang des Herausziehens von Informationen aus einer Datenbank und deren Speicherung in einer Textdatei. Das Formular, das man für diese Operation benutzt, kann vom Benutzer festgelegt werden. Es ist wichtig, daß der Benutzer dieses Formulars selbst entwerfen kann. Hier nimmt man eigenen Text in das Formular auf und kann spezifizieren, wo die Felder der Datenbank auf dem Formular plaziert werden sollen. Nicht alle Felder müssen auf dem Formular erscheinen, und ein Feld kann mehr als einmal vorkommen, falls Sie dies wünschen.

3.1 Befehlsbeschreibungen

Ausgabeformular auswählen. Bei Auswahl dieser Option öffnet sich ein Fenster, in dem alle Dateien im aktuellen Verzeichnis aufgelistet werden, die die Extension `.rep` (= *report*) haben. Dies ist die Extension, die *Vieweg Report* für die Ausgabeformulardateien benutzt, die es speichert (mittels der entsprechenden Option, siehe oben). Wenn Sie beim Sichern einer Ausgabeformulardatei eine andere Extension ausgewählt haben, wird sie nicht in der Verzeichnisauflistung erscheinen und daher *Vieweg Report* nicht zugänglich sein.

Anmerkung. Merken Sie sich, daß *dBASE*-Ausgabeformulardateien, die die Extension `.fmt` haben, von *Vieweg Report* nicht verarbeitet werden können!

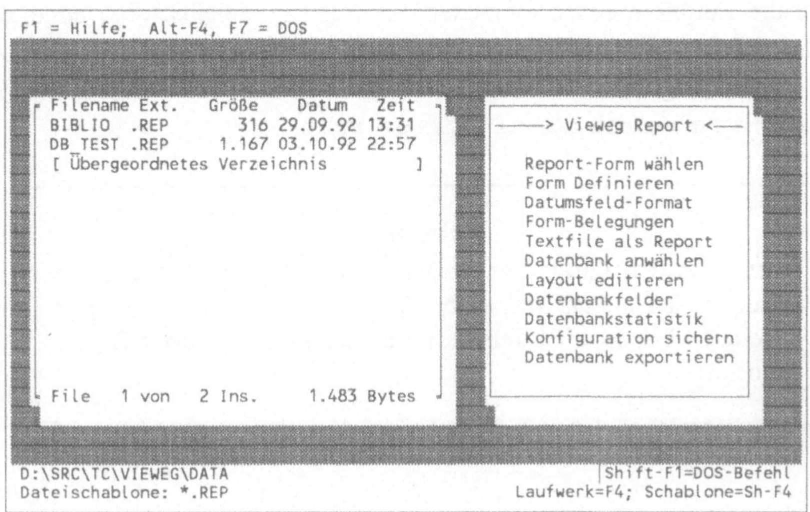

Formular definieren/ändern. Diese Option erlaubt es Ihnen, den Namen der Ausgabetextdatei zu spezifizieren, die von *Vieweg Report* generiert wird, wenn Sie die letzte Option im Desktop-Menü ausführen. Ferner erlaubt sie es Ihnen, fünf Parameter festzulegen, die für das Ausgabeformular als Ganzes gelten.

(1) Seitenbreite
(2) Linker Rand
(3) Zeilenumbruch
(4) Tabulator nach CR
(5) Seitenlänge

Seitenbreite. Die Breite der Seite wird in Spalten angegeben. Der Vorgabewert beträgt 80. Dieser kann hier geändert werden, indem Sie den Pfeil zu der Option bewegen und die <PfeilRechts>-Taste drücken. Sie können nun den neuen Wert für *Seitenbreite* eingeben. Beachten Sie, daß der Wert größer sein kann als die Breite eines Bildschirms. Dies könnte notwendig sein, wenn Sie lange Felder in einer einzigen Zeile des Ausgabeformulars drucken. Während das Ausgabeformular nicht breiter als eine Seite ist, kann eine Zeile beim Einsetzen der Felder während des Exports leicht 80 Spalten überschreiten.

Zeilenumbruch. Dies ist die Funktion, die Sie aus der Textverarbeitung kennen. Hier ist die Funktion etwas einfacher. Sie beginnt lediglich eine neue Zeile, wenn der in *Seitenbreite* spezifizierte Spaltenwert erreicht wird, vorausgesetzt, es kommt eine Wortgrenze an oder nach dieser Position. Schalten Sie den Wert für diesen Parameter mit der <Leertaste> um.

Achtung!
Wenn Sie den Parameter *Zeilenumbruch* ausschalten und die aktuelle *Seitenbreite* bei einer Zeile eines Ausgabeformulars erreicht wird, so wird der Rest der Zeile durch *Vieweg Report* ignoriert.

Tabulator nach CR. Die gegenwärtige Funktion ist im wesentlichen von Interesse, wenn Sie *Vieweg Report* zum Generieren von Ausgabeformularen aus bibliographischen Datenbanken benutzen. Die Einstellung dieses Parameters auf "ja" bewirkt, daß ein Tabulatorzeichen (ASCII $9, in einem Texteditor später als ein Einrücken um eine bestimmte Anzahl von Leerzeichen, z.B. 6 oder 8, realisiert) am Anfang jeder neuen Zeile eingefügt wird, die durch den Zeilenumbruchmechanismus erzeugt wird. Diese Tatsache sollte sorgfältig beachtet werden: Ein Tabulator wird nur am Anfang einer Zeile eingefügt, wenn der Zeilenumbruch die vorangehende Zeile wegen ihrer Überschreitung der Belegung für Zeilenlänge abgebrochen hat. Beim Export von bibliographischen Datenbanken zu einem Text stellt dies sicher, daß Namen von Autoren (die der erste Punkt in einem Datensatz wären) von dem Rest der übrigen Information im Datensatz abgesetzt werden, indem sie links etwas hinausragen und als Resultat einen hängenden (d.h. ausgerückten) Einzug ergeben.

Die Abkürzung `CR` (= *carriage return*) im Titel dieses Schalters steht für *Wagenrücklauf*, was für den Computer die Markierung einer neuen Zeile ist.

Seitenlänge. Diese hat einen Vorgabewert von 66 und ist ein Hinweis in Zeilen auf die Länge einer Seite. Sie können dies auf jeden Wert einstellen (er kann größer als 66 sein, wenn Sie möchten). *Vieweg Report* fügt eine neue Seite ein

(ASCII $12), wenn die aktuelle Zeilenanzahl die *Seitenlänge* erreicht, und setzt den Zeilenzähler zurück auf Null.

Anmerkung. Wenn Sie in der Ausgabedatei von *Vieweg Report* nie eine neue Seite haben möchten, dann setzen Sie die *Seitenlänge* auf ihren Maximalwert von 9.999 Zeilen.

Linker Rand. Sie können entweder den linken Rand für die Ausgabetextdatei hier setzen oder dies später tun, wenn Sie den Text in ihrem Textverarbeitungsprogramm editieren. Der Wert hier ist die Anzahl von Leerzeichen, um die *Vieweg Report* jede Zeile einrückt, bevor es mit dem Druck des Ausgabeformulars beginnt.

Datumsfeldformat. Die Inhalte von Datumsfeldern in *dBASE*-kompatiblen Datenbanken werden in der sogenannten ANSI-Form (JJJJMMTT) in der eigentlichen Datenbankdatei abgelegt. Der Vorteil hier liegt darin, daß Daten in dieser Form in die richtige Reihenfolge gebracht werden, wenn ein einfacher ASCII-Sortieralgorithmus verwendet wird.

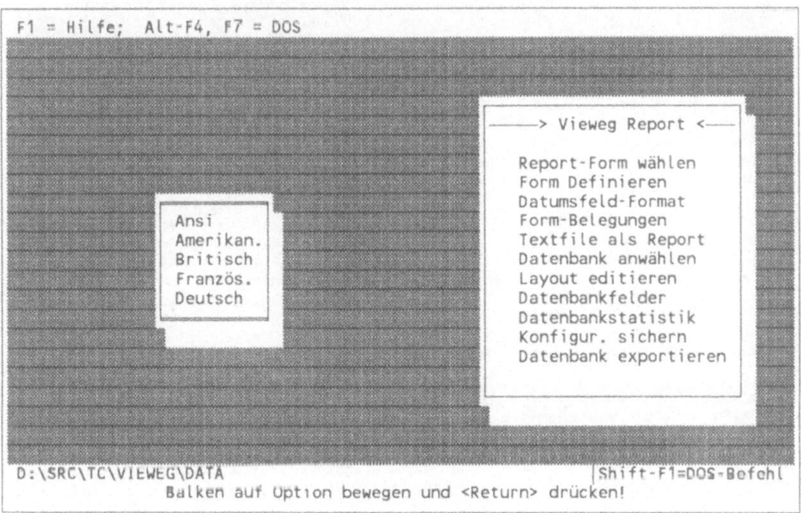

Zum Zweck der Anzeige ändert der Datenbankmanager das Datumsformat, um sich den in einem bestimmten Land benutzten Konventionen anzupassen. Für

Vieweg Report gilt dasselbe Prinzip: Datumsfelder müssen beim Export in einen Text in ein nationales Datumsformat umgewandelt werden.

Sie haben fünf Optionen, die sich in der Reihenfolge unterscheiden, in der die Inhalte des Monats- und des Tagesabschnitts des Feldes vorkommen, und im Abgrenzertyp, der zur Abtrennung von Feldabschnitten benutzt wird ("/" oder "."). Die erste Option (*Ansi*) läßt das Datumsfeld unverändert.

Formulareinstellungen zeigen. Das Fenster, das sich hier öffnet, präsentiert Ihnen die Ausgabeformulareinstellungen (aber nicht das Ausgabeformular-Layout), wie sie aus der Ausgabeformulardatei gelesen wurden, die Sie mit der ersten Option ausgewählt haben. Wenn Sie noch keine Ausgabeformulardatei ausgewählt haben, weisen die Einstellungen Vorgabewerte auf. Sie können diese als Ausgangspunkt für den Entwurf einer neuen Gruppe von Ausgabeformulareinstellungen benutzen, die sie dann auf Diskette/Platte unter einem Namen Ihrer eigenen Spezifikation sichern können (siehe die entsprechende Option weiter unten).

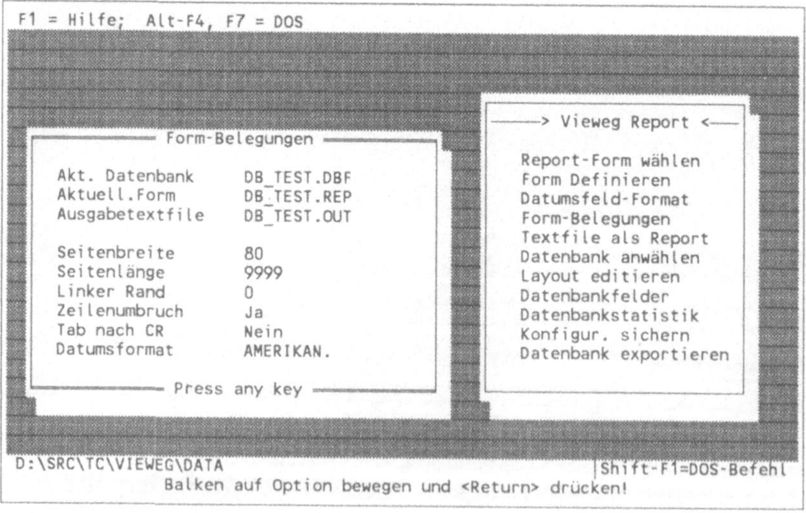

Text in Reportform eingeben. Wenn Sie beabsichtigen, ein Ausgabeformular mit einer beträchtlichen Menge von Text zu entwerfen, möchten Sie dies vielleicht mit einem Texteditor tun, der Ihnen bessere Editierfunktionen bietet, und dann hinterher die Feldmarkierungen in den bereits erzeugten Text plazieren. Dies ist recht einfach zu verwirklichen. Sie legen Ihren Text wie benötigt an und wählen dann die aktuelle Option aus, wenn Sie einen externen Text als Basis für ein Ausgabeformular benutzen möchten. Dann wählen Sie die Option *Ausgabeformular-Layout entwerfen*, um die Felder in dem frisch importierten Text zu plazieren. Sichern Sie die Konfiguration auf Diskette/Platte mit der entsprechenden Option, um sie später zur Verfügung zu haben.

Anmerkungen. Jeder in *Vieweg Report* importierte Text muß sich an das Größenlimit eines Ausgabeformulars halten, d.h. nicht breiter als 96 Spalten oder länger als 72 Zeilen sein.

Die Verzeichnisauflistung, die erscheint, wenn Sie einen externen Text auswählen möchten, zeigt nur diejenigen Dateien an, die die Extension `*.txt` besitzen. Sie sollten daher jeden Text, den Sie in *Vieweg Report* importieren möchten, umbenennen, wenn er nicht bereits die nötige Extension hat.

Eine Datenbank auswählen. Genau genommen ist diese Option nur dann notwendig, wenn Sie eine neue Gruppe von Ausgabeformulareinstellungen entwerfen. Der Name der ausgewählten Datenbank wird dann in der Ausgabeformulardatei mit der Extension `.rep` gespeichert. Vielleicht möchten Sie jedoch eine andere Datenbank für den Druck spezifizieren, nachdem Sie eine Ausgabeformulardatei geladen haben. Dies ist vollkommen legitim. Beachten Sie jedoch, daß die Layoutinformation vielleicht nicht zu der Datenbank paßt, die Sie auswählen (da letztere sich in der Struktur durchaus von der unterscheiden kann, auf die sich die Ausgabeformulardatei bezieht).

Ausgabeformular-Layout entwerfen. Während die Option *Formular definieren/ändern* es Ihnen erlaubt, die Parameter für Ausgabeformulare als Ganzes festzulegen, geht es bei der gegenwärtigen Option darum, wie die Felder jedes Datensatzes der ausgewählten Datenbank und wie Begleittext auf dem Ausgabeformular erscheinen sollen.

```
DB_TEST.DBF                              Zeile: 35  Spalte 1                Einf.
[·······|·······|·······|·······|·······|·······|·······|·······|·······|······]

Sehr geehrte(r) ◄02► ◄01►,

Sicherlich ist bei Ihnen ein Interesse daran vorhanden, den optimalen
Schuh zu finden und ihn genießen zu können. Da Sie die ungewöhnliche
Schuhgröße von ◄10► aufweisen, sind Sie bei uns an der richtigen Adresse.

Wie Sie dem beiliegenden Katalog entnehmen können, bieten wir für den an-
spruchsvollen Kunden eine Reihe qualitativ hochwertiger Produkte an. Wir
empfehlen Ihnen, unsere Palette näher anzuschauen; für Sie ist ganz gewiß
etwas dabei.

Wir würden uns sehr freuen, von Ihnen in naher Zukunft zu hören.

                                 Hochachtungsvoll,

                                   Hans Meyer

                                  (Schuh 2000)

[Ende des Formulars]

 F1 = Hilfe                                                  Shift-Tab = Menü
```

Datensatzfelder plazieren <F5>

Ohne Zweifel ist dies der wichtigste Aspekt des Datensatz-Layouts. Die Prozedur ist jedoch recht einfach. Zuerst einmal werden Sie bemerkt haben, daß sich beim Auswählen dieser Option der Bildschirm ändert und rechts eine Liste der Felder der momentan ausgewählten Datenbank zu finden ist.

```
DB_TEST.DBF                              Zeile: 35  Spalte 1                Einf.
[·······|·······|·······|·······|·······|·······|·······|·······|·······|······]
Sehr geehrte(r) ◄02► ◄01►,
                                     ┌──────────────────────────────┐
                                     │ 1 : NACHNAME     C  30  0    │
Sicherlich ist bei Ihnen ein Interesse daran vo│ 2 : VORNAME      C  20  0    │
Schuh zu finden und ihn genießen zu können. Da │ 3 : STRASSE      C  30  0    │
Schuhgröße von ◄10► aufweisen, sind Sie bei uns│ 4 : STADT        C  20  0    │
                                     │ 5 : LAND         C  30  0    │
Wie Sie dem beiliegenden Katalog entnehmen könn│ 6 : VORWAHL      C   8  0    │
spruchsvollen Kunden eine Reihe qualitativ hoch│ 7 : TEL_NR       C  12  0    │
empfehlen Ihnen, unsere Palette näher anzuschau│ 8 : BEKANNT      D  88  0    │
etwas dabei.                                   │ 9 : FREUND       L   1  0    │
                                     │10: SCHUH         N   2  0    │
Wir würden uns sehr freuen, von Ihnen in naher │11: KATEGORIE     C  20  0    │
                                     └──────────────────────────────┘
                                 Hochachtungsvoll,

                                   Hans Meyer

                                  (Schuh 2000)

[Ende des Formulars]

 F1 = Hilfe                                                  Shift-Tab = Menü
```

Typ, Größe und *Dezimalstellen* der Felder werden ebenfalls angezeigt. Bewegen Sie den Leuchtbalken innerhalb des Fensters zu dem Feld, das Sie in dem Ausgabeformular plazieren möchten, und drücken Sie <Eingabe>.

Felder zurückschneiden

('trim', überschüssige Leerzeichen entfernen)

Nach der Auswahl eines Feldes werden Sie sofort von *Vieweg Report* gefragt, ob das gewählte Feld beim Export zurückgeschnitten werden soll oder nicht. Damit ist gemeint, daß Leerzeichen, die ein Feld auf dessen vorgegebene Länge auffüllen, aus einem Feld entfernt werden.

Wenn Sie spezifizieren, daß ein Feld zurückgeschnitten werden soll, dann wird seine Nummer im Ausgabeformular in *horizontal ausgerichteten Dreiecken* eingeschlossen. Wenn Sie angeben, daß das Feld nicht zurückgeschnitten werden soll, dann werden *vertikal ausgerichtete Dreiecke* benutzt.

Felder mit Zeichen flankieren

Dem Benutzer wird nach der Auswahl eines Feldes eine weitere Frage gestellt, nämlich, ob er das ausgewählte Feld mit irgendwelchen Zeichen flankieren möchte. Der Gedanke bei dieser Option ist folgender. Bei manchen Datensätzen einer Datenbank ist es vielleicht der Fall, daß ein zu exportierendes Feld leer ist. In solch einem Fall ist jeder zusätzliche Text im Ausgabeformular, der sich auf dieses Feld bezieht, unnötig. Damit solcher Text nur ausgegeben wird, wenn das Feld nicht leer ist, kann man ihn an dieser Stelle eingeben. Betrachten Sie ein praktisches Beispiel. Der Inhalt eines Feldes in einer Bibliographiedatenbank soll in der Textdatei, die bei einer Exportoperation entsteht, in Anführungszeichen gesetzt werden. Die Anführungszeichen sind nicht Teil des Feldinhaltes in der Datenbank, so daß beim Export jedes leere Feld nicht von Anführungszeichen flankiert werden sollte (dies ergäbe "" anstelle von, sagen wir, "Über die Geschichte der Linguistik" als Ausgabe in die Textdatei). Sie können eine solche Situation vermeiden, indem Sie die Anführungszeichen zu flankierenden Zeichen bestimmen (eins links und eins rechts), die nur in die Textdatei eingefügt werden, wenn das fragliche Feld *nicht* leer ist.

Anmerkung. Sie können ein oder mehrere Leerzeichen als flankierende Zeichen verwenden. Um anzudeuten, daß dies der Fall ist, zeigt *Vieweg Report* flankierende Leerzeichen (und nur diesen Typ) als eine Reihe von ASCII $250 Zeichen (kleine Punkte) an, die beim Export in richtige Leerzeichen umgewandelt werden.

Anzeige von Kontrollcodes

Flankierende Zeichen werden von zwei ASCII-Zeichen eingeschlossen: $1 für eine links flankierende Reihe von Zeichen und ASCII $2 für eine rechte Reihe. Diese Begrenzungszeichen sind normalerweise unsichtbar, und die flankierenden Zeichen erscheinen in heller Videodarstellung. Durch Drücken von **<Alt-F3>** können Sie diese Codes anzeigen lassen. Dies ist ein Kippschalter: Um die Codes zu verbergen, drücken Sie noch einmal <Alt-F3>.

Die Feldplatzhalter nehmen nur einen einzigen Platz in der Ausgabeformularzeile ein, obwohl sie vier Zeichen groß sind. Sie können dies für sich selbst bestätigen, indem Sie den Cursor zu einem Platzhalter bewegen. Der Spaltenzähler wird auf 0 gesetzt, während Sie ihn durch den Platzhalter bewegen, und nimmt danach wieder seinen richtigen Wert an.

Ende des Formulars setzen <F2>

Wenn *Vieweg Report* eine Datenbank mit Hilfe eines Ausgabeformulars in eine Textdatei exportiert, entfernt es sämtliche Leerzeilen am Ende des Formulars. Es gibt jedoch viele Fälle, in denen man eine bestimmte Anzahl von Leerzeilen zwischen Datensätzen in der resultierenden Textdatei haben möchte. Um dies zu erreichen, wurde die gegenwärtige Option aufgenommen. Sie erlaubt es Ihnen, eine *Ende des Formulars*-Markierung in dem Ausgabeformular zu plazieren. Wenn Sie <F2> drücken, werden Sie aufgefordert, eine Nummer für die letzte Zeile im Ausgabeformular einzugeben. Die Meldung **[Ende des Formulars]** erscheint nun in der Zeile, die der Nummer entspricht, die Sie eingegeben haben. Sie können keinen Wert eingeben, der größer ist als die maximale Länge einer Seite (72 Zeilen).

Es ist nicht möglich, Text in die Zeile einzugeben, die das Ende eines Formulars markiert. Ferner, wenn Sie *hinter* ihr Text und/oder Feldverweise eingeben, werden diese beim Datenbankexport ignoriert. Plazieren Sie die *Ende des Formulars*-Markierung in die Zeile nach der letzten Zeile des Formulars, wie Sie es haben möchten. *Vieweg Report* schließt das Ausgabeformular für den aktuellen Datensatz bei dieser Zeile ab und fährt dann mit dem folgenden Datensatz in der Datenbank fort.

Datensatznummer und Uhrzeit/Datum im Ausgabeformular

Der Platzhalter für die Nummer des aktuellen Datensatzes, der gerade exportiert wird, ist ASCII $4 (♦), die für das aktuelle (System-) Datum und Zeit sind ASCII $23 (↨) bzw. ASCII $18 (↕). Diese Platzhalter können überall in ein Ausgabeformular eingefügt werden, ebenso wie Feldmarkierungen.

Zeilen des Ausgabeformulars verbinden

Beim Editieren eines Ausgabeformulars werden Sie bemerken, daß Sie nicht über den rechten Rand des Bildschirms rollen können. Sie wollen jedoch vielleicht ein Ausgabeformular entwerfen, in dem die Zeilen länger sind als eine sichtbare Bildschirmzeile. Dies wird in *Vieweg Report* recht einfach erreicht, indem man das Zeichen ASCII $25 (↓) am Ende einer Zeile einfügt. Dies stellt sicher, daß die folgende Zeile von *Vieweg Report* beim Export als eine Fortsetzung der vorangehenden betrachtet wird.

Zeile speichern/holen <F3>

Dieser Befehl funktioniert genauso wie der in *Vieweg DatenbankManager*. Er ist eine Methode, den Inhalt einer Zeile für ein späteres Zurückholen zu speichern. Das Lineal in der zweiten Zeile des Bildschirms wird durch zwei Optionen ersetzt: speichern oder holen. Letztere Option ist nur zulässig, wenn der Inhalt einer Zeile zuvor gespeichert worden ist.

Zeile einfügen <F4>, Zeile entfernen <Shift-F4>

Diese Befehle drücken zwei Zeilen auseinander, um Platz für eine neue Leerzeile an der aktuellen Cursorzeile zu schaffen oder löschen die Zeile an der aktuellen Zeile, um das Formular um eine Zeile zu verkürzen.

Achtung!
Während Sie ein Ausgabeformular editieren, seien Sie vorsichtig, daß Sie die Feldplatzhalter nicht löschen, da dies später eine fehlerhafte Ausgabe zur Folge hätte!

Sie können die Ausgabeformularentwurfsebene mit <Alt-F7> verlassen. Veränderungen, die Sie vielleicht vorgenommen haben, werden immer behalten (im Speicher), wenn Sie zum Desktop zurückkehren, d.h. Sie haben nicht die Option, sie zu verwerfen. Um sie auf Diskette/Platte zu sichern, verwenden Sie die Option *Konfiguration sichern* im Hauptmenü.

Menü auf der Reporteditierebene

Falls Sie sich an die Befehle der Editerebene momentan nicht mehr erinnern können, bietet Ihnen ein Menüfenster schnelle Hilfe. Dieses Fenster wird mittels <Shift-Tab> aktiviert. Sie fahren den Balken wie gewohnt zur Option, die Sie ausführen möchten und drücken <Eingabe>. Mit <Escape> kann man die Optionauswahl abbrechen. Wie üblich ist beim Entwurf eines Ausgabeformulars ein Online-Hilfetext mittels <F1> verfügbar.

```
F1     Online-Hilfe
F2     Formlänge
F3     Zeilenpuffer
A-F3   Kodes zeigen
$4     Datensatznr.
$23    Akt. Datum
$18    Akt. Zeit
F4     Zeile einf.
S-F4   Zeile entf.
F5     Feld-Fenster
A-F7   Abschließen
```

Datenbankfelder betrachten. Diese Option erfüllt einfach die Funktion, Ihnen die Felder der zur Zeit ausgewählten Datenbank zu zeigen. Wenn die Anzahl der Felder zu groß ist, um auf einmal in dem Fenster, das sich zu diesem Zweck öffnet, angezeigt zu werden, dann bewirkt das Drücken einer beliebigen Taste, daß der Rest angezeigt wird und so weiter, bis alle Felder gezeigt worden sind.

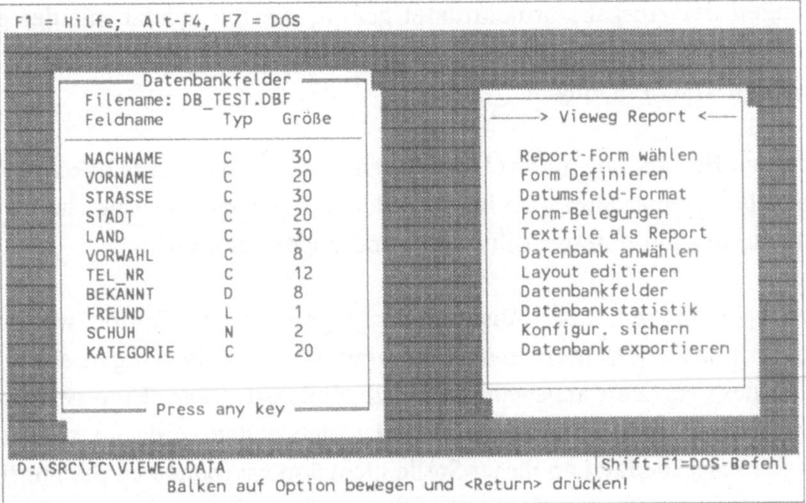

Statistik anzeigen lassen. Hier werden Ihnen einige für die momentan ausgewählte Datenbank relevante Statistiken gezeigt, zusammen mit dem Namen der aktuellen Ausgabeformulardatei.

```
─────── Report & Datenbank ───────
 Form-Filename   :  DB_TEST.REP

 Datenbankname   :  DB_TEST.DBF
 Größe des Files :  5847
 Datensatzanzahl :  30
 Datensatzgröße  :  182
 Anzahl d.Felder :  11

──────────── Press any key ────────
```

Dies ist ein nützlicher Schritt, um den Namen der Ausgabeformular- und Datenbankdatei zu überprüfen. Wenn Sie eine von der in der im Ausgabeformular genannten verschiedenen Datenbank gewählt haben, dann wird dies hier angezeigt.

Konfiguration sichern. Dies ist die Option zur Sicherung aller Parameter, die Sie mit den diversen obengenannten Optionen spezifiziert haben, in einer Disketten- oder Plattendatei. Wenn Sie hier <Eingabe> drücken, präsentiert sich Ihnen eine Eingabezeile, die Sie editieren können, falls Sie dies wünschen. Sie ist mit dem Namen der Ausgabeformulardatei gefüllt, die Sie zuletzt mit der ersten Option im Desktop-Menü geladen haben, oder sie ist leer, wenn Sie gerade eine neue Formulardatei erzeugen.

Es gibt keine Bestätigung für das Überschreiben einer Datei auf Diskette/Platte. Die Ausgabeformulardatei wird im aktuellen Verzeichnis abgespeichert, d.h. in demjenigen, das am unteren Bildschirmrand angezeigt wird.

Datenbank exportieren. Bei Auswahl der gegenwärtigen Option werden Sie aufgefordert, das Überschreiben der Ausgabetextdatei zu bestätigen, sollte diese bereits in dem zur Zeit angewählten Verzeichnis existieren. Eine verneinende Antwort bewirkt, daß der gesamte Befehl abgebrochen wird. Sie können den Namen der Ausgabedatei an dieser Stelle nicht ändern (benutzen Sie hierfür die *Formular definieren/ändern*-Option). Wenn Sie auf die Anzeige bejahend antworten, verschwindet der Desktop-Bildschirm und die ausgewählte Datenbank wird geöffnet. Die ersten acht Felder der Datenbank werden angezeigt. Sie können nun in der Datenbank mit den folgenden Tasten navigieren:

<Bild↑>	*Vorangehender Datensatz*
<Bild↓>	*Folgender Datensatz*
<Strg-Bild↑>	*Anfang der Datenbank*
<Strg-Bild↓>	*Ende der Datenbank*
<Strg-F>	*Einen bestimmten Datensatz finden*
<Strg-G>	*Zu einem bestimmten Datensatz gehen*

Die beiden letzten Optionen erfordern, daß Sie (i) den Inhalt des ersten Feldes des Datensatzes eingeben, den Sie finden möchten, oder (ii) die Nummer des Datensatzes eingeben, zu der Sie springen möchten.

```
DB_TEST.DBF                                                       Datens.:    4 [  30 ]
[·······|·······|·······|·······|·······|·······|·······|·······|·······|······]
NACHNAME     C  30 Bertini
VORNAME      C  20 Laura
STRASSE      C  30 55 Via Garabaldi
STADT        C  20 Venice
LAND         C  30 Italy
VORWAHL      C   8 0499
TEL_NR       C  12 299572
BEKANNT      D   8 19810902

              Bewegen in der Datenbank kann man mit
            <Bild↑>,<Bild↓>, <Strg-Bild↑>,<Strg-Bild↓>
                 <Strg-F> = Datensatz finden
               <Strg-G> = Springe zu Datensatz
            ------------------------------------------
             <F8>       =  Akt. Datensatz exportieren
             <Strg-F8>  =  Ganze Datenbank exportieren
            ------------------------------------------
             <Escape> bringt Sie zum Desktop zurück
```

Die verbleibenden Befehle beziehen sich auf den Export. Sie können entweder (i) mit <**Strg-F8**> die gesamte Datenbank exportieren oder (ii) mit <**F8**> nur den aktuellen Datensatz.

Wenn der Export beendet ist, werden Sie zum Desktop zurückgebracht. Sie können die Operation so oft wie Sie möchten vom Desktop aus wiederholen, aber Sie müssen das Überschreiben der Textausgabedatei bestätigen oder ihren Namen zwischen zwei Programmläufen ändern.

Anmerkung. Sie können die Exportoperation durch Drücken der <Escape>-Taste unterbrechen. Sie werden dann zum Desktop zurückgebracht.

3.2 Funktionstastenbelegungen

<**F1**> *Eingebaute Hilfe.* Dies bietet Ihnen einen kleinen Hilfetext über das Desktop mit ein paar allgemeinen Hinweisen. Da *Vieweg Report* viele Details aufweist, kann man gar nicht alle von ihnen mittels eines Hilfe-Bildschirms darstellen. Lesen Sie stattdessen die obige Programmbeschreibung sorgfältig durch!

<Shift-F1> *DOS-Befehl ausführen.* Eine Option, die nur vom Desktop aus verfügbar ist. Zu diesem Zweck öffnet sich links ein Fenster, und Sie können den Namen eines gültigen DOS-Befehls eingeben. Wenn Sie dies zuvor bereits getan haben, wird die Eingabezeile mit dem letzten eingegebenen Befehl gefüllt.

<F7> *Vieweg Report verlassen.* Entfernt *Vieweg Report* aus dem Speicher und bringt Sie zu DOS zurück. Beachten Sie, daß die Initialisierungsinformationen *nicht* automatisch auf Diskette/Platte gespeichert werden! Sie werden jedoch daran erinnert, wenn Sie eine Ausgabeformulardatei verarbeitet haben, sie aber nicht auf Diskette/Platte gespeichert haben, bevor Sie den Befehl zum Verlassen von *Vieweg Report* erteilt haben.

<Shift-F7> *Vieweg Report mit Verzeichnisänderung verlassen.* Das gleiche wie der vorangehende Befehl, aber mit einem Wechsel zum aktuellen Verzeichnis, wenn dies von dem verschieden ist, aus dem man *Vieweg Report* gestartet hat.

3.3 Vieweg Report im Stapelverarbeitungsmodus

Abgesehen von der interaktiven Benutzung von *Vieweg Report* ist es möglich, das Programm von der Befehlszeile aus mit dem Namen einer existierenden Ausgabeformulardatei (mit der Extension `.rep`) aufzurufen und es so zu veranlassen, im Stapelverarbeitungsmodus zu arbeiten.

Damit ist gemeint, daß *Vieweg Report* startet, ausgeführt wird und automatisch endet. Es wird während des Stapelverarbeitungsmodus kein Desktop angeboten, und das Programm hält an keiner Stelle für Benutzereingaben an.

Hier ist eine typische Situation, in der man *Vieweg Report* im Stapelverarbeitungsmodus benutzen würde: Sie editieren eine Datenbank, sagen wir mit *Vieweg DatenbankManager*. Wenn Sie fertig sind, schicken Sie die Datenbank dann durch den Ausgabeformulargenerator *Vieweg Report*, um sie in eine Textdatei Ihrer Spezifikation zu konvertieren. Das Endergebnis hiervon ist, daß die gerade umrissenen Schritte von einer DOS-Stapeldatei ohne Benutzereingaben ausgeführt werden können.

Um Ihnen einen Eindruck davon zu geben, wie dies funktionieren würde, betrachten Sie die folgende hypothetische DOS-Stapeldatei:

```
vdm %1.dbf
vreport %1.rep
```

Die erste Zeile ruft *Vieweg DatenbankManager* mit einer bestimmten Datenbank auf, die vom Benutzer durch Eingabe eines Namens nach dem Namen der Stapeldatei festgelegt wird. Sagen wir, Sie rufen die Stapeldatei `process.bat` auf, und Sie haben eine Datenbank namens `my_stat.dbf`, dann könnten Sie die Stapeldatei wie folgt aufrufen:

```
process my_stat
```

Diese DOS-Befehlszeileneingabe startet die Stapeldatei, d.h. sie lädt *Vieweg DatenbankManager* und übergibt ihm den Namen `my_stat` anstelle des ersetzbaren Parameters `%1`, so daß *Vieweg DatenbankManager* tatsächlich mit `vdm my_stat.dbf` aufgerufen wird. Damit die obige Stapeldatei richtig arbeitet, müssen Sie noch eine weitere Datei mit dem Namen `my_stat` haben, nämlich eine Ausgabeformulardatei `my_stat.rep`. *Vieweg Report* wird dann mit dem Namen der Ausgabeformulardatei aufgerufen (d.h. als `vreport my_stat.rep`), und die Textdatei wird automatisch gemäß der Information, die in der Ausgabeformulardatei enthalten ist, generiert. Natürlich müssen Sie im Stapelverarbeitungsmodus Sorgfalt walten lassen, da das Ausgabeformular genau zu den eingehenden Daten (aus der Datenbank) passen muß. Wenn Sie sich hierin jedoch erst einmal sicher sind, kann der Stapelverarbeitungsmodus in beträchtlicher Zeitersparnis resultieren. Eine von *Vieweg Report* generierte Textdatei kann danach von jedem Textverarbeitungsprogramm oder Texteditor verarbeitet werden.

4 Vieweg DbPat

Syntax: `vdbpat [Initialisierungsdatei] [/b]`

Vieweg DbPat ist ein Dienstprogramm für Mustersuchen bei Datenbanken. Es hat ein bequemes Desktop mit vielen benutzerspezifizierbaren Suchparametern. Initialisierungsdateien können in derselben Weise an das Programm übergeben werden wie bei *Vieweg Report* oder *Vieweg Print*, und es hat auch einen Stapelverarbeitungsmodus, der in DOS-Stapeldateien verwendet werden kann.

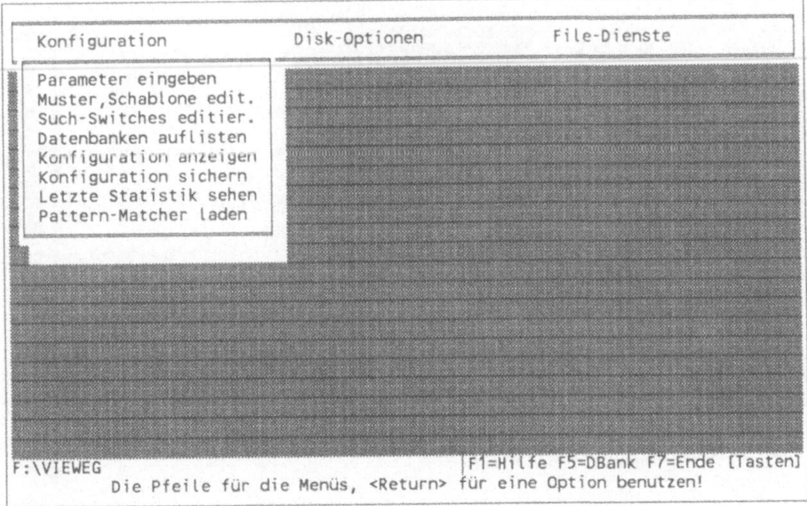

Einige allgemeine Dinge können in diesem Zusammenhang erwähnt werden. Zuerst einmal zeigt Ihnen die vierte Option im ganz links stehenden Fenster die Datenbanken im aktuellen Verzeichnis, die einer benutzerspezifizierten Datenbankschablone entsprechen; die Extension muß hier `.dbf` lauten.

Das Drücken von <F5> vom Desktop aus aktiviert den internen Datenbankanzeiger. Dieser ist mit dem Programm *Vieweg DbLook* identisch (siehe die Beschreibung weiter oben). Es ist nur natürlich, daß Sie einen Datenbankanzeiger und nicht einen Texteditor in *Vieweg DbPat* haben, da dies die Mustersuche bei Datenbanken betrifft.

Das *Suchschalter*-Fenster öffnet sich links auf dem Bildschirm und erlaubt es Ihnen, Informationen für einen beliebigen Suchlauf zu spezifizieren. Mit der letzten Option können Sie spezifizieren, ob Sie alle Felder der Datenbank durchsuchen möchten. Der Vorgabewert ist "nein". Angenommen, Sie lassen es dabei, dann werden Sie nun aufgefordert, ein Feld auszusuchen, das *Vieweg DbPat* in den Datensätzen jeder Datenbank durchsuchen soll.

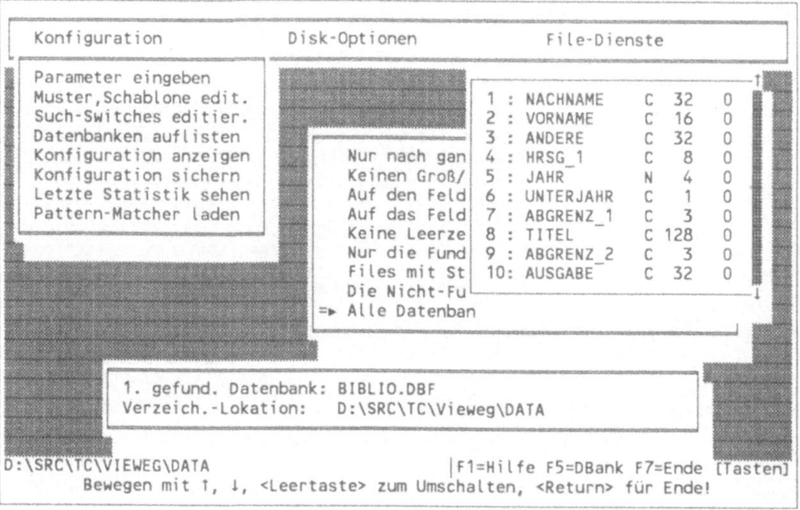

Benutzer sollten sorgfältig darauf achten, wie *Vieweg DbPat* auf das an dieser Stelle angebotene Feldauswahlfenster kommt. Zuallererst überprüft das Programm, wie groß die *Verzeichnisreichweite* ist (diese kann mit der dritten Option im zentralen Menü, *Plattenoptionen*, spezifiziert werden. Der Vorgabewert ist nur das aktuelle Verzeichnis). Es wechselt das Verzeichnis, falls dies erforderlich ist. Dann nimmt es die Datenbank-Dateischablone und sucht nach der ersten Entsprechung. Sobald eine Datenbank gefunden wird, wird ihre Struktur gelesen, und diese wird dann benutzt, um aus ihr die Feldliste abzuleiten.

Wenn Sie übrigens <Escape> drücken, wenn Sie aufgefordert sind, ein Datenbankfeld auszuwählen, dann wird eine kurze Meldung mit dem Inhalt ausgegeben, daß alle Felder durchsucht werden. Halten Sie sich vor Augen, daß eine Suche durch alle Felder wesentlich länger dauert als die Benutzung nur eines Feldes!

Achtung!
Alle Datenbanken, die bei einer Mustersuche mit *Vieweg DbPat* verwendet werden, müssen die gleiche Struktur aufweisen.

4.1 Mustersuche bei Datenbanken

Sobald alle die für eine Suche benötigten Informationen eingegeben worden sind, können Sie beginnen. Der Bildschirm wechselt, und Ihnen präsentiert sich eine Anzeige, in der Sie über den Verlauf des gegenwärtigen Suchlaufs informiert werden. Beachten Sie, daß die Nummer des aktuellen Datensatzes zusammen mit der des Suchfeldes und dem Namen von letzterem vor der entsprechenden Zeichenkette angezeigt werden, die in hellunterlegter Videodarstellung erscheint, wenn eine Entsprechung für die Suchschablone gefunden wird.

Wenn im Desktop vom Benutzer eine Ausgabedatei spezifiziert worden ist, dann wird eine ASCII-Textdatei generiert, die später mit *Vieweg Editor* untersucht werden kann.

```
                    Pattern-Matching-Utility für Datenbanken

   Durchkämme Verz. :      D:\SRC\TC\VIEWEG\DATA
   Durchsuche D-Bank:      DB_TEST.DBF
   Zu findender String:    [Tübingen]

 DSatz 1 [13 : ORT] : Tübingen
 DSatz 7 [13 : ORT] : Tübingen
 DSatz 12 [13 : ORT] : Tübingen
 DSatz 21 [13 : ORT] : Tübingen
 DSatz 22 [13 : ORT] : Tübingen
 DSatz 24 [
 DSatz 27 [     Muster gefunden    7 Mal in den Eingabe-Files
                  In insgesamt     7 Datenbankfeldern
                Enthalten in       1  (von    4 ) File(s)
                Zeilen insg.:       30 ;  Prozent: 23.33%
                Bytes insg.:    56556 ;  Prozent:   0.01%
                Anzahl der durchsuchten Verzeichn.: 1

                       -  Irgendeine Taste drücken!  -

  Angefang. 03:49:51.40  Zu Ende: 03:49:58.98  Suche dauerte: 007.58 Secs.
```

5 Vieweg Print

Syntax: `vprint [Initialisierungsdatei] [/b]`

Es gibt Gelegenheiten, bei denen es zweckdienlich ist, Text zu drucken, ohne ein Textverarbeitungsprogramm zu benutzen. Dies taucht häufig auf, wenn man eine ASCII-Datei mit einem Texteditor editiert (das ist ein Textverarbeitungsprogramm, das keine Formatierungsinformationen duldet). Oder vielleicht benutzen Sie einen Texteditor, der sehr begrenzte Druckfähigkeiten hat (obwohl er sonst vielleicht flexibel ist).

Das aktuelle Programm ist ein flexibles Werkzeug zum Drucken einer Datei (oder einer Anzahl von Dateien), wobei man eine beträchtliche Menge von Formatierungskriterien spezifizieren kann, wie Schrittschaltung, Zeilenabstand, Seitenbreite, Länge usw. Die einzige Bedingung, die die zu druckende(n) Datei(en) erfüllen muß (müssen), ist die, daß sie reiner ASCII-Text sein muß (müssen). Sollten Sie *Vieweg Print* zum Drucken eines Textes benutzen wollen, den Sie mit Ihrem Textverarbeitungsprogramm erzeugt haben, dann werden Sie aus ihm zuerst eine ASCII-Textdatei generieren müssen (d.h. ihn von Formatierungsinformationen befreien). Es gibt sicherlich eine Option in Ihrem Textverarbeitungsprogramm hierfür. Wenn Sie sich nicht so recht sicher sind, welche dies ist, dann benutzen Sie *Vieweg Print* nicht, da Sie es in diesem Fall wahrscheinlich nicht brauchen werden. *Vieweg Print* kann natürlich zum Drucken derjenigen Texte benutzt werden, die Sie mit *Vieweg Editor* erzeugt und/oder verarbeitet haben. Tatsächlich werden die Zeichensatz- und Zeichenattributinformationen, die Sie innerhalb von *Vieweg Editor* spezifizieren können, von *Vieweg Print* erkannt und bei der Ausgabe in die korrekten Druckerbefehle umgewandelt.

5.1 Das Vieweg Print-Desktop

Wie viele der Hauptprogramme der *Vieweg Datenbankmanager*-Gruppe beginnt *Vieweg Print* damit, daß es dem Benutzer ein Desktop präsentiert. Dieser Schnittstellentyp wird Benutzern von *Vieweg DbPat* her bekannt sein. Sie haben eine Reihe von drei Menüs mit Gruppen von Optionen. Das erste Menü wird automatisch beim Laden geöffnet. Hier ist es auch, wo Sie die notwendigen Informationen eingeben, damit *Vieweg Print* erfolgreich arbeitet.

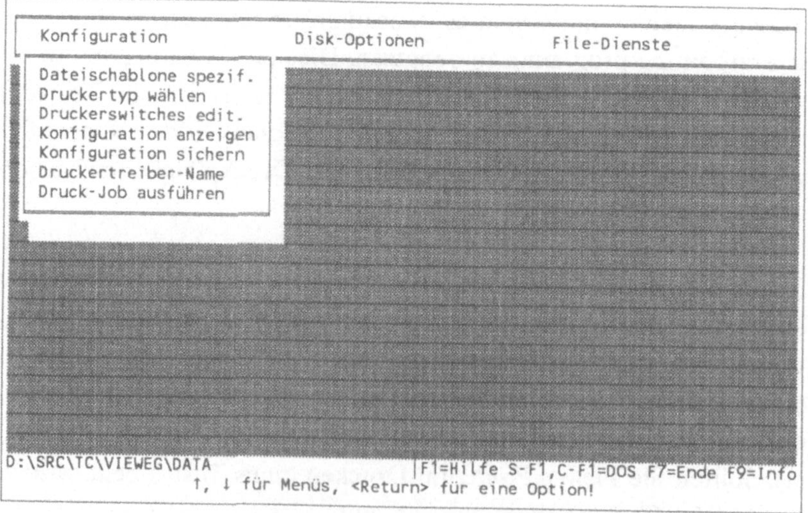

Die erste Option erfordert vom Benutzer, daß er den Namen der zu druckenden Datei eingibt oder eine Dateischablone, falls mehrere Dateien gedruckt werden sollen.

Die zweite erlaubt es dem Benutzer, *Vieweg Print* zu übermitteln, welchen Druckertyp man verwenden möchte. Beachten Sie, daß viele der weiteren Optionen (vor allem Druckerzeichensätze) von dem abhängen, was man hier wählt. Sie haben zwei Möglichkeiten: entweder einen *Nadeldrucker* oder einen *Laserdrucker* zu spezifizieren. Wenn Sie einen Drucker ersteren Typs besitzen, muß er *Epson/Nec*-kompatibel sein; wenn Ihr Drucker von letzterem Typ ist, dann muß er *Hewlett Packard Laserjet*-kompatibel sein. Benutzer solcher Laserdrucker wie die von *NEC* oder *Kyocera* müssen sicherstellen, daß die *Hewlett Packard*-Emulation aktiv ist, bevor sie von *Vieweg Print* aus drucken.

5.2 Editierung der Druckerschalter

Bei Auswahl dieser Option öffnet sich rechts auf dem Bildschirm ein großes Fenster, und Sie können nun eine Gruppe von 12 Schaltern editieren.

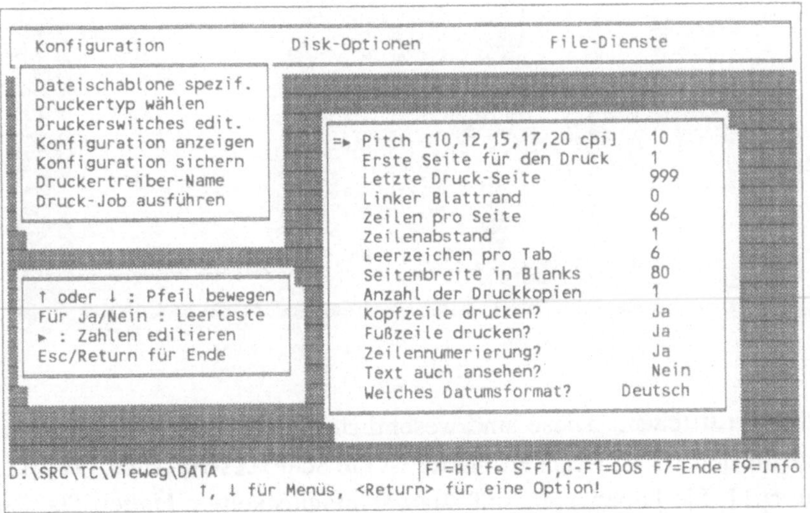

Die Schalter sollten sich selbst erklären; wie Sie in dem kleineren Fenster links aufgefordert werden, können Sie den Pfeil zu dem Schalter bewegen, den Sie editieren möchten, und dann den Wert durch Drücken der <PfeilRechts>-Taste tatsächlich ändern. Beachten Sie, daß *Vieweg Print* von Ihnen erwartet, daß Sie eine gültige Zahl eingeben, wo der Schalter numerisch ist. Wenn Sie einen unzulässigen Wert eingeben, bleibt der vorherige aktiv. Diejenigen Schalter, die Kippschalter sind (die letzten drei), können einfach mit der <Leertaste> verändert werden. Schließen Sie Ihre Editierung der Druckerschalter mit <Eingabe> ab!

Laserdrucker. Der untenstehende Bildschirmausdruck wurde hergestellt, nachdem ein Laserdrucker als Druckertyp ausgewählt wurde. Als eine

Konsequenz hiervon wird der erste Schalter offengelassen, und wenn Sie die <PfeilRechts>-Taste drücken, erscheinen zusätzliche Auswahlfenster, mittels derer Sie (i) die beim Drucken zu verwendende Schrift, (ii) die Punktgröße und (iii) den Zeichensatz spezifizieren können.

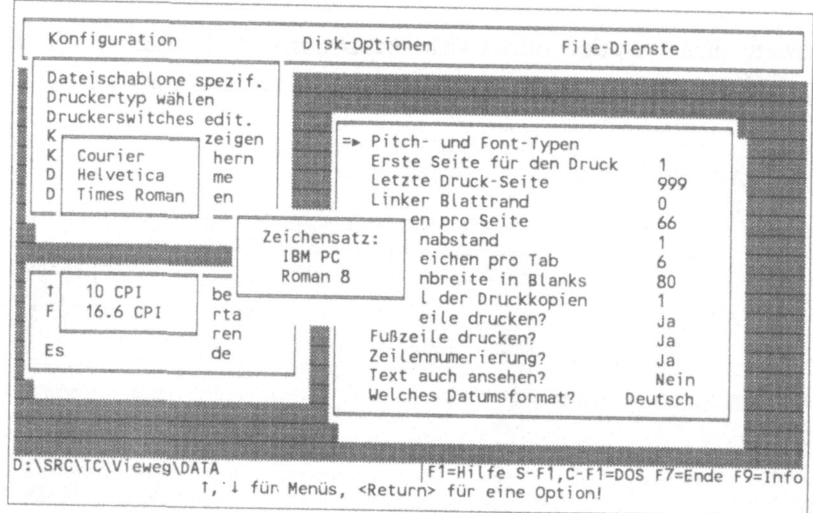

Punktmatrixdrucker. Diese sind wesentlich einfacher als Laserdrucker. Die Anzeige für den ersten Druckerschalter ist die `Schrittschaltung [10, 12, 15, 17, 20 cpi]`. Sie haben hier fünf Auswahlmöglichkeiten. Halten Sie sich vor Augen, wenn Sie 17 oder 20 Zeichen pro Zoll wählen, daß Ihr Drucker vielleicht keine zufriedenstellenden Ergebnisse liefert, wenn er diese Schrittschaltungen nicht unterstützt.

Nach dem Spezifizieren einer Schrittschaltung öffnet sich links ein Fenster, und Sie werden aufgefordert, eine Schrift für den Druck auszuwählen. Es gibt drei mögliche Typen: (i) *Entwurf*, (ii) *Korrespondenzqualität* und (iii) *Proportional*. Bewegen Sie den Leuchtbalken zu der gewünschten Schrift und drücken Sie <Eingabe>; das Auswahlfenster verschwindet, und Sie können mit der Editierung der Druckerschalter fortfahren, oder drücken Sie noch einmal <Eingabe>, um dies ganz zu beenden.

Anmerkung. (i) Der Wert für den Zeilenabstand muß eine ganze Zahl sein (z.B. wäre 1,5 ein unzulässiger Wert). (ii) Wenn Sie sich dafür entscheiden, den Druck des Textes zu betrachten, wechselt der Bildschirm, und der Text rollt vertikal, während er zum Drucker geschickt wird. Bei Beendigung der Druckoperation wird der Desktop-Bildschirm wiederhergestellt.

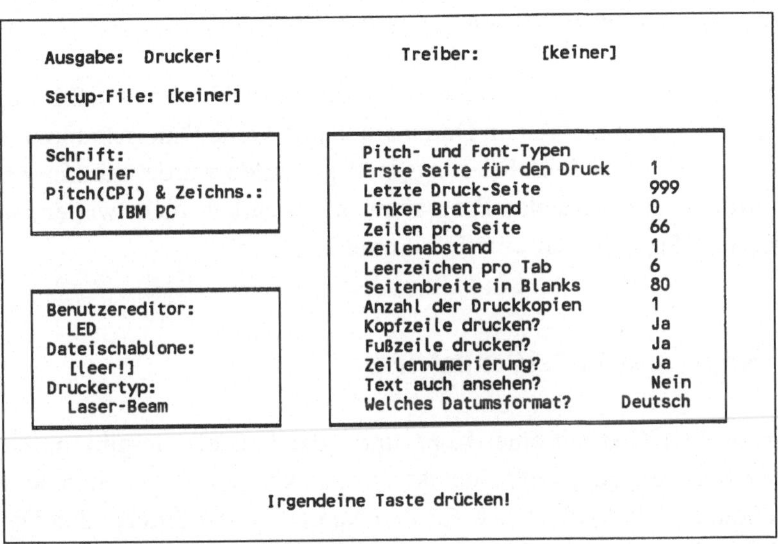

Die gesamte Konfiguration, die Sie ausgewählt oder in einer vorangehenden Sitzung festgelegt haben, kann durch Auswahl der fünften Option im ersten Menü betrachtet werden, wobei ein Bildschirm in etwa wie der obige erscheint.

Mit der nächsten Option können Sie diese Konfiguration auf Platte sichern. Wenn Sie *Vieweg Print* erneut starten, werden diese Informationen aus der Initialisierungsdatei `vprint.ini` gelesen (vorausgesetzt, daß *Vieweg Print* sie im aktuellen Verzeichnis oder über die `path`-Variable von DOS finden kann).

Name des Druckertreibers. Wenn *Vieweg Print* einen Text ausgibt (entweder zur Festplatte oder zum Drucker), kann es einen Druckertreiber konsultieren, um festzustellen, wie es Druckerkontrollcodes konvertieren soll, die vielleicht im Text eingebettet sind. Diese Codes sind diejenigen, die man als Zeichensatzattribute in *Vieweg Editor* eingeben kann. Abhängig davon, welchen Druckertreiber man spezifiziert, werden die Codes zu Laser- oder Nadeldruckerbefehlen konvertiert. Mit der gegenwärtigen Option kann man den Namen eines Druckertreibers festlegen. Beachten Sie, daß *Vieweg Print* nach Vorgabe die Namen `laser.pcf` für Laserdrucker und `dmp.pcf` für Punktmatrixdrucker annimmt. Um zu sehen, wie diese Treiber arbeiten, konsultieren Sie die mitgelieferten Treiber auf der Distributionsdiskette. Benutzern wird geraten, diese nicht individuell anzupassen, außer wenn sie wirklich wissen, was sie tun.

Die letzte Option im ersten Menü dient zur tatsächlichen Ausführung der Druckoperation. Wenn Sie keinen Dateinamen und keine Dateischablone eingegeben haben (und keine Initialisierungsdatei gefunden wurde, als *Vieweg Print* geladen wurde), dann wird das Programm offensichtlich nicht wissen, was zu drucken ist, und Sie erhalten eine Fehlermeldung.

5.2.1 Kopf- und Fußzeilendateien

Damit *Vieweg Print* Text mit einer Kopf- und/oder Fußzeile ausgibt, muß es die benötigten Kopf- und/oder Fußzeilendatei finden können. Die Namen der Kopf- und Fußzeilendateien ergeben sich aus den Namen der zu druckenden Dateien. Dies wird wie folgt erreicht. Vor dem Druck einer Datei nimmt *Vieweg Print* den Namen (ohne Extension!) und fügt `.hdr` und `.ftr` hinzu, um die Namen der Kopf- bzw. Fußzeilendatei zu erhalten. Wenn Sie spezifiziert haben, daß Sie eine Kopf- und/oder Fußzeile drucken möchten, und es befinden sich Dateien auf der Festplatte, die den von *Vieweg Print* abgeleiteten Namen entsprechen, dann erscheinen Kopf- und Fußzeilen auf jeder gedruckten Seite. Für den Druckvorgang ist es irrelevant, was jede Kopf-/Fußzeilendatei enthält. Die einzige Einschränkung besteht darin, daß Kopf- und Fußzeile zusammen nicht länger sein dürfen als die Anzahl der auf jeder Seite zu druckenden Zeilen.

Sowohl die Kopfzeilen- als auch die Fußzeilendatei können bestimmte Zeichenkombinationen enthalten, die von *Vieweg Print* in einer spezifischen Weise interpretiert werden. Dies sind sogenannte Befehlssequenzen, die zur Verschlüsselung von Anweisungen für das Druckprogramm verwendet werden.

Befehlssequenzen in Kopf- und Fußzeilendateien:

$4 1 : Name des aktuellen Textes
$4 2 : Größe der aktuellen Datei
$4 3 : Aktuelles Datum
$4 4 : Aktuelle Zeit
$4 5 : Seitennummer (gezählt vom Wert für 'Erste Seite')
$4 6 : Gesamtanzahl der zu druckenden Seiten
$4 7 : Seitennummer (fängt immer bei '1' an)

Um diese Sequenzen in eine Kopfzeilen- oder Fußzeilendatei einzugeben, drücken Sie die <Alt>-Taste und tippen Sie die Zahl "4" auf dem Ziffernblock auf der rechten Seite der Tastatur ein; dann geben Sie gleich dahinter die entsprechende Zahl ein, letztere muß auf der Ziffernzeile oben auf dem alphanumerischen Block der Tastatur eingetippt werden (natürlich ohne die <Alt>-Taste zu drücken). Das ASCII $4-Zeichen hat die Form eines Karos (♦); wenn Sie die Kopf- und Fußzeilendateien mit *Vieweg Editor* selbst editieren, werden Sie dieses Zeichen beim Drücken von <Alt> + "4" sehen. Sollten Sie einen anderen Editor benutzen, kann es sein, daß das Programm stattdessen "^D" anzeigt, was eine Kurzschreibweise für "Strg-D" ist, eine andere Art, sich auf das Zeichen mit dem numerischen Wert 4 im ASCII-Zeichensatz zu beziehen.

Für Beispiele einer Kopf- und Fußzeilendatei schauen Sie sich die mit dem *Vieweg DatenbankManager*-Paket mitgelieferten Dateien an.

5.2.2 Der Einsatz von Initialisierungsdateien

Wenn Sie *Vieweg Print* ohne irgendwelche Befehlszeilenparameter laden, sucht es nach einer Initialisierungsdatei `vprint.ini` im aktuellen Verzeichnis und denen, die in der `path`-Variablen von DOS aufgelistet sind. Vorausgesetzt, daß die Suche erfolgreich ist, setzt das Programm seine internen Parameter auf die in der Initialisierungsdatei enthaltenen Werte.

Wenn Sie den Namen einer Datei in der Befehlszeile eingeben, dann nimmt *Vieweg Print* an, daß Sie eine andere Initialisierungsdatei benutzen wollen als die vorgegebene `vprint.ini`. Es sucht nun nach dem Dateinamen, der ihm übergeben wurde, und liest, falls es ihn findet, die in der Datei enthaltenen Informationen. Stellen Sie sicher, daß die Datei, die Sie spezifizieren, eine korrekte *Vieweg Print*-Initialisierungsdatei ist, anderenfalls sind die Resultate unvorhersehbar.

Um eine individuell angepaßte Initialisierungsdatei anzulegen, starten Sie *Vieweg Print* interaktiv (d.h. vom Desktop aus), so daß alle internen Parameter genau so eingestellt sind, wie Sie sie haben möchten. Wählen Sie dann die Option *Konfiguration auf Platte sichern* im ganz links stehenden Menü und spezifizieren Sie den Namen, den Sie der Datei geben möchten, die nun erzeugt wird. Die in allen initialisierbaren Parametern enthaltenen Werte werden in dieser Datei gespeichert und können daher zu einem späteren Zeitpunkt verwendet werden.

Initialisierbare Parameter für Vieweg Print

1) *Name des Druckertreibers.*
2) *Ausgabe zu Datei oder Drucker umleiten.*
3) *Dateischablone,* z.B. `*.txt`
4) *Benutzerspezifizierter Editor*
5) *Zu verwendende Schrittschaltung*
6) *Seite, bei der begonnen werden soll*
7) *Seite, bei der aufgehört werden soll*
8) *Linker Seitenrand*
9) *Anzahl der Zeilen pro Seite*
10) *Zu verwendender Zeilenabstand*
11) *Anzahl der Leerzeichen für einen Tabulator*
12) *Seitenbreite in Leerzeichen*
13) *Anzahl der zu druckenden Kopien*
14) *Kopfzeile am oberen Seitenrand drucken*
15) *Fußzeile am Seitenende drucken*
16) *Zeilennummern am Zeilenanfang drucken*
17) *Text während des Drucks betrachten*
18) *Druckertyp*

19) *Laser-Zeichensatz*
20) *Laser-Schrittschaltung*
21) *Zeichensatz*
22) *Nadeldrucker-Zeichensatz*
23) *Nationales Datumsformat*

5.3 Festplattenoptionen

Die erste Option erlaubt es Ihnen, das aktuelle Verzeichnis zu setzen. Dies wird dann unten auf dem Bildschirm wiederholt. Dies ist oft wichtig, wenn Sie auf Dateien zugreifen möchten, die sich nicht in dem Verzeichnis befinden, von dem aus *Vieweg Print* gestartet wurde. Beachten Sie, daß Sie nicht Dateien aus verschiedenen Verzeichnissen gleichzeitig von *Vieweg Print* aus drucken können!

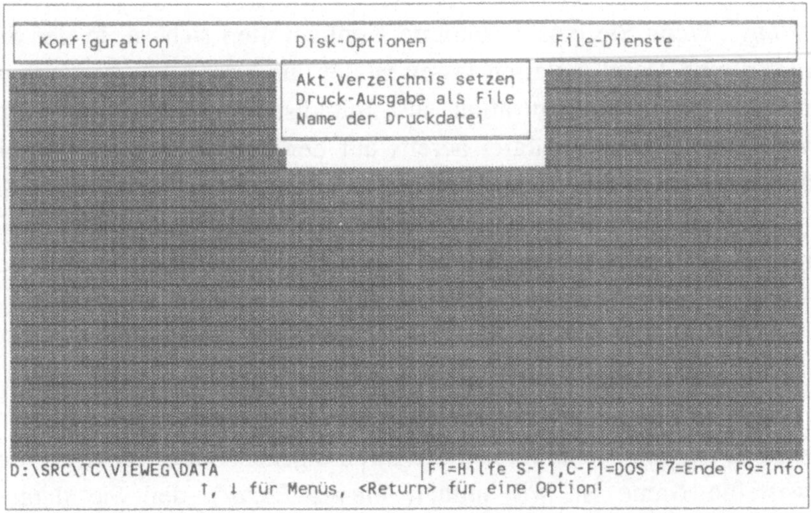

Ausgabe zur Festplatte umleiten. Die von *Vieweg Print* erzeugte Ausgabe geht normalerweise zum Drucker. Sie können jedoch spezifizieren, daß sie in einer Plattendatei untergebracht werden soll. Dies möchten Sie vielleicht tun, um die Ausgabe zu überprüfen, bevor sie zum Drucker geschickt wird. Die Ausgabedatei kann mit *Vieweg Editor* geladen und verarbeitet werden, falls Sie dies möchten. Sobald Sie mit dem Ergebnis zufrieden sind, können Sie *Vieweg Print*

laden und diesmal den Drucker als Ziel für die Ausgabe spezifizieren. Alternativ dazu können Sie die Ausgabe-Plattendatei in die Druckerschnittstelle kopieren, was denselben Effekt hat, wie sie zu drucken. Dies erreicht man durch Eintippen von `copy XXX lpt1: /b` in der DOS-Befehlszeile, wobei `XXX` für den Namen der Ausgabedatei steht.

Name der Plattenausgabe. Wenn Sie bestimmen, daß die Ausgabe in eine Plattendatei erfolgen soll, dann müssen Sie auch den Namen für die zu erzeugende Datei spezifizieren. Nach der Vorgabe schlägt das Programm `vprint .$$$` vor (die drei Dollarzeichen zeigen an, daß dies eine temporäre Datei ist). Sollte der eingegebene Dateiname einer bereits existierenden Datei auf der Festplatte entsprechen, werden Sie gefragt, ob Sie sie überschreiben möchten. Wenn Sie hier "nein" antworten, bewirkt dies, daß die Ausgabe wieder zum Drucker umgeleitet wird, um ein versehentliches Überschreiben der Plattendatei zu vermeiden.

Anmerkung. Wenn Sie eine bestimmte Konfiguration sichern, in der Sie die Ausgabe in eine Datei umleiten lassen wollen, und dann *Vieweg Print* erneut starten mit dieser Konfiguration als Initialisierungsdatei, überprüft das Programm, ob die Ausgabedatei bereits auf der Platte existiert. Aus diesem Grund kann es sein, daß Sie feststellen, daß beim Start *Vieweg Print* Sie als erstes fragt, ob Sie eine Datei auf der Festplatte überschreiben möchten. Wieder bewirkt eine verneinende Antwort die Umleitung der Ausgabe zum Drucker.

5.4 File-Dienste

Mit dem *File Dienste*-Menü können Sie Ihren eigenen Editor spezifizieren (der voreingestellte Name ist, wie immer, *Vieweg Editor*), den Sie dann dazu verwenden können, die Datei, die Sie drucken möchten, zu betrachten/editieren. Vorausgesetzt, daß Sie keine Dateischablone eingegeben haben (sondern einen einzelnen Dateinamen), lädt die vorletzte Option im aktuellen Menü Ihren Editor und übergibt ihm den Dateinamen als Parameter. Die letzte Option in diesem Auswahlfenster erlaubt es Ihnen, zu spezifizieren, auf welche Art das Datum gedruckt werden soll, das Teil einer Kopfzeile sein kann.

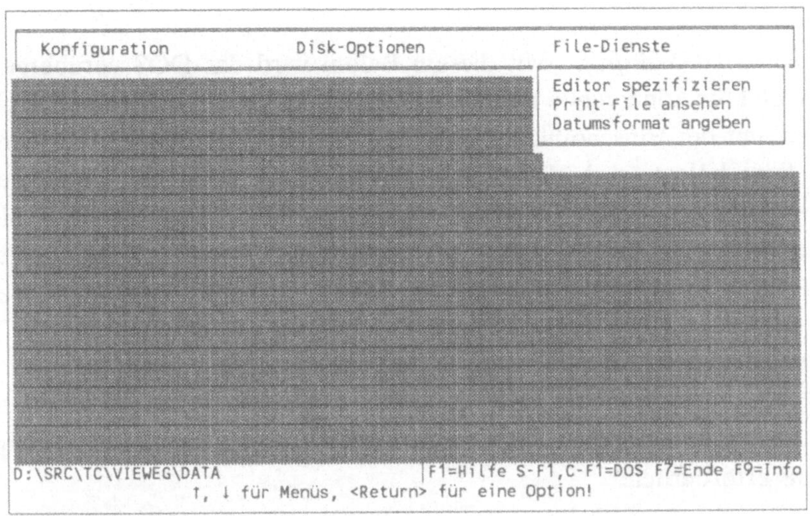

Mit der dritten Option können Sie angeben, in welchem nationalen Format Datumszeichenketten gedruckt werden sollen. Dies ist relevant, wenn es zum Beispiel in der Kopfzeile eines Textes einen Platzhalter für das aktuelle Datum gibt.

5.5 Funktionstastenbelegungen

<F1> *Hilfe-Bildschirm.* Dies zeigt den eingebauten Hilfe-Bildschirm von *Vieweg Print* an. Der Befehl ist auf allen Ebenen des Programms verfügbar.

<Shift-F1> *DOS-Befehl ausführen.* Hier präsentiert sich Ihnen eine leere Eingabezeile, und Sie können eingeben, was immer Sie wollen. *Vieweg Print* versucht dann, Ihre Eingabe extern zu laden, indem es sie an DOS übergibt, so daß Sie zur erfolgreichen Ausführung dieses Befehl folgendes eingegeben haben müssen: (i) einen DOS-Befehl oder (ii) den Namen eines Programms, das sich entweder im aktuellen Verzeichnis befindet oder über die `path`-Variable zugänglich ist.

<Strg-F1> *DOS-Aufruf.* Mit diesem Befehl wird das DOS vorübergehend geladen, und Sie können alle Befehle ausführen, als ob Sie sich normal im DOS befänden, mit der Einschränkung, daß ein Teil Ihres Arbeitsspeichers nun von *Vieweg Print* belegt wird, das sich im Hintergrund befindet. Wenn Sie ein weiteres Programm laden, wenn Sie in DOS hineingehen, vermeiden Sie es, DOS ein weiteres Mal aus diesem Programm heraus aufzurufen, da dies zu einem Absturz Ihres Systems führen kann. Wenn Sie die Arbeit in DOS beendet haben, tippen Sie `'exit'` ein, um nach *Vieweg Print* zurückzukehren. Der Bildschirm wird genauso wiederhergestellt, wie Sie ihn verlassen haben.

<F7> *Vieweg Print verlassen.* Bringt Sie zu DOS zurück. Keine Bestätigung des Beendens erforderlich.

<Shift-F7> *Programm verlassen mit Verzeichnisänderung.* Zwischen dem Start von *Vieweg Print* und Ihrer momentanen Position haben Sie vielleicht das Verzeichnis gewechselt (über die Option *Aktuelles Verzeichnis setzen* im zweiten Menü) und möchten nun zu diesem wechseln und *Vieweg Print* beenden. Das Drücken von <Shift-F7> beläßt Sie in dem zuletzt als aktuell ausgewählten Verzeichnis.

<Strg-F7> *Farben umschalten.* Erlaubt es Ihnen, die Farben für ein System mit VGA umzuschalten. Sie können aus 7 verschiedenen Farben wählen, indem Sie einfach <Strg-F7> drücken, bis Sie zu der gewünschten Farbe gelangen.

<F9> *Umgebung anzeigen.* Zeigt einige wichtige Informationen über die Umgebung an, in der Sie gerade arbeiten, wie den aktuellen und ursprünglichen Pfad, den insgesamt und momentan freien Plattenplatz, die Größe des restlichen Arbeitsspeichers, das aktuelle Datum und die Uhrzeit usw.

5.6 Vieweg Print im Stapelverarbeitungsmodus

Außer dem Druck von unformatierten Texdateien gibt es eine weitere Hauptanwendung für ein Programm wie *Vieweg Print*. Dies ist der Druck von Datensätzen aus einer Datenbank. *Vieweg Print* eignet sich besonders für diesen Zweck. Um den Bedarf in diesem Bereich zu versorgen, ist ein spezieller Stapelverarbeitungsmodus verfügbar. Damit ist gemeint, daß *Vieweg Print* startet, seine Arbeit tut und automatisch endet. Ihnen wird während des Stapelverarbeitungsmodus kein Desktop präsentiert, und das Programm hält an keiner Stelle für Benutzereingaben an.

Hier ist eine typische Situation, in der man *Vieweg Print* im Stapelverarbeitungsmodus verwenden würde: Sie editieren eine Datenbank mit einem Datenbankmanager, z.B. *Vieweg DatenbankManager.* Wenn Sie dies beendet haben, schicken Sie die Datenbank durch den Ausgabeformulargenerator *Vieweg Report*, um sie in eine Textdatei Ihrer Spezifikation zu konvertieren. Dann können Sie sie ausdrucken und so den Kreis von Verarbeitung, Konversion und Ausgabe vollenden. *Vieweg Print* besitzt im Stapelverarbeitungsmodus den Vorteil, daß es die Notwendigkeit von Benutzereingaben während seiner Ausführung umgeht. Das Endergebnis hiervon ist nun, daß all die soeben umrissenen Schritte von einer DOS-Stapeldatei aus ausgeführt werden können. Um Ihnen einen Eindruck davon zu vermitteln, wie dies funktionieren würde, betrachten Sie die folgende hypothetische DOS-Stapeldatei:

```
vdm %1.dbf
vreport %1.rep
vprint %1.ini /b
```

Die erste Zeile ruft *Vieweg DatenbankManager* mit einer bestimmten Datenbank auf, die vom Benutzer festgelegt wird, indem er einen Namen hinter dem Namen der Stapeldatei eingibt. Sagen wir, Sie rufen die Stapeldatei `process.bat` auf, und Sie haben eine Datenbank namens `my_data.dbf`, dann könnten Sie die Stapeldatei wie folgt aufrufen:

```
process my_data
```

Diese DOS-Befehlszeileneingabe startet die Stapeldatei, d.h. sie lädt *Vieweg DatenbankManager* und übergibt ihm den Namen `my_data` anstelle des ersetzbaren Parameters `%1`, so daß *Vieweg DatenbankManager* tatsächlich mit `dbstat my_data.dbf` aufgerufen wird. Damit die obenstehende Stapeldatei richtig arbeitet, brauchen Sie noch zwei weitere Dateien mit dem Namen `my_data`, nämlich eine Ausgabeformulardatei (für *Vieweg Report*) `my_data.rep` und eine *Vieweg Print*-Initialisierungsdatei `my_data.ini`.

Mit der dritten Zeile wird *Vieweg Print* mit `my_data` (= `%1` in der Stapeldatei) aufgerufen, und mittels des `/b`-Schalters erkennt das Programm, daß es im Stapelverarbeitungsmodus aufgerufen wird. Dann druckt es den Text, der in der Initialisierungsdatei `my_data.ini` erwähnt wird, die sich entweder im aktuellen Verzeichnis befinden oder über die DOS-Pfad-Variable zugänglich sein muß. Beachten Sie, daß *Vieweg Print* eine Datei `my_data.txt` nicht druckt, wenn dies nicht der Name der Datei ist, deren Name in der Initialisierungsdatei `my_data.ini` enthalten ist. Der Grund für diese anscheinend umständliche Methode, die Textdatei `my_data.txt` zu drucken, besteht darin, daß *Vieweg Print* eine ziemliche Menge an Informationen benötigt, um eine Datei zu drucken, und all diese zusammen mit dem Namen der zu druckenden Datei sind in der Initialisierungsdatei enthalten, deren Namen Sie an *Vieweg Print* übergeben (siehe die Bemerkungen über Initialisierung weiter oben).

Übrigens würde das Weglassen des `/b`-Schalters dazu führen, daß *Vieweg Print* die Initialisierungsdatei `my_data.ini` (falls vorhanden) lädt, aber nicht den Stapelverarbeitungsmodus aktivieren; stattdessen würde der normale interaktive Modus verwendet werden, und Sie landen beim normalen Desktop von *Vieweg Print*.

6 Vieweg DbLook

Syntax: `vdblook [Dateiname]`

Das gegenwärtige Dienstprogramm ist im wesentlichen eine weit reduzierte Version des Datenbankmanagers. Es erlaubt einfach das Betrachten von Datenbanken. Es gibt kein Desktop, der Name einer Datenbank wird *Vieweg DbLook* als ein Befehlszeilenparameter übergeben oder mittels des internen Verzeichnisverwalters ausgewählt, der aktiviert wird, wenn beim Laden kein Parameter übergeben wird. Nachdem das Programm eine bestimmte Datenbank geladen hat, können Sie sich in ihr mit den folgenden Tasten bewegen: **<Bild↑/Bild↓>** (jeweils einen Datensatz in der Datenbank weiterbewegen), **<Strg-Bild↑/Strg-Bild↓>** (zum Anfang oder Ende der Datenbank springen); um zu einem bestimmten Datensatz zu gehen, benutzen Sie **<Strg-G>**.

```
D:\SRC\TC\Vieweg\DATA\BIBLIO.DBF                        DS.:  1       [ 30    ]
<████████████████████████████████>
NACHNAME      C  32 Althaus
VORNAME       C  16 H.P.
ANDERE        C  32 et al.
HRSG_1        C   8
JAHR          N   4 1980
UNTERJAHR     C   1
ABGRENZ_1     C   3
TITEL         C 128 Lexikon der germanistischen Linguistik
ABGRENZ_2     C   3 .
AUSGABE       C  32 2. Auflage
HRSG_2        C  48
SAMMLUNG      C  96
ORT           C  32 Tübingen
VERLAG        C  32 Niemeyer
ZEITSCHR      C  64
BAND          C  16
SEITEN        C  20
GEBIET        C  32 Linguistik
UNTER_1       C  32 Deutsche Grammatik
UNTER_2       C  32
FILE_NAME     C  32
KOMMENTAR     M  10
 Navigieren: [Strg-]Bild↑ [Strg-]Bild↓                  [Shift-Tab,Einf. = Menü]
```

Zusätzlich zu den Navigationstasten gibt es noch eine Anzahl weiterer Tastenkombinationen, die der Aufgabe gewidmet sind, Datensatzinhalte zu finden.

<Strg-F> Zeichenkette in einem angegebenen Feld finden (vom Benutzer in einem Auswahlfenster aus den Feldern eines Datensatzes ausgewählt).

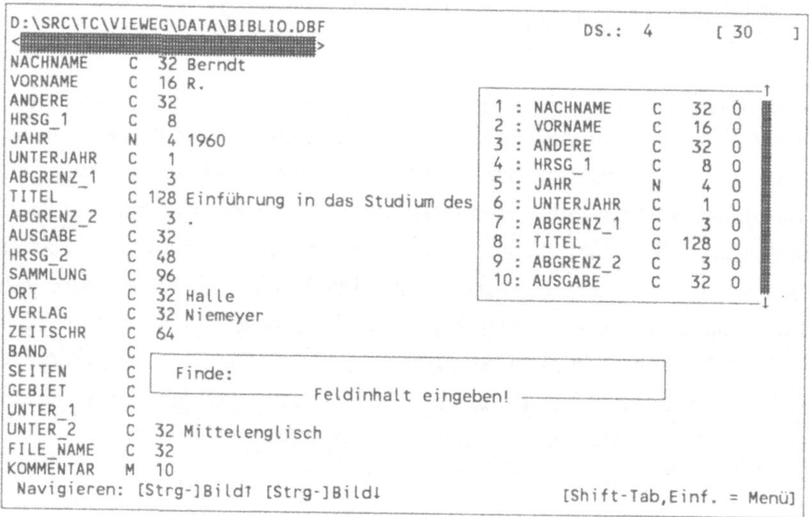

<Strg-R> Suche nach Zeichenkette von der aktuellen Position aus wiederholen.

<Leertaste> Buchstabensuche verwenden, um einen bestimmten Datensatz zu lokalisieren (siehe Beschreibung hiervon im Abschnitt über *Vieweg DatenbankManager* weiter oben).

<Strg-L> Feld für Buchstabensuche festlegen.

Funktionstastenbelegungen

<F5> Erlaubt das Laden einer neuen Datei über den Verzeichnisverwalter.

<F7> Verläßt *Vieweg DbLook* und kehrt zu DOS zurück; alternativ dazu können Sie <Escape> drücken.

<F9> Bietet Ihnen einige Statistiken zu der aktuellen Datenbank.

<F10> Dies aktiviert den gleichen Browse-Modus wie weiter oben für *Vieweg DatenbankManager* beschrieben; Sie können zu einem neuen Datensatz gehen, indem Sie <Eingabe> drücken, wenn sich der Leuchtbalken auf einem bestimmten Datensatz befindet.

Vieweg DbLook wird ferner von *Vieweg Editor* verwendet, wenn der Benutzer <F2> drückt, um eine Datei zu betrachten. Der Editor stellt fest, ob die momentan hervorgehobene Datei in der Verzeichnisauflistung eine *dBASE*-Datenbank ist, und wenn ja, so ruft er *Vieweg DbLook* auf statt des Vorgabeprogramms *Vieweg View* (siehe unten).

7 Vieweg CompDb

Syntax: `vcompdb`

Wenn man es mit Datenbankverwaltung zu tun hat, ist es recht normal, Daten über mehrere Datenbanken hinweg verteilt zu haben. Wenn die Daten variieren, dann variiert normalerweise auch die Struktur der Datenbanken. Es gibt jedoch viele Fälle, in denen man Datenbanken mit identischen Strukturen, aber verschiedenen Daten unterhält. Nehmen Sie das Beispiel der bibliographischen Datenbankverwaltung. Man hat sich vermutlich bald, nachdem man mit dem Sammeln von Daten begonnen hat, für eine typische Struktur für eine solche Datenbank entschieden. Nachdem man eine bestimmte Menge von bibliographischen Informationen angehäuft hat, erhöht sich die Gefahr, daß man denselben Titel mehr als einmal eingibt. Innerhalb derselben Datenbank kann dies schnell überprüft werden, aber wenn sich die Daten in verschiedenen Datenbanken befinden, dann tauchen Schwierigkeiten auf. Eine Lösung des Problems ist die Verwendung von *Vieweg MergeDb*, das eine neue Datenbank mit nur einmal vorkommenden Datensätzen aus zwei Eingabedatenbanken anlegt. Die Schwierigkeit bei dieser Methode besteht darin, daß dieses Programm nach formalen Kriterien arbeitet. Zwei Datensätze werden nur dann als identisch betrachtet, wenn jedes Byte exakt gleich ist. Sollten Sie denselben bibliographischen Gegenstand in zwei verschiedene Datenbanken eingegeben haben, aber in dem einen Fall ein einziges Komma mehr verwendet haben oder, noch weniger leicht zu bemerken, ein einziges Leerzeichen mehr (oder weniger), dann wird *Vieweg MergeDb* die Datensätze nicht als identisch behandeln.

Die Idee bei *Vieweg Compare Databases* besteht darin, daß Benutzer auf der linken Seite in einer Datenbank blättern, und wenn sie einen Datensatz nach rechts übertragen möchten, eine entsprechende Taste drücken, <F8> oder <Shift-F8>. Mit dieser einfachen Methode kann man diejenigen Datensätze von einer Datenbank in eine andere kopieren, die in der zweiten nicht enthalten sind. Sie können in beiden Datenbanken nach Datensatzinhalten suchen, um zu ermitteln, welche Datensätze sich in beiden befinden.

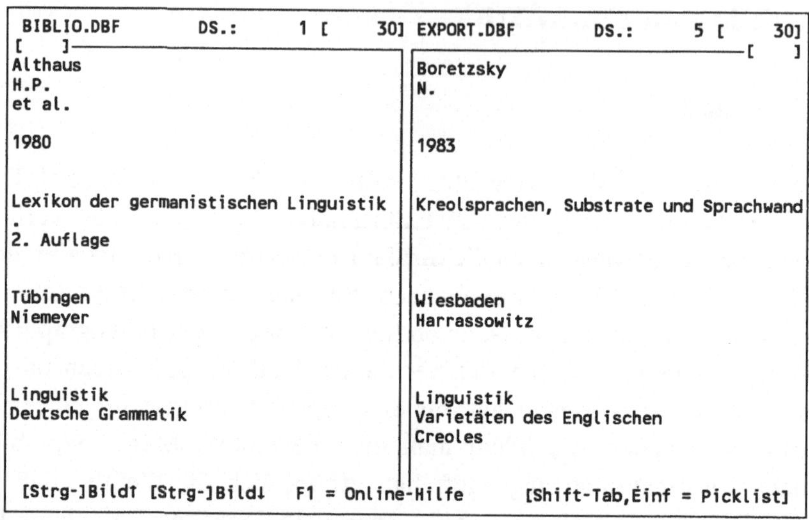

Zusätzlich können Sie diejenigen Datensätze als gelöscht markieren, die man aus einer Datenbank herauszuziehen wünscht (mit einer der für diese Funktion vorgesehenen Tasten, siehe unten), und dann später mit *Vieweg Datenbank-Manager* die unerwünschten Datensätze löschen. Alternativ dazu könnten Sie die Datensätze markieren, die Sie aus einer zweiten Datenbank behalten möchten, und diese dann innerhalb von *Vieweg DatenbankManager* aus der fraglichen Datenbank herausziehen. Welche Methode Sie wählen, ist für die Operation von *Vieweg Compare Databases* irrelevant. Das einzig Erforderliche besteht darin, daß Sie auf irgendeine Weise Datensatzduplikate markieren, entweder zum Löschen oder für ein späteres Herausziehen aus der Datenbankdatei und Ablage in einer neuen Datei.

Funktionstastenbelegungen

<F1> *Eingebaute Hilfe.* Bietet Ihnen eine Bildschirmseite voller Informationen zu den in *Vieweg Compare Databases* verfügbaren Optionen.

```
BIBLIO.DBF         DS.:        1 [      30] EXPORT.DBF         DS.:        5 [     30]
[    ]                                                                        [     ]
Althaus                    Tab      Fenster auswählen
H.P.                       F8       Links->Rechts kopieren
et al.                     Sh-F8    Links->Rechts ersetzen
                           Entf,Strg-T    Löschmarkierung
1980
                           F2       Ganzer Bildschirm
                           F10      Browse View-Modus
Lexikon der germanistisc   F6       Struktur anzeigen          strate und Sprachwand
.
2. Auflage                 F5       Neue Datenbank
                           F9       Filestatistik
                           F7       Zurück nach DOS
Tübingen
Niemeyer                   Strg-L     Buchstabensuchfeld
                           Leertaste  Suche ausführen

                           Strg-F     Datensatz finden
Linguistik                 Strg-R     Suche wiederholen
Deutsche Grammatik                                             lischen
                           Strg-G     Gehezu Datensatznr.

  [Strg-]Bild↑ [Strg-]Bild↓  F1 = Online-Hilfe        [Shift-Tab,Einf = Picklist]
```

Beachten Sie, daß dies das gleiche ist wie das, was Sie erhalten, wenn Sie <Einfg> drücken (oder alternativ dazu <Alt-Eingabe>), um das Auswahlfenstersystem wie in der unteren rechten Ecke des Bildschirms angezeigt zu aktivieren. Der Unterschied besteht darin, daß nach Drücken von <F1> das Fenster nur angezeigt wird; wenn Sie das Auswahlfenster aktivieren, können Sie einen Leuchtbalken bewegen und einen auszuführenden Befehl auswählen.

<Tab> *Anzeigefenster umschalten.* Wechselt vom momentan aktiven Fenster zum nicht-aktiven und wieder zurück. Es handelt sich hierbei um einen Kippschalter, d.h. er kehrt den momentan bestehenden Zustand um. Beachten Sie, daß die Umrandung des aktiven Fensters in heller Darstellung angezeigt wird, um seinen Status optisch anzudeuten!

<F3> *Auf rechten Bereich umschalten und Datenbank laden.* Wenn Sie *Vieweg Compare Databases* starten, gelangen Sie in einen Verzeichnisverwalter, aus dem Sie eine Datenbank auswählen können, die im linken Fenster angezeigt werden soll. Um eine für das rechte Fenster auszusuchen, können Sie entweder <Tab> und dann <F5> für eine neue Datenbank drücken oder einfach nur <F3>, das diese zwei Schritte auf einmal ausführt.

Anmerkung. Wenn die zweite Datenbank in ihrer Struktur nicht identisch ist, dann werden Sie von *Vieweg Compare Databases* hierüber aufmerksam gemacht. In diesem Fall besteht keine Möglichkeit, Datensätze zu übertragen.

<**F8**> *Übertragung links -> rechts.* Überträgt den aktuellen Datensatz auf der linken Seite des Bildschirms zu der Datenbank auf der rechten Seite. Dies setzt voraus, daß Sie zwei Datenbanken mit identischer Struktur geladen haben. Die Anzahl der Datensätze in der rechten Datenbank wird um eins erhöht.

<**Shift-F8**> *Ersetzen links -> rechts.* Dies ist ähnlich wie die vorangehende Funktion, aber mit dem Unterschied, daß der Inhalt des linken Datensatzes den auf der rechten Seite ersetzt (wieder unter der Voraussetzung, daß die Datenbanken in ihrer Struktur identisch sind), d.h. die Datenbank auf der rechten Seite wird in ihrer Größe nicht verändert.

<**F4, Strg-T, Entf**> *Löschen umschalten.* Schaltet die Löschmarkierung für einen Datensatz ein und aus. Dieses Markieren wird in der Datenbank auf Platte vermerkt, so daß Sie es später ansprechen können, wenn Sie die aktuelle Datenbank mit irgendeinem anderen Programm wie zum Beispiel *Vieweg DatenbankManager* verarbeiten.

<**F2**> *Ganzseitenmodus.* Nur ein bestimmter Teil eines Datensatzes ist auf einer Hälfte des Bildschirms sichtbar. Normalerweise reicht dies aus, zu entscheiden, ob man ihn nach rechts übertragen oder zum Löschen markieren möchte. Sollten Sie jedoch mehr von dem Datensatz sehen wollen, dann drücken Sie <F2>, und der gesamte Datensatz wird angezeigt. Drücken Sie eine beliebige Taste, und der vorherige Bildschirm wird wiederhergestellt.

```
 BIBLIO.DBF        DS.:       1 [     30] EXPORT.DBF        DS.:       5 [     30]

NACHNAME     Boretzsky
VORNAME      N.
ANDERE
HRSG_1
JAHR         1983
UNTERJAHR
ABGRENZ_1
TITEL        Kreolsprachen, Substrate und Sprachwandel
ABGRENZ_2    .
AUSGABE
HRSG_2
SAMMLUNG
ORT          Wiesbaden
VERLAG       Harrassowitz
ZEITSCHR
BAND
SEITEN
GEBIET       Linguistik
UNTER_1      Varietäten des Englischen
UNTER_2      Creoles
FILE_NAME
KOMMENTAR
                            - Taste drücken! -
```

<F10> *Browseanzeige der Datensätze.* Zeigt die Inhalte jedes Datensatzes auf einer Zeile-für-Zeile-Basis. Sie können in der Datenbank mit den üblichen Navigationstasten blättern und den Datensatzzeiger mit <Strg-Eingabe> neu positionieren.

<F6> *Datenbankstruktur zeigen.* Ein Fenster erscheint in der Mitte des Bildschirms, wenn Sie diesen Befehl aktivieren, und zeigt Ihnen die Struktur (Feldnamen, Typen und Größen) der aktuellen Datenbank.

<F5> *Neue Datenbank laden.* Lädt den Verzeichnisverwalter, um es Ihnen zu ermöglichen, eine neue Datenbank in einem der Fenster zu öffnen. Vergleicht die Struktur der neuen Datenbank mit der der bereits bestehenden, um festzustellen, ob diese identisch sind.

<F9> *Dateiinformation zeigen.* Bietet Ihnen eine Bildschirmseite voller sachdienlicher Informationen zu der gegenwärtigen Datenbank.

<F7> *Ende Vieweg Compare Databases.* Beendet das Programm, schließt alle geöffneten Datenbanken und bringt Sie zu DOS zurück.

<Strg-L> *Buchstabensuchefeld.* Erlaubt es dem Benutzer, zu spezifizieren, welches Feld zur sogenannten Buchstabensuche herangezogen werden soll (siehe die Beschreibung von *Vieweg DatenbankManager* für nähere Details).

<Leertaste> *Buchstabensuche durchführen.* Aktiviert die Buchstabensuchefunktion. Siehe wiederum *Vieweg DatenbankManager* für eine Behandlung dieser Option und ihre Verwendungsmöglichkeiten.

<Strg-F> *Datensatzinhalte finden.* Identisch mit der entsprechenden Option in *Vieweg DatenbankManager*, d.h. Durchsuchung eines ausgesuchten Feldes nach benutzerspezifizierten Inhalten.

<Strg-R> *Datensatzsuche wiederholen.* Versucht, die vom Benutzer eingegebenen Inhalte in einem späteren Datensatz zu finden, angefangen bei dem aktuellen Datensatz.

<Strg-G> *Gehe zu Datensatznummer.* Springt zu dem Datensatz mit der vom Benutzer eingegebenen Nummer.

8 Vieweg DbPage

Syntax: `vdbpage`

Im wesentlichen handelt es sich bei *Vieweg DbPage* um ein Dienstprogramm, das Datensätze zu Textseiten konvertiert und umgekehrt. Um zu verstehen, warum dies notwendig sein sollte, betrachten Sie eine typische Situation. Beim Editieren eines Textes mit einem Textverarbeitungsprogramm möchte man einige Informationen in eine Datenbank eingeben, sagen wir eine bibliographische Angabe. In der DOS-Umgebung bedeutet dies, daß man das Textverarbeitungsprogramm verlassen und einen Datenbankmanager laden muß. In einer Multi-Tasking-Umgebung wie der von *Microsoft Windows* müssen Sie immer noch mindestens zum Datenbankmanager umschalten. Das, was Ihnen *Vieweg DbPage* anbietet, stellt eine viel einfachere Lösung des Problems dar, indem es Ihnen ermöglicht wird, Informationen, die zur Verarbeitung in einem Datenbankmanager bestimmt sind, in eine strukturierte Textdatei einzugeben, die ihrerseits von *Vieweg DbPage* erzeugt wird.

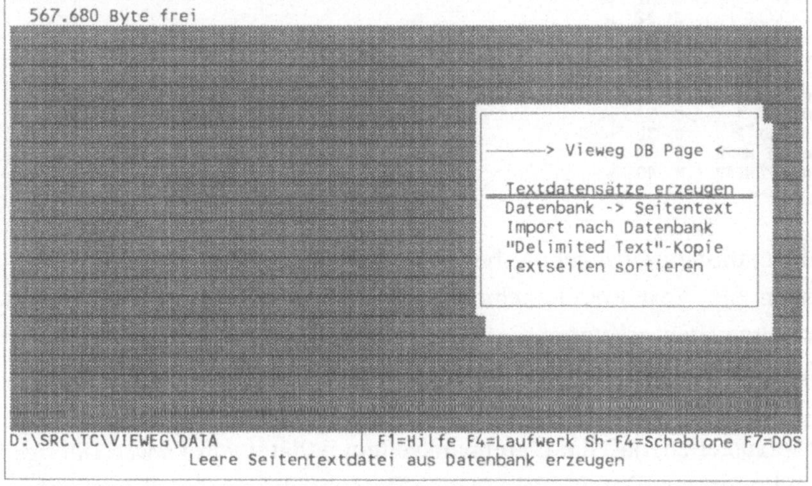

Textdatensätze generieren. Diese Option generiert eine Textdatei aus einer Datenbank, indem sie die Struktur der Datenbank untersucht und Informationen zu dem Namen, Typ und Größe jedes Feldes in eine Textdatei überträgt. Diese Informationen werden soviele Male wiederholt, wie Sie es spezifizieren, wenn Sie gefragt werden, wieviele leere Textdatensätze angelegt werden sollen. Jeder Textdatensatz nimmt genau eine Textseite ein. Nach Benutzung der Textdatei, d.h. Eingabe von Informationen in diese Datei, kann sie in eine Datenbank übertragen werden, wobei die vom Benutzer spezifizierten Informationen in den Datensätzen der aufnehmenden Datenbank abgelegt werden.

Eine einzelne Seite einer von *Vieweg DbPage* generierten Textdatei, die sich nach der mitgelieferten Musterdatenbank `BIBLIO.DBF` richtet, würde in etwa wie folgt aussehen:

```
«NACHNAME    C  32  »
«VORNAME     C  16  »
«ANDERE      C  32  »
«HRSG_1      C   8  »
«JAHR        N   4  »#
«UNTERJAHR   C   1  »
«ABGRENZ_1   C   3  »
«TITEL       C 128  »
«ABGRENZ_2   C   3  »
«AUSGABE     C  32  »
«HRSG_2      C  48  »
«SAMMLUNG    C  96  »
«ORT         C  32  »
«VERLAG      C  32  »
«ZEITSCHR    C  64  »
«BAND        C  16  »
«SEITEN      C  20  »
«GEBIET      C  32  »
«UNTER_1     C  32  »
«UNTER_2     C  32  »
«FILE_NAME   C  32  »
«KOMMENTAR   M  10  »
```

Um Informationen einzugeben, bewegen Sie sich einfach zum Ende der Zeile und geben Sie Text ein. Beachten Sie, daß ein '#' hinter das schließende Anführungszeichen gesetzt wird, um anzudeuten, daß das spezielle Feld in der Quelldatenbank numerisch im Typ ist! Löschen Sie dieses Symbol nicht!

Um sicherzustellen, daß die Datenbankseitentextdatei von *Vieweg DbPage* beim späteren Import von Datensätzen in eine Datenbank korrekt gehandhabt werden kann, müssen Sie auf zwei sehr wichtige Tatsachen achten.

(1) Setzen Sie die Werte für den linken und rechten Rand auf das Maximum in Ihrem Textverarbeitungsprogramm! Es ist unbedingt erforderlich, daß jede Textzeile, die Sie eventuell eingeben, nicht durch den Zeilenumbruch teilweise in die nächste Zeile gerät.

(2) Sichern Sie die Datenbankseitentextdatei immer als eine ASCII- (d.h. DOS-) Textdatei ohne jede Formatierungsinformation von Ihrem Textverarbeitungsprogramm! Verwenden Sie keine Zeichenattribute (wie zum Beispiel fett oder kursiv) und fügen Sie auch keine Seitenlayout-Informationen hinzu, wenn Sie diese Textdatei verarbeiten! Wenn Sie einen Texteditor wie z.B. *Vieweg Editor* benutzen, dann sichern Sie den Text auf normale Weise (Texteditoren generieren immer ASCII-Textdateien).

Datenbank zu Seitentext. Während die vorangehende Option eine leere Datenbankseitentextdatei generiert, konvertiert die aktuelle Option eine bestehende Datenbank in eine Textdatei, die so viele Seiten besitzt, wie es Datensätze in der Datenbank gibt.

In eine Datenbank importieren. Überträgt die benutzerspezifizierten Inhalte einer Datenbankseitentextdatei in eine Datenbank und hängt dabei an die Datenbank einen neuen Datensatz für jede Seite in der Quellentextdatei an. Stellen Sie sicher, daß die Datenbankseitentextdatei in der Struktur mit der Datenbank identisch ist, an die die Daten angehängt werden sollen, und achten Sie sorgfältig darauf, daß die Textdatei eine ASCII-Textdatei ist, in der es keine umbrochenen Zeilen gibt.

Anmerkung. Nach Auswahl dieser Option werden Sie gebeten zu spezifizieren, ob der Text, der zur Eingabe dienen soll, eine *Vieweg DbPage*-Datei ist oder nur ein einfacher ASCII-Text, d.h. ob der Eingabetext Feldinformationen am Anfang jeder Zeile, wie im obigen Bildschirm gezeigt, aufweist oder nicht. Sie müssen dies auch für die folgende Option spezifizieren.

In einen 'Delimited'-Text konvertieren. Im Grunde genommen dieselbe Funktion wie die obige mit der Ausnahme, daß ein 'Delimited'-Text (mit der Extension

`.txt`) erzeugt wird, von dem die Daten zu einem späteren Zeitpunkt in eine eigentliche Datenbank übertragen werden können.

Seiten in einem Text sortieren. Sortiert eine Datenbankseitentextdatei alphabetisch und orientiert sich dabei an dem Inhalt des ersten Feldes jedes 'Seiten'-Datensatzes. An der Textdatei wird keine weitere Änderung vorgenommen.

<F1> *Eingebaute Hilfe.* Bietet Ihnen eine Bildschirmseite mit Informationen über den Zweck von *Vieweg DbPage.*

<Shift-F1> *DOS-Befehl.* Öffnet eine Eingabezeile in einem Fenster, in die Sie einen beliebigen Befehl für DOS eingeben können, der dann ausgeführt wird. Nach Beendigung der Befehlsausführung kehren Sie automatisch zu *Vieweg DbPage* zurück.

<Strg-F1> *DOS vorübergehend laden.* Geht zur Betriebssystemebene herunter und erlaubt es Ihnen, beliebige Programme oder DOS-Befehle auszuführen. Tippen Sie `'exit'` ein, um zu *Vieweg DbPage* zurückzukehren.

9 Vieweg DbList

Syntax: `vdblist`

Die Idee, die hinter *Vieweg DbList* steckt, ist die Bereitstellung einer bequemen Umgebung zum Entwerfen von Formularen, mit denen man Listen aus einer *dBASE*-kompatiblen Datenbank generieren kann. Eine Liste kann in eine Plattendatei ausgegeben werden (und dann zum Beispiel mit *Vieweg Text* verarbeitet werden), oder sie kann zu einem Nadeldrucker geschickt werden (d.h. zu jedem 24-Nadel-Drucker, der die *Epson ESC P*-Druckerkontrollsprache verwendet, wobei dies die große Mehrheit der heutigen Punktmatrixdrucker umfaßt). Benutzer sollten zuerst verstehen, daß *Vieweg DbList* Listen direkt drucken oder die zu exportierenden Daten in einer ASCII-Textdatei ablegen kann. Um zu spezifizieren, welchen Modus Sie wünschen, benutzen Sie die Option *Ausgabeziel*. Die Listen, die das Programm generiert, sind der Ausgabe von *Vieweg Report* ähnlich. Letzteres Programm ermöglicht größere Formulare, wobei das Layout eine ganze Seite umfaßt. Bei *Vieweg DbList* ist das Formular recht klein und daher zum Beispiel für den Druck von Adreßetiketten geeignet. Ein weiterer wichtiger Zweck des Programms ist das Generieren von Listen mit Spalten. Nehmen wir an, daß Sie eine Datenbank mit Wortformen haben (mit *Vieweg DatenbankManager* erzeugt), dann können Sie diese mit *Vieweg DbList* in eine Textdatei mit mehreren Spalten pro Zeile exportieren und so eine Tabelle der Formen aus der Datenbank erhalten.

Wie bei den Hauptprogrammen der *Vieweg DatenbankManager*-Gruppe üblich kontrollieren Sie *Vieweg DbList* von einem Desktop aus, das dem Benutzer beim Starten des Programms präsentiert wird. Eine Bildschirmseite voller Optionen ist an dieser Stelle direkt verfügbar.

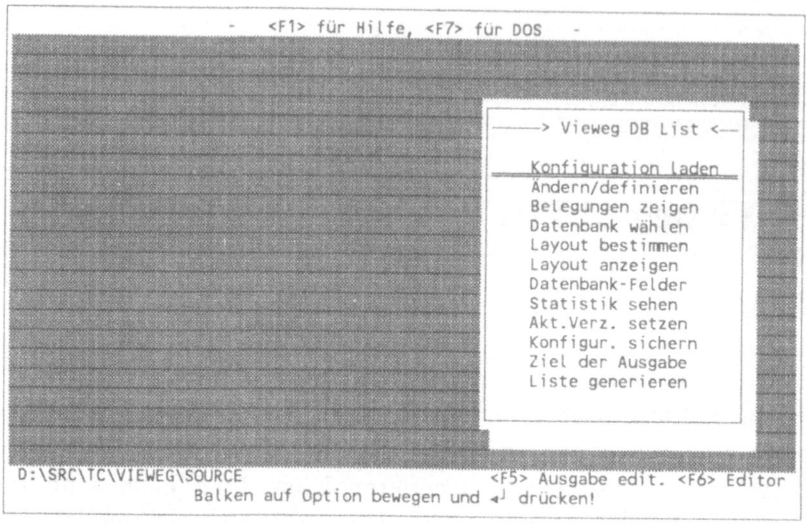

9.1 Befehlsbeschreibungen

Konfiguration auswählen. Bei Auswahl dieser Option öffnet sich ein Fenster, in dem alle Dateien im aktuellen Verzeichnis aufgelistet werden, die die Extension `.cfg` tragen (dies steht für *Konfiguration*-Datei). Dies ist die Extension, derer sich *Vieweg DbList* für die Dateien bedient, in denen es Informationen über den Formularentwurf speichert, die vom Benutzer festgelegt wurden (mit der entsprechenden Option, siehe unten). Wenn Sie eine andere Extension ausgewählt haben, als Sie eine Konfigurationsdatei auf Platte gesichert haben, dann wird diese nicht in der aktuellen Verzeichnisauflistung erscheinen und daher *Vieweg DbList* nicht zugänglich sein.

Um Ihnen auf Ihrem Weg zu helfen, ist eine Testkonfigurationsdatei, `vdblist.cfg`, in den mit dem *Vieweg DatenbankManager* mitgelieferten Musterdateien enthalten, ebenso wie eine Testdatenbank, `db_test.dbf`. Diese Konfiguration generiert eine zweispaltige Liste der Personen in der Datenbank, wobei nur der Nachname und der Vorname in der Ausgabetextdatei abgelegt werden.

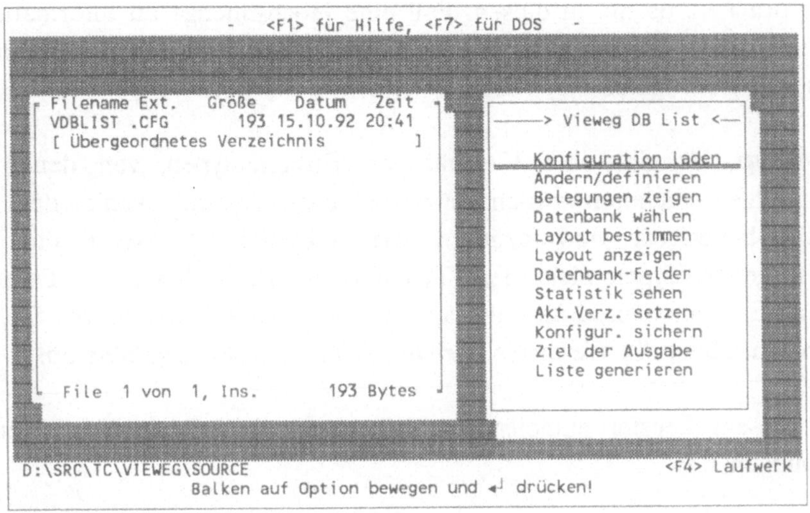

Formular definieren/ändern. Wenn Sie entweder ein existierendes Formular ändern oder ein neues definieren wollen, werden Sie die Punkte durchgehen müssen, die unter der gegenwärtigen Option zusammengefaßt sind. Ihnen werden eine Reihe von Auswahlfenstern angeboten, wo Sie die Werte für diverse Parameter spezifizieren müssen, die *Vieweg DbList* bei der Generierung einer Liste aus einer Datenbank benötigt.

Beachten Sie...

Wenn Formulare auf dem Drucker auszugeben sind, findet sich hier der Terminus *Etikett*. Ein Etikett bezeichnet den Rahmen, den *Vieweg DbList* beim Drucken einsetzt. Ob in der Tat Etiketten oder normales DIN A4-Papier verwendet wird, ist für die Operation von *Vieweg DbList* irrelevant.

Die Anzahl der Informationen, die *Vieweg DbList* an dieser Stelle benötigt, hängt entscheidend davon ab, ob Sie eine Liste drucken oder eine zu einer Plattendatei schicken. Für die untenstehenden Erläuterungen wird angenommen, daß Sie drucken, da Sie in diesem Fall eine Höchstmenge an Informationen eingeben müssen. Bei Ausgabe in eine Datei ist nur der Abschnitt *Formularrahmen* von Wichtigkeit.

Etikettentyp. Es gibt eine Vielzahl von Etikettentypen, von denen die häufigsten hier angeboten werden. Bewegen Sie den Leuchtbalken zu dem Typ, den Sie benötigen, und drücken Sie <Eingabe>! Wenn die hier vorgeschlagenen Typen nicht dem Typ der von Ihnen benutzten Etiketten entsprechen, dann wählen Sie die nächste Entsprechung und ändern Sie, wie unten beschrieben, die Werte für *Formularbreite* und *Formularhöhe* ab!

Die in diesem Fenster aufgelisteten Etikettentypen besitzen die folgenden Abmessungen:

```
Standard     =    3 1/2"   x    15/16"
Europäisch   =    3 1/2"   x    1 7/16"
Extra groß   =    4        x    15/16"
Disketten    =    2 3/4"   x    1 3/16"
```

Die obigen Abmessungen werden in Zoll angegeben. Wenn man eine Druckerschrittschaltung von 10 cpi (Pica) und einen Zeilenabstand von 6 Zeilen pro Zoll annimmt, lassen sich die Abmessungen wie folgt in horizontale und vertikale Druckkopfschritte übersetzen:

	Breite in Leerzeichen	Höhe in Zeilen
Standard	35	5
Europäisch	35	8
Extra groß	40	5
Disketten	26	7

Schrift. Drei verschiedene Schriften können für die zu druckenden Etiketten ausgewählt werden. Die ersten beiden von ihnen besitzen einen festgelegten Abstand zwischen jedem gedruckten Zeichen und sind daher zu empfehlen, wenn Sie waagerecht mehr als ein Etikett drucken. Der Unterschied zwischen *Entwurfs-* und *Korrespondenzqualität* liegt in der Feinheit der gedruckten Zeichen und somit indirekt auch in der Druckgeschwindigkeit. Proportionalschrift hat immer die beste Zeichenauflösung.

(1) Entwurf
(2) Korrespondenzqualität
(3) Proportional

Schrittschaltung. Die Frage der Schrift ist unabhängig von der Schrittschaltung mit der Ausnahme der Proportionalschrift, für die die Schrittschaltung nicht spezifiziert werden kann (da diese von Buchstabe zu Buchstabe variiert). Daher bezieht sich das gegenwärtige Auswahlfenster auf die ersten beiden Schriften, die Sie mit dem vorangehenden Auswahlfenster aussuchen können.

(1) 10 cpi (cpi = *characters per inch*)
(2) 12 cpi
(3) 15 cpi

Beachten Sie...

Der Parameter 'Schrittschaltung' bezieht sich auf die, die für das gesamte Etikett verwendet wird. Sie kann dadurch überstimmt werden, daß man eine andere Schrittschaltung für ein bestimmtes Feld wählt.

Stil. Wenn Sie Adreßetiketten drucken, wird die Frage des Druckstils kaum aufkommen. Es ist jedoch vorstellbar, daß Sie vielleicht Ihre Etiketten, sagen wir, kursiv oder fett drucken möchten. Um dies zu ermöglichen, ist das gegenwärtige Auswahlfenster enthalten.

(1) Normal
(2) Fett
(3) Kursiv
(4) Unterstrichen

Anmerkung. Etwas, das häufiger vorkommt, ist der Wunsch von Benutzern, eine Stiländerung für ein bestimmtes Feld zu spezifizieren. Dies können Sie mit der Option *Formularlayout festlegen* erreichen.

Formularrahmen

Formulare pro Zeile. Etiketten sind auf verschiedenen Arten von fächerähnlich gefaltetem Papier erhältlich. Die einfachste Form ist die, wo ein Etikett über die Breite des Papierträgers verläuft (normalerweise etwa 4½" breit). Die zweithäufigste besteht aus fächerförmig gefaltetem Papier, das Standardbreite besitzt (d.h. 8,5" oder 21 cm [A4] breit) und horizontal zwei Etiketten trägt. Weit weniger geläufig sind Papierformate mit drei oder mehr Etiketten in der Horizontale.

Mit *Vieweg DbList* können Sie Listen in Spaltenform ausdrucken. Dies wird durch Spezifizierung des Wertes, der in Ihrem Fall gilt, erreicht. Wenn Sie in der Breite mehr als eine Spalte wählen und gerade eine Datenbank drucken, dann druckt *Vieweg DbList* aufeinanderfolgende Datensätze horizontal, vorausgesetzt, daß Sie eine ganze Datenbank drucken möchten. Wenn Sie denselben Datensatz mehrere Male drucken, ist offensichtlich jedes Etikett, ungeachtet seiner Position auf dem Papierträger, ein Duplikat dieses einen Datensatzes.

Formularbreite. Ein Vorgabewert für diesen Parameter wird aus dem von Ihnen gewählten Etikettentyp abgeleitet, d.h. wenn Sie den *Standard*-Etikettentyp auswählen, dann beträgt die Etikettenbreite 35 Leerzeichen (orientiert an einer Schrittschaltung von 10 Zeichen pro Zoll). Der Grund, weshalb dieser Parameter überhaupt enthalten ist, liegt darin, daß es Ihnen ermöglicht werden soll, einen unregelmäßigen Wert zu spezifizieren, sollte dies aus dem einen oder anderen Grund notwendig sein.

Anmerkung. Während *Vieweg DbList* Etiketten druckt, verfolgt es die Anzahl der pro Zeile gedruckten Zeichen mit. Sollte diese den Wert für *Formularbreite* erreichen, dann wird die Zeile beendet, ungeachtet dessen, ob das gerade gedruckte Feld noch Zeichen enthält oder nicht. Dies ist erforderlich, um ein Drucken über den rechten Rand eines Etiketts hinaus zu verhindern.

Formularhöhe. Diese Funktion bezieht sich auf die Höhe des Etiketts gesehen als eine Anzahl von gedruckten Zeilen. Da ein *Standard*-Etikett 15/16" hoch ist, passen bei einem Zeilenabstand von 6 Zeilen pro Zoll 5 Zeilen auf das Etikett; bei einem *Europäisch*-Etikett beträgt die Höhe 1 7/16", was 8 Zeilen ergibt (bei 6 Zeilen pro Zoll).

Anmerkung. Während *Vieweg DbList* Etiketten druckt, verfolgt es die Anzahl der pro Etikett gedruckten Zeilen mit. Sollte diese den Wert für *Datensatzhöhe* erreichen, dann wird der Etikettendruck beendet, ungeachtet dessen, ob noch Zeilen zu drucken sind oder nicht. Dies ist erforderlich, um ein Drucken über den unteren Rand eines Etiketts hinaus zu verhindern. Ebenso, wenn die Etikettenhöhe größer ist als die sechs Zeilen, die Felder aufnehmen können, wird die Differenz als eine Reihe von Zeilenvorschüben zum Drucker geschickt, um sicherzustellen, daß der Druckkopf um den in dem Wert für *Formularhöhe* spezifizierten Betrag vorgeschoben wird.

Benutzerhinweis

Wenn Sie nicht wollen, daß das erste Feld eines Datensatzes auf der ersten Zeile eines Etiketts gedruckt wird, so können Sie (i) die erste Zeile leer lassen oder (ii) den Wert für *Zwischenzeilen* heraufsetzen, um sicherzustellen, daß der Druckkopf um eine bestimmte Anzahl von Schritten zwischen Etiketten bewegt wird.

Linker Rand. Hier entspricht der eingegebene Wert der Anzahl von Leerzeichen, um die sich der Druckkopf nach rechts bewegt, bevor er eine Zeile zu drucken beginnt. Beachten Sie, daß dieser Wert eine Anzahl von Zeichen darstellt, die durch 10 geteilt werden muß, um die Zollanzahl bei Pica zu ergeben, durch 12 bei Elite und durch 15 bei Schmalschrift.

Zwischenzeilen. Dieser Wert beträgt fast immer 1. Ändern Sie ihn nicht, es sei denn, Sie sind sich absolut sicher, daß auf Ihre Etiketten ein anderer zutrifft. Wenn Sie einen bestimmten Etikettentyp auswählen, wechselt *Vieweg DbList* automatisch die Etikettenhöhe. Sie sollten den vom Programm errechneten Wert annehmen, es sei denn, Sie wissen genau, welchen anderen Wert Sie spezifizieren sollten.

Zwischenleerzeichen. Wenn Ihr Etikettenpapier mehr als ein Etikett horizontal trägt, müssen Sie *Vieweg DbList* übermitteln, wieviele Leerzeichen es genau zwischen Etiketten auf der waagerechten Achse springen soll. Spezifizieren Sie hier den Wert, wie Sie ihn benötigen, und beachten Sie dabei, daß er sich auf Pica bezieht (10 cpi)! Wenn Sie für den Druck eine andere Schrittschaltung gewählt haben, dann müssen Sie dies entsprechend ausgleichen.

Achtung!
Wenn Sie eine proportionale Schrift anwählen, so kann dies zu Unebenheiten beim Drucken von Spalten führen. Der Grund hierfür liegt darin, daß proportionale Schriftarten unterschiedliche Breiten für Buchstaben verwenden (z.B. ein 'i' ist dünner als ein 'w'). Dies führt zu einer unterschiedlichen horizontalen Bewegung des Druckkopfes, so daß keine Gewähr mehr vorliegt, daß jede Spalte an der exakt gleichen Position anfängt.

Zeilenabstand. Zwei Werte sind hier möglich. Der Vorgabewert beträgt 6 Zeilen pro Zoll; der zweite Wert beträgt 8 Zeilen pro Zoll. Ändern Sie dies mit der <Leertaste>! Sie schaltet die Werte um; drücken Sie zum Abschluß <Eingabe> und lassen Sie Ihre Wahl von *Vieweg DbList* übernehmen!

Anmerkung. Wenn Sie 8 Zeilen pro Zoll auswählen, dann sind die vertikalen Schritte des Druckkopfes kleiner als beim Standard von 6. Halten Sie sich dies vor Augen, wenn Sie berechnen, um wieviel der Druckkopf vertikal vorrücken muß, um den Druck jedes Etiketts an genau der richtigen Position zu beginnen!

Bei einem Zeilenabstand von 8 müssen Sie die Etikettenhöhe um 33% vergrößern. Sagen wir, Sie drucken mit Etiketten, die 1 7/16" hoch sind mit einer Zeile zwischen jedem Etikett. Dies ergibt genau 1½" vom oberen Rand jedes Etiketts zum folgenden. In Zeilen pro Zoll ausgedrückt ergibt dies 9 bei 6

Zeilen pro Zoll. Bei 8 Zeilen pro Zoll ergibt dies jedoch 12, also addieren Sie 3 zu der vorgegebenen Etikettenhöhe von 9.

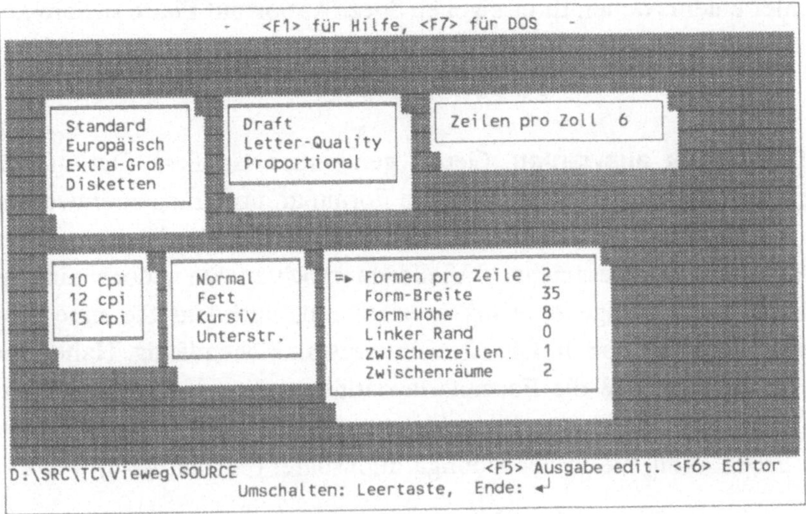

Aktuelle Einstellungen zeigen. Das Fenster, das sich hier öffnet, präsentiert Ihnen die Formulareinstellungen (aber nicht das Formularlayout), wie sie aus der Konfigurationsdatei gelesen werden (s. erste Option).

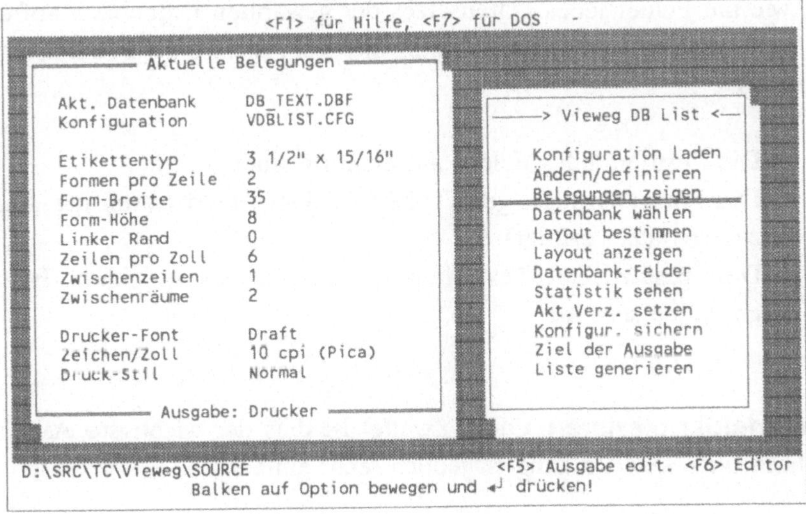

Wenn Sie noch keine Konfigurationsdatei ausgesucht haben, dann weisen die Einstellungen Vorgabewerte auf. Sie können diese als Ausgangspunkt für den Entwurf einer neuen Gruppe von Formulareinstellungen verwenden, die Sie dann unter einem Namen Ihrer eigenen Spezifikation auf Platte sichern könnten (siehe die relevante Option weiter unten).

Eine Datenbank auswählen. Genau genommen ist diese Option nur notwendig, wenn Sie eine neue Gruppe von Formulareinstellungen entwerfen. Der Name der ausgesuchten Datenbank wird dann in der Konfigurationsdatei mit der Extension `.cfg` gespeichert. Vielleicht möchten Sie jedoch eine andere Datenbank zur Listengenerierung spezifizieren, nachdem Sie eine Konfigurationsdatei geladen haben. Dies ist selbstverständlich zulässig. Halten Sie sich jedoch vor Augen, daß die Formularlayoutinformation vielleicht nicht zu der Datenbank paßt, die Sie auswählen (da letztere sehr wohl eine andere Struktur als die haben kann, die in der Konfigurationsdatei erwähnt wird).

Formularlayout bestimmen

Während es Ihnen die Option *Formular definieren/ändern* erlaubt, die Parameter für ein Formular als Ganzes festzulegen, geht es bei der gegenwärtigen Option darum, wie die Felder jedes Datensatzes der gewählten Datenbank auf einem Formular erscheinen sollen. Hier können Sie drei Aspekte des Formularlayouts spezifizieren:

(1) Die Position jedes Feldes auf einem Formular
(2) Die Formatierungseigenschaften für jedes Feld (wenn die Ausgabe zum Drucker erfolgt)
(3) Den zusätzlichen Text, falls gewünscht, der in einem Formular enthalten sein soll

Datensatzfelder plazieren. Ohne Zweifel ist dies der wichtigste Aspekt des Formularlayouts. Der Vorgang ist jedoch recht einfach.

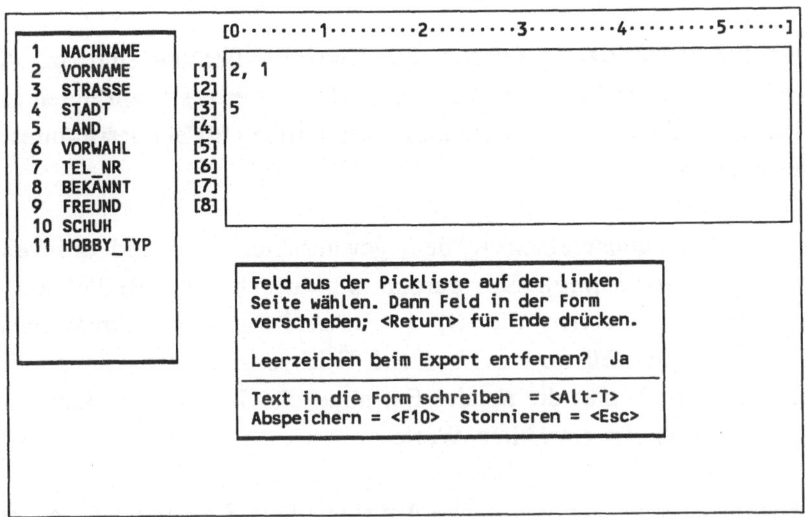

Zunächst einmal werden Sie bemerkt haben, daß bei Auswahl dieser Option der Bildschirm wechselt und auf der linken Seite eine Liste der Felder der momentan ausgewählten Datenbank zu finden ist. Rechts hiervon befindet sich ein Kästchen, das die Form eines einzelnen Etiketts darstellt. Darunter finden Sie ein Hilfefenster, das Ihnen mitteilt, was Sie unternehmen können.

Das Drücken entweder von <PfeilAb> oder von <PfeilAuf> bewegt den Leuchtbalken im Feldfenster. Gehen Sie mit dem Balken zu dem Feld, das Sie auf dem Formular plazieren möchten. Drücken Sie nun <Eingabe>, und Sie bemerken, daß innerhalb des Formulars die Nummer des ausgesuchten Feldes wiederholt wird. Wenn Sie nun eine der Pfeiltasten benutzen, wird die Nummer in eine von vier Richtungen verschoben. Bewegen Sie die Feldnummer zu der Position, an der Sie das bestimmte Feld im Formular ausgeben lassen wollen, und drücken Sie <Eingabe>. Sie kehren zu dem Feldfenster zurück und können den Vorgang für ein weiteres Feld wiederholen. Beachten Sie in diesem Zusammenhang die folgenden Punkte:

(1) Felder müssen auf einem Formular nicht in numerischer Reihenfolge erscheinen.
(2) Sie können so viele Felder in einer Zeile plazieren, wie Sie möchten.
(3) Sie können ein Feld mehr als einmal auf einem Formular plazieren.

Formatierung individueller Felder. Zwei weitere Befehle sind auf dieser Ebene verfügbar, derer Sie sich bewußt sein sollten. Der erste von ihnen ist der gegenwärtige, mit dem Sie Formatierungsinformationen für ein bestimmtes Feld spezifizieren können.

Bewegen Sie den Leuchtbalken zu dem gewünschten Feld und drücken Sie **<Alt-F>** (für *Formatierung*). Sie werden nun durch eine Reihe von drei Fenstern geführt, in denen Sie (i) *Schrittschaltung*, (ii) *Schrittschaltungsvergrößerung* und (iii) *Stil* für das fragliche Feld spezifizieren können. Diese Werte überstimmen immer die für das Formular als Ganzes beim Definieren/ Ändern eines Formulars gewählten Werte.

Schrittschaltung ist eine relativ einfache Angelegenheit. Sie können zwischen 10, 12 und 15 Zeichen pro Zoll wählen. *Schrittschaltungsvergrößerung* ist etwas ungewöhnlicher, aber dennoch nützlich. Angenommen, Sie drucken Adreßetiketten (z.B. mit der mitgelieferten Datenbank `db_test.dbf`) und möchten das Land jedes Empfängers hervorheben. Sie könnten hier spezifizieren, daß das Feld "Land" in vergrößerter Schrift gedruckt werden soll. Dies würde die Schrittschaltung halbieren, d.h. Pica würde mit 5 cpi gedruckt werden; Elite mit 6 und Schmalschrift mit 7,5. Wenn Sie Pica als den Grundzeichensatz für das gesamte Etikett gewählt haben, dann möchten Sie vielleicht das Länderfeld mit 6 cpi drucken; in diesem Fall würden Sie 12 cpi als *Schrittschaltung* wählen und *Schrittschaltungsvergrößerung* auf 'ein' setzen, indem Sie den Wert mit der <Leertaste> umschalten. Dies würde für das fragliche Feld 6 cpi ergeben.

Mittels des *Stil*-Fensters könnten Sie ein Feld auch, sagen wir, fett oder kursiv drucken lassen. Probieren Sie die verschiedenen hier angebotenen Möglichkeiten aus, bis Sie mit dem Aussehen des Formulars zufrieden sind.

Anmerkung. Die Option zur Feldformatierung ist nur verfügbar, wenn Sie einen Drucker als Ziel der *Vieweg DbList*-Ausgabe gewählt haben.

Achtung!

Man soll die Verwendung von anderen Schrittschaltungen als 10 cpi und die der Breitschrift vermeiden, wenn man mehr als ein Etikett in der Horizontalen druckt. Will man dies dennoch tun, so ist es erforderlich, die genauen horizontalen Druckkopfbewegungen zu berechnen, um die gleiche Spalte für jedes Feld im Etikett zu erreichen.

Text in Etikett aufnehmen. Wenn das Feldfenster aktiv ist (zu sehen an dem in ihm erscheinenden Leuchtbalken), können Sie **<Alt-T>** drücken, um zusätzlichen Text in das Formular einzugeben.

Die Idee hinter dieser Funktion ist der häufig auftretende Wunsch, einige Zeichen, die nicht aus dem auszugebenden Feld der Datenbank stammen, hinzuzufügen, z.B. ein Satzzeichen wie ein Komma oder einen Punkt oder Klammern nach dem oder um den Inhalt eines bestimmten Feldes herum.

Nach Drücken von <Alt-T> erscheint ein Cursor auf dem Formular. Sie können diesen mit den üblichen Pfeiltasten bewegen. Wenn Sie an eine Position gelangen, an der Sie Text eingeben wollen, tippen Sie diesen einfach über die Tastatur ein. Die gedrückte Taste wird an der aktuellen Cursorposition im Formular wiederholt. Beachten Sie, daß Sie nichts eingeben können, wenn der Cursor auf einer Feldnummer steht!

Sagen wir, Sie geben einen Punkt nach einem bestimmten Feld ein, dann erscheint dieser beim Druck nach dem Inhalt des betreffenden Feldes. Die absolute Position des Punktes variiert je nach der Länge des Inhaltes des Feldes, hinter dem er plaziert werden soll, und je nachdem, ob Felder bei der Ausgabe zurückgeschnitten werden sollen.

Anmerkung. Der zusätzliche Text, den Sie in ein Formular eingeben können, wird von den für ein individuelles Feld spezifizierten Formatierungseigenschaften nicht beeinflußt, ist aber abhängig von der Formatierung des Formulars als Ganzes (spezifiziert über die Option *Formular definieren/ändern* im Desktop).

Bedenken Sie...
Prinzipiell entfernt *Vieweg DbList* Leerzeichen aus Datensatzfeldern, es sei denn, daß Sie das Gegenteil spezifizieren.

<F10> *Formularlayoutparameter sichern.* Sie können die Formularlayouteditierung bestätigend beenden, indem Sie <F10> drücken. Alle Informationen, die Sie spezifiziert haben (Feldnummer und Position, Formatierungsinformationen und zusätzlicher Text), werden intern gespeichert. Um diese auf Platte zu speichern, müssen Sie die entsprechende Option weiter unten wählen.

<Escape> *Formularlayoutparameter verwerfen.* Dies bewirkt, daß alle Informationen, die Sie spezifiziert haben, verworfen werden. Die Werte, die die Parameter vor dem Einstieg in die Formularlayouteditierung besaßen, werden behalten.

Formularlayout anzeigen. Um festzustellen, welche Werte verschiedene Parameter besitzen, können Sie diese Option wählen. Es zeigt das aktuelle Formular mit den plazierten Feldern und den zusätzlichen Text wie spezifiziert an. Diese Informationen können Sie erhalten (i) als Ergebnis Ihrer gerade vorgenommenen Editierung des Datensatzlayouts oder (ii) indem sie aus einer Konfigurationsdatei gelesen werden.

Wie in der letzten Zeile des unten abgebildeten Bildschirms angezeigt, können Sie die gesamten Formatierungsinformationen für individuelle Felder entfernen, indem Sie die <Entf>-Taste drücken. Diese oder eine beliebige andere Taste bewirkt eine Rückkehr zum Desktop. Es ist wichtig, zu verstehen, daß Feldformatierungsinformationen nur hier gelöscht werden können. Während der Formularlayouteditierung können Sie Formatierungsinformationen hinzufügen, aber nicht zurücknehmen.

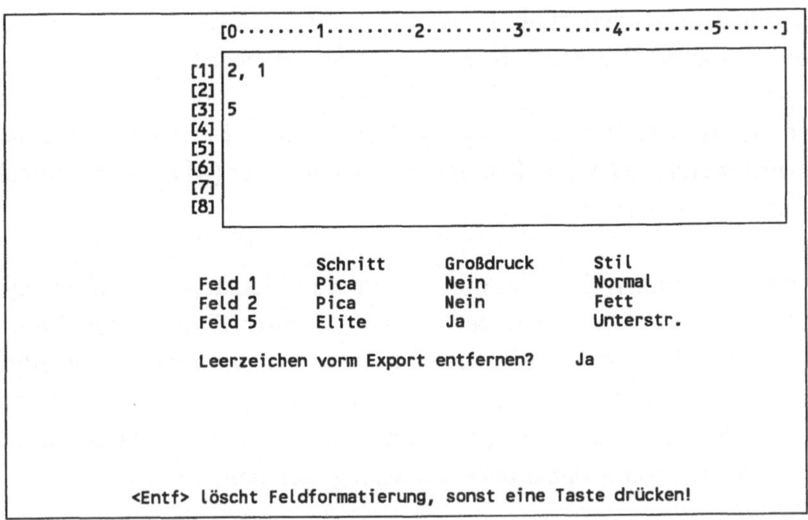

Datenbankfelder betrachten. Diese Option erfüllt einfach die Funktion, Ihnen die Felder der gegenwärtig ausgewählten Datenbank zu zeigen. Wenn die Anzahl der Felder zu groß ist, um in dem sich zu diesem Zweck öffnenden Fenster gezeigt zu werden, dann bewirkt ein beliebiger Tastendruck, daß weitere angezeigt werden und so weiter, bis alle Felder gezeigt worden sind.

Statistiken betrachten. Hier werden Ihnen einige für die momentan ausgewählte Datenbank relevante Statistiken gezeigt, zusammen mit dem Namen der aktuellen Konfigurationsdatei. Dies ist die einzige Methode zur Überprüfung der Namen von Konfigurations- und Datenbankdatei. Wenn Sie eine andere Datenbank gewählt haben als die, die in der Konfigurationsdatei spezifiziert ist, dann können Sie ihren Titel mittels der gegenwärtigen Option überprüfen.

Aktuelles Verzeichnis ändern. Hier öffnet sich ein Fenster und gestattet es Ihnen, den Namen eines neuen Verzeichnisses einzugeben. Das Fenster wird mit dem Namen des aktuellen Verzeichnisses gefüllt. Benutzen Sie die <Rückschritt>-Taste, um so viel von dem Namen zu löschen, wie notwendig ist, um den des neuen Verzeichnisses einzugeben. Vorausgesetzt, daß der Name, den Sie eintippen, ein gültiges Verzeichnis ist, wird ein Wechsel vorgenommen, und der Name des neuen aktuellen Verzeichnisses wird in der vorletzten Zeile des

Desktop-Bildschirms wiederholt. Ein von dem aktuellen Laufwerk verschiedenes kann am Anfang des Verzeichnisnamens spezifiziert werden.

Das hier spezifizierte Verzeichnis ist dasjenige, was für ein Verzeichnisfenster benutzt wird, wenn Sie (i) eine Konfigurationsdatei oder (ii) eine Datenbank zur Listengenerierung auswählen.

Konfiguration sichern. Dies ist die Option zum Sichern aller Informationen, die Sie für ein Formular spezifiziert haben, in einer Plattendatei. Wenn Sie <Eingabe> drücken, präsentiert sich Ihnen eine Eingabezeile, die Sie editieren können, falls Sie dies wünschen. Sie ist entweder mit dem Vorgabeformulardateinamen `vdblist.cfg` gefüllt oder dem Namen der Formulardatei, die Sie zuletzt mit der Option *Konfiguration auswählen* geladen haben.

Es gibt keine Bestätigung zum Überschreiben einer Datei auf der Festplatte. Die Konfigurationsdatei wird im aktuellen Verzeichnis gespeichert, d.h. in demjenigen, das am unteren Rand des Bildschirms angezeigt wird.

Ausgabeziel. An dieser Stelle können Sie spezifizieren, ob die Ausgabe einer Listengenerierung zu einem Drucker oder zu einer Textdatei gehen soll. Abhängig von dem, was Sie hier wählen, werden einige weitere Optionen von *Vieweg DbList* (wie zum Beispiel Formularlayout) beeinflußt.

Liste aus Datenbank herstellen. Nach Auswahl dieser Option verschwindet der Desktop-Bildschirm, und die ausgesuchte Datenbank wird geöffnet. Die ersten acht Felder werden angezeigt. Sie können nun in der Datenbank mit den folgenden Tastenbetätigungen navigieren:

<Bild↑>	*Vorangehender Datensatz*
<Bild↓>	*Folgender Datensatz*
<Strg-Bild↑>	*Anfang der Datenbank*
<Strg-Bild↓>	*Ende der Datenbank*
<Strg-F>	*Einen bestimmten Datensatz finden*
<Strg-G>	*Springen zu einem bestimmten Datensatz*

Die letzten beiden Optionen erfordern, daß Sie (i) den Inhalt des ersten Feldes des Datensatzes, den Sie finden möchten, eingeben oder (ii) die Nummer des Datensatzes eingeben, zu dem gesprungen werden soll.

```
DB_TEST.DBF                                              Datensatznr.:    1 [  30 ]
[········|·········|·········|·········|·········|·········|·········|·········]
NACHNAME     C  30 Balkhausen
VORNAME      C  20 Thomas
STRASSE      C  30 Zedernweg 15
STADT        C  20 Bremen
LAND         C  30 Deutschland
VORWAHL      C   8 0234
TEL_NR       C  12 988723
BEKANNT      D   8 19800101

            Navigieren: <[Strg-]Bild↑>, <[Strg-]Bild↓>
               <Strg-F> = Einen Datensatz finden
                <Strg-G> = Springe zu Datensatz
            ---------------------------------------------
             <F8>        Akt. Datensatz exportieren
             <Alt-F8>    Akt. DS X-mal exportieren
             <Strg-F8>   Ganze Datenbank exportieren
            ---------------------------------------------
            <Esc> beendet und führt zum Desktop zurück
```

Die restlichen Befehle beziehen sich auf den Export. Sie können entweder (i) die gesamte Datenbank exportieren mit **<Strg-F8>**, (ii) nur den aktuellen Datensatz exportieren mit **<F8>** oder (iii) den aktuellen Datensatz eine spezifizierte Anzahl von Malen exportieren mit **<Alt-F8>**. Für die letzte Option öffnet sich links ein Fenster, und Sie müssen angeben, wie oft der aktuelle Datensatz exportiert werden soll.

Nach einem Exportdurchlauf bleiben Sie auf dieser Programmebene. Dies ist offensichtlich wünschenswert, wenn Sie individuelle Datensätze aus einer Datenbank drucken möchten. Sie möchten nicht nach jedem Datensatzdruck zum Desktop zurückgebracht werden. Um die gegenwärtige Arbeitssitzung zu beenden (und zum Desktop zurückzukehren), drücken Sie <Escape>.

Anmerkung. Sie können den Druckvorgang mit <Escape> unterbrechen. Sie verbleiben auf dieser Ebene und können zum Desktop zurückkehren, indem Sie noch einmal <Escape> drücken.

9.2 Funktionstastenbelegungen

<F1> *Eingebaute Hilfe.* Dies bietet Ihnen einen kleinen Hilfetext zum Desktop mit ein paar allgemeinen Hinweisen. Da *Vieweg DbList* viele Details besitzt, gibt es keine Möglichkeit, diese alle mittels eines Hilfebildschirms anzudeuten; lesen Sie stattdessen den gegenwärtigen Abschnitt sorgfältig durch.

<Shift-F1> *DOS-Befehl ausführen.* Eine Option, die nur vom Desktop aus verfügbar ist. Zu diesem Zweck öffnet sich links ein Fenster, und Sie können den Namen eines gültigen DOS-Befehls eingeben. Wenn Sie dies bereits zuvor getan haben, wird die Eingabezeile mit dem letzten eingegebenen Befehl gefüllt.

<F7> *Vieweg DbList verlassen.* Beendet *Vieweg DbList* und bringt Sie zu DOS zurück. Beachten Sie, daß die Initialisierungsinformationen nicht automatisch auf Platte gespeichert werden, sondern Sie daran erinnert werden, dies selbst zu tun, wenn *Vieweg DbList* bemerkt, daß Sie einige Werte aus einer Konfigurationsdatei geändert haben.

<Shift-F7> *Vieweg DbList mit Verzeichnisänderung verlassen.* Das gleiche wie der vorangehende Befehl, aber mit einem Wechsel zu dem aktuellen Verzeichnis, wenn dies von dem verschieden ist, von dem aus Sie *Vieweg DbList* gestartet hatten.

10 Vieweg MergeDb

Syntax: `vmergedb Datenbank1 Datenbank2 [/e]`

Das gegenwärtige Dienstprogramm erfüllt ein Bedürfnis, das Benutzer von Datenbankmanagern bestimmt bei der Arbeit mit Datenbanken entwickelt haben werden: das nach dem Herausfiltern von Dubletten aus einer Datenbank. Letztere schleichen sich bei großen Datenbanken recht einfach in die Datenbanken ein, da dies keine Dateien sind, die man sozusagen an einem Tag aufbaut, so daß man schnell vergessen kann, welche Daten man bereits eingegeben hat, und so unwillentlich Dubletten verursacht.

Vieweg MergeDb funktioniert wie folgt. Es nimmt eine Empfängerdatenbank `Datei1` und eine abgebende Datenbank `Datei2` und überprüft letztere, um festzustellen, welche Datensätze sie enthält, die sich *nicht* in der Empfängerdatenbank befinden. Wenn Sie nicht den /e-Schalter benutzen, um einen Vergleich aller Felder jedes Datensatzes zu spezifizieren (was mehr Zeit in Anspruch nimmt, aber oft notwendig ist), dann erscheint ein Feldauswahlfenster in einem Fenster auf der rechten Seite des Bildschirms, und Sie müssen ein Feld auswählen, das benutzt werden soll, wenn die Datensätze von Empfänger- und abgebender Datenbank verglichen werden.

Sie können die Operation jederzeit durch Drücken von <Escape> abbrechen. Beide Datenbanken werden geschlossen; die Empfängerdatenbank wird um so viele Datensätze vergrößert, wie bis zum Abbruch der Operation importiert worden waren.

Anmerkungen

Es ist selbstredend, daß sowohl Empfänger- als auch abgebende Datenbank die gleiche Struktur besitzen müssen, damit *Vieweg MergeDb* korrekt arbeitet. Wenn nicht, wird eine Fehlermeldung ausgegeben.

Halten Sie sich vor Augen, daß Datensätze, die sich in nur einem Punkt, einem Komma, einem Leerzeichen oder was auch immer unterscheiden, für *Vieweg MergeDb* immer noch verschieden sind und beide nach der Mischoperation in der Empfängerdatenbank erscheinen werden!

Wenn Sie nur doppelt vorkommende Datensätze aus einer einzelnen Datenbank herausfiltern möchten, dann ist die Prozedur recht einfach. Legen Sie ein Datenbankgerüst von der betreffenden Datenbank an (dies können Sie mit *Vieweg DatenbankManager* erledigen), und benutzen Sie dies als *Empfänger*datenbank. Da sich keine Datensätze aus der Empfänger- in der abgebenden Datenbank (Ihre ursprüngliche Datenbank) befinden, da jene offensichtlich leer ist, werden alle Nicht-Dubletten in das Datenbankgerüst importiert. Im Endeffekt erhalten Sie eine von allen Dubletten befreite Datenbank. Löschen Sie nun die abgebende Datenbank und benennen Sie die Empfängerdatenbank neu mit dem Namen Ihrer ursprünglichen Datenbank.

11 Vieweg Class

Syntax: `vclass Eingabedatei Klassifikationsdatei`

Dies ist ein Dienstprogramm, das dafür entworfen wurde, eine Datenbankmanipulationsfunktion zu erfüllen, die in der Datenbankverwaltung nicht immer verfügbar ist, aber dennoch eine, nach der recht oft ein Bedarf entsteht.

Vieweg Class untersucht ein Feld in jedem Datensatz einer Datenbank und zählt, wieviele Male ein bestimmter Gegenstand in der Datenbank vorkommt. Sagen wir, Sie haben eine Adreßdatenbank mit, neben anderen, einem Feld für `STADT`. Sie würden gerne wissen (i) wieviele Städte in diesem Feld der Datenbank vorkommen und (ii) wie oft jede Stadt zu finden ist. Mit *Vieweg Class* wird diese Aufgabe schnell und einfach gelöst. Sie laden das Programm und übergeben ihm den Namen einer Datenbank (`input_file`) und den Namen einer Textdatei (`classify_file` oben), die *Vieweg Class* mit den Informationen anlegen soll, die es aus der Datenbank gewinnt. Sofort präsentiert sich Ihnen ein Feldauswahlfenster, aus dem Sie das Feld `STADT` für die Klassifikation auswählen. *Vieweg Class* durchläuft nun einmal die Datenbank, um festzustellen, wieviele Begriffe in diesem Feld vorkommen, d.h. wieviele Städte in diesem Feld in den Datensätzen der Datenbank zu finden sind. Dann nimmt es jeden Begriff und zählt, wieviele Male er in der Datenbank vorkommt. Da *Vieweg Class* direkt in *C* geschrieben ist (und nicht in einer höheren Datenbankmanipulationssprache), führt es dies schnell aus, und Ihre Klassifikationsliste ist in kürzester Zeit generiert, obwohl das Programm die gesamte Datenbank nach jedem Gegenstand in dem ausgewählten Feld durchsucht.

Anmerkung

Die Klassifikationsdatei ist eine reine ASCII-Textdatei und wird im aktuellen Verzeichnis abgelegt.

12 Vieweg CrLf

Syntax: `vcrlf [Dateiname /## /n /r]`

Das gegenwärtige Dienstprogramm ist eine Notwendigkeit für diejenigen Benutzer, die mit einem Text, der mit *Vieweg Editor* erzeugt wurde, in einer Textverarbeitungsumgebung, z.B. mit *WordPerfect* oder Microsoft *Word*, weiterarbeiten möchten. Der Grund hierfür besteht darin, daß jeder ASCII-Text mit einem Zeichenpaar endet, einem Wagenrücklauf (ASCII $13) und einem Zeilenvorschub (ASCII $10), die in einem Textverarbeitungsprogramm als Signale für das Ende eines Absatzes interpretiert werden. Im Endeffekt wird ein ASCII-Text von den meisten Textverarbeitungsprogrammen als eine Reihe von Zeilen behandelt, wobei jede einzelne aus einem einzigen Absatz besteht. Eine der unerwünschtesten Konsequenzen hiervon besteht darin, daß die Zeilenumbruchsfunktion Ihres Textverarbeitungsprogramm nicht mehr zwischen Zeilen funktioniert (wie Sie es erwarten würden), da jede Zeile als ein Absatz angesehen wird.

Die Lösung dieses Dilemmas liegt in der Entfernung der Wagenrücklauf-/Zeilenvorschub-Zeichenpaare. Die Angelegenheit ist jedoch nicht ganz so einfach wie sie aussieht. Wenn Sie nur blind alle Wagenrücklauf-/Zeilenvorschub-Zeichen entfernen, dann besteht die entstehende Datei aus einem einzigen Absatz, und das ist mit ziemlicher Sicherheit nicht das, was der Benutzer wünscht. Stattdessen muß man eine Methode erfinden, mit der ein Programm erahnen kann, wo ein vom Benutzer beabsichtigter neuer Absatz vorhanden ist.

Eine Antwort hierauf besteht darin, alle Wagenrücklauf-/Zeilenvorschub-Zeichen nach einer bestimmten Spalte zu löschen. Dies ist für den Anfang gut, da einem neuen Absatz üblicherweise eine Teilzeile vorangeht, die weniger als x Spalten lang ist.

Ein anderer Ansatz besteht darin, das Löschen von Wagenrücklauf-/Zeilenvorschub-Zeichen zu unterdrücken, wenn sie von (i) einem weiteren Wagenrücklauf/Zeilenvorschub oder (ii) einem Tabulatorzeichen (ASCII $9) gefolgt sind, die beide einen neuen Absatz signalisieren würden. Läßt man den Wagenrücklauf/Zeilenvorschub in diesem Fall, würde dies sicherstellen, daß ein neuer Absatz an diesen Stellen im Dokument erscheint, wenn es in ein Textverarbeitungsprogramm importiert wird.

Eine weitere Verbesserung von *Vieweg CrLf* besteht in der Entfernung der von *Vieweg Editor* benutzten Druckerkontrollcodes, da diese für ein Textverarbeitungsprogramm offensichtlich keinen Sinn ergeben würden.

Anmerkungen. Werte für alle Parameter können von der DOS-Befehlszeile aus übergeben werden, um *Vieweg CrLf* zu veranlassen, in einem Stapelverarbeitungsmodus zu arbeiten (es wird dann keine Benutzer-Programm-Interaktion angeboten).

Es kann nur eine Datei gleichzeitig geändert werden. Es ist das Original, was geändert wird, also experimentieren Sie nur mit *Kopien* von wertvollen Originalen!

Die Werte der diversen Parameter werden beim Verlassen von *Vieweg CrLf* auf Platte in einer Datei namens `vcrlf.cfg` gespeichert, die im Ursprungsverzeichnis von *Vieweg CrLf* abgelegt wird. Beim erneuten Laden werden die Werte dieser Datei entnommen (vorausgesetzt, daß sie zu einem späteren Zeitpunkt gefunden werden kann) und füllen die benutzerdefinierbaren Parameter, so daß es nicht immer erforderlich ist, alle Parameter von Neuem zu ändern.

13 Vieweg View

Syntax: `vview [Dateiname] [Suchstring] [/i]`

Um den Inhalt einer Datei zu überprüfen, ist es manchmal praktisch, sie zu betrachten, ohne sie mühsam mit einem Textverarbeitungsprogramm zu laden, besonders, wenn man sich bereits in einem anderen Programm befindet und nur kurz den Inhalt einer Datei bestätigen möchte.

Das gegenwärtige Programm stellt eine solche Funktion zum Betrachten einer Datei zur Verfügung. Sie können das Programm starten und dabei den Namen der zu betrachtenden Datei als Befehlszeilenparameter übergeben, wie in: `vview mytext.doc`, oder tippen Sie einfach `vview` ein, wodurch sich Ihnen der interne Dateiverwalter in *Vieweg View* bietet, von wo aus Sie eine Datei mit oder ohne vorherigem Wechsel des Laufwerks/Verzeichnisses aussuchen können. Wenn Sie eine Datei ausgewählt haben, erhalten Sie einen Bildschirm wie den folgenden:

```
=| BIBLIO.TXT                        Größe: 5230    Offset: 4669     [^▼] [^▲] |↑
|Althaus|,|H.P.|,|et al.|,||,1980,||,||,|Lexikon der germanistischen Linguisti
|Altmann|,|G.|,|V.Raettig|,||,1973,||,|"|,|Genus und Wortauslaut im Deutschen|
|Bauer|,|A.|,||,||,1974,||,||,|Das melanesische und chinesische Pidginenglisch
|Berndt|,|R.|,||,||,1960,||,||,|Einführung in das Studium des Mittelenglischen
|Boretzsky|,|N.|,||,||,1983,||,||,|Kreolsprachen, Substrate und Sprachwandel|,
|Brinkmann|,|H.|,||,||,1954,||,||,|Zum grammatischen Geschlecht im Deutschen|,
|Brunner|,|K.|,||,||,1962,||,||,|Die englische Sprache. Ihre geschichtliche En
|Bähr|,|D.|,||,||,1975,||,||,|Einführung in das Mittelenglische|,|.|,||,||,||,
|Clyne|,|M.G.|,||,||,1969,||,|"|,|Inhalt, Klangassoziation und Genus in der de
|Daum|,|E.|,|W.Schenk|,||,1978,||,||,|Die russischen Verben|,|.|,||,||,||,|Lei
|Erdmann|,|P.|,||,||,1972,||,||,|Tiefenphonologische Lautgeschichte der englis
|Felix|,|S.|,||,||,1982,||,||,|Psycholinguistische Aspekte des Zweitspracherwe
|Fleischer|,|W.|,||,||,1976,||,||,|Wortbildung der deutschen Gegenwartssprache
|Friederici|,|A.|,||,||,1983,||,||,|Neuropsychologie der Sprache|,|.|,||,||,|
|Görlach|,|M.|,||,||,1978,||,||,|Einführung ins Frühneuenglische|,|.|,||,||,|
|Görlach|,|M.|,||,||,1980,||,||,|Einführung in die englische Sprachgeschichte|
|Hager|,|F.|,|et al.|,||,1973,||,||,|Soziologie und Linguistik. Eine Einführun
|Hellinger|,|M.|,||,||,1985,||,||,|Englisch-orientierte Pidgin- und Kreolsprac
|Jakobson|,|R.|,||,||,1941,||,||,|Kindersprache, Aphasie und allgemeine Lautge
|Kohler|,|K.|,||,||,1977,||,||,|Einführung in die Phonetik des Deutschen|,|.|,
|Königs|,|F.|,||,||,1983,||,||,|Normenaspekte im Fremdsprachenunterricht|,|.|,
|Lindner|,|K.|,||,||,1983,||,||,|Sprachliches Handeln bei Vorschulkindern|,|.|
|Miller|,|M.|,||,||,1976,||,||,|Zur Logik der frühkindlichen Sprachentwicklung
                                                        <Shift-Tab> Menü  |↓
```

Sie können in der Datei, die Sie betrachten, blättern mit <PfeilAuf>, <PfeilAb>, <Bild↑>, <Bild↓> (eine Bildschirmseite auf einmal) und <Strg-Bild↑> (Anfang der Datei) <Strg-Bild↓> (Ende der Datei). Die Größe der Datei und Ihre gegenwärtige Position werden oben auf dem Bildschirm angezeigt.

13.1 Funktionstastenbelegungen

<F1> *Eingebaute Hilfe.* Ein kurzer Hilfetext wird hier in Form eines Fensters angeboten.

<Strg-F3> *Formatierung anzeigen.* In der Textanzeige werden alle vorhandenen Tabulatoren in 8 Leerzeichen aufgelöst. Wenn Sie Tabulatoren in einem Text auf mehr oder weniger als diesen Wert gesetzt haben, dann kann ein Text in einer Zeile mit Tabulatorstops etwas verschoben aussehen. Benutzen Sie die gegenwärtige Option zur Anzeige der tatsächlichen Tabulatorzeichen (¦) und die zu ihrer Auflösung verwendeten Leerzeichen (·).

Eine Zeile, die länger als eine Bildschirmzeile ist, wird umbrochen, und der Rest wird in der folgenden Zeile angezeigt.

<F5> *Datei laden.* Aktiviert den Dateiverwalter und erlaubt es Ihnen so, eine neue Datei zum Laden auszuwählen. <Escape> bringt Sie ohne jede Änderung zu der Datei zurück, die Sie gerade betrachtet haben.

<Shift-F6> *Nach einer Zeichenkette suchen.* Jede beliebige Suche kann hier eingegeben werden. Alternativer Tastendruck: **<Strg-F>**.

Vieweg View beginnt die Datenbank vom aktuellen Offset aus zu durchsuchen und hält bei dem ersten Vorkommen oder am Ende des Textes an, wenn es keine Entsprechung für die Zeichenkette gibt. Wenn eine Entsprechung gefunden wird, bewirkt ein beliebiger Tastendruck, daß *Vieweg View* die Suche fortsetzt. Entsprechungen werden in hellunterlegter Videodarstellung angezeigt.

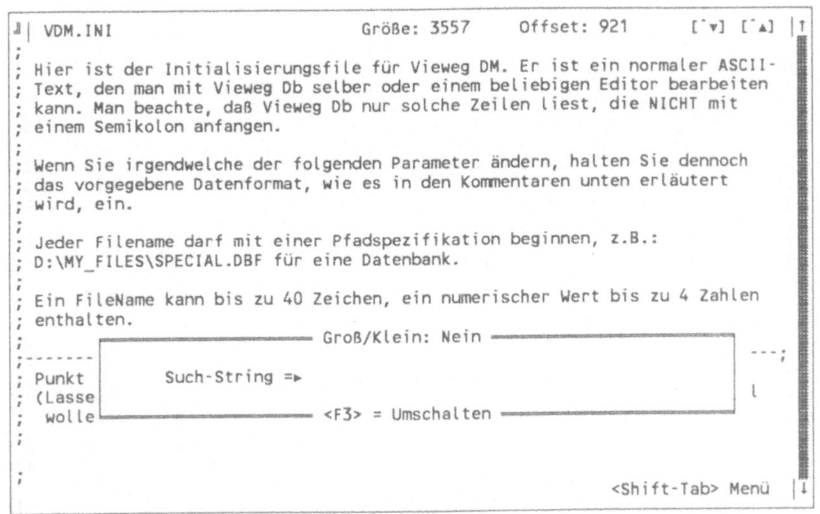

VDM.INI Größe: 3557 Offset: 921 [^▼] [^▲]
;
; Hier ist der Initialisierungsfile für Vieweg DM. Er ist ein normaler ASCII-
; Text, den man mit Vieweg Db selber oder einem beliebigen Editor bearbeiten
; kann. Man beachte, daß Vieweg Db nur solche Zeilen liest, die NICHT mit
; einem Semikolon anfangen.
;
; Wenn Sie irgendwelche der folgenden Parameter ändern, halten Sie dennoch
; das vorgegebene Datenformat, wie es in den Kommentaren unten erläutert
; wird, ein.
;
; Jeder Filename darf mit einer Pfadspezifikation beginnen, z.B.:
; D:\MY_FILES\SPECIAL.DBF für eine Datenbank.
;
; Ein FileName kann bis zu 40 Zeichen, ein numerischer Wert bis zu 4 Zahlen
; enthalten.
; Groß/Klein: Nein
;------- ---;
; Punkt Such-String =►
; (Lasse l
; wolle <F3> = Umschalten
;
;
<Shift-Tab> Menü

<Strg-F6> *Suche fortsetzen.* Unter Verwendung einer vorher eingegebenen Zeichenkette wird die Suche vom aktuellen Offset aus fortgesetzt. Alternative Tastenbetätigungen: **<Strg-N>**, **<Strg-R>**.

<Alt-F6> *Vorkommen einer Zeichenkette zählen.* Zählt die Entsprechungen für einen bestimmten Suchstring. Das Zählen beginnt bei der aktuellen Position und wird bis zum Ende des Textes fortgesetzt. Um alle Vorkommen in einer Datei zu zählen, drücken Sie <Strg-Bild↑>, um zum Anfang der Datei zu springen. Alternativer Tastendruck: **<Strg-X>**.

<F7> *Vieweg View verlassen.* Bringt Sie ohne Bestätigung nach DOS zurück.

<Shift-F9> *Dateityp.* Es gibt keine Einschränkung des Dateityps, der betrachtet werden kann, d.h. Dateien brauchen keine ASCII-Dateien zu sein. Zusätzlich hierzu kann *Vieweg View* bestimmte häufige Dateitypen erkennen und sie ordentlich anzeigen, z.B. die, die von *WordPerfect* und *Microsoft Word* generiert werden. Beachten Sie, daß bei *WordPerfect*-Dateien das Blättern durch die Menge von Formatierung in einem Text beträchtlich verlangsamt sein kann (diese muß von *Vieweg View* herausgefiltert werden, bevor der Klartext angezeigt wird).

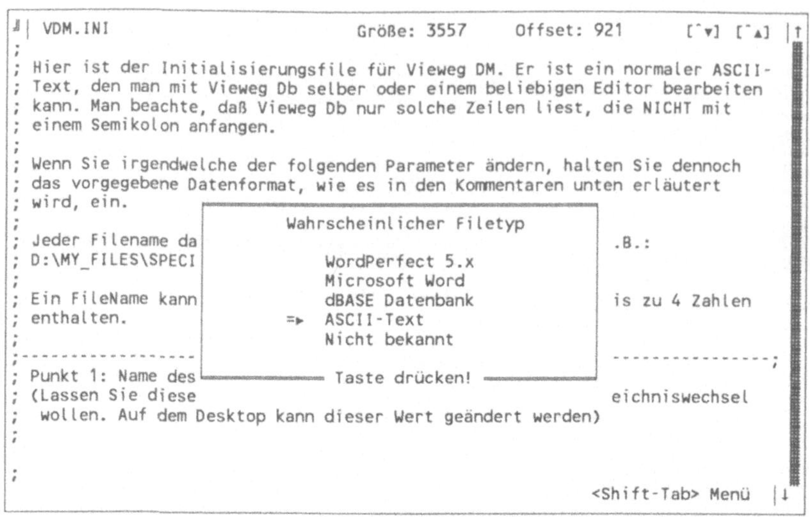

<Tab> *Zeilenumbruch umschalten.* Wenn Sie *Vieweg View* laden, werden alle Textzeilen, die länger sind als der Bildschirm breit ist, in die folgende Zeile umbrochen werden. Durch Drücken von <Tab> können Sie jedoch das Programm veranlassen, nur die ersten 78 Zeichen jeder Zeile anzuzeigen und so einem Text, dessen Zeilen länger sind als der Computerbildschirm, ein ungebrochenes Aussehen geben. Beachten Sie, daß in diesem Modus manche Optionen nicht mehr verfügbar sind, wie zum Beispiel die Suche nach Zeichenketten. Der aktuelle Modus ist in der oberen linken Ecke des Bildschirms zu sehen, wo '↲' für Zeilenumbruch steht und '=' für keinen Umbruch.

13.2 Befehlszeilenparameter

Vieweg View kann von der DOS-Befehlszeile aus gestartet werden. Die Parameter, die *Vieweg View* von der Befehlszeile aus übergeben werden können, lauten:

1) Dateiname
2) Suchstring
3) Der Schalter /i, der Groß- gleich Kleinschreibung bei Suchen bewirkt

Wenn nur ein Dateiname übergeben wird, wird diese Datei geladen, vorausgesetzt, sie kann gefunden werden; anderenfalls wird der interne Verzeichnisverwalter aktiviert, und Sie können eine Datei aus der Auflistung wählen.

Ein Suchstring, wenn er *Vieweg View* übergeben wird, läßt das Programm sofort die Suche nach ihm beginnen, d.h., ohne daß der Benutzer irgendetwas mit <Shift-F6> eingeben muß. Dennoch verhält sich *Vieweg View* so, als hätten Sie einen Suchstring eingegeben: Sie können die Suche mit einem beliebigen Tastendruck fortsetzen oder sie mit <Escape> unterbrechen.

14 Vieweg Hex

Syntax: `vhex [Dateiname]`

Wenn Sie eine Nicht-Text-Datei haben (z.B. eine defekte Datenbank), die Sie aus dem einen oder anderen Grund betrachten möchten, dann können Sie dies mit *Vieweg Hex* erreichen (Sie können auch Textdateien in dieser Form betrachten, sollte dies erwünscht sein). Die Datei, die Sie betrachten möchten, wird entweder in der Befehlszeile als ein Parameter spezifiziert oder aus dem internen Verzeichnisverwalter ausgewählt, der aktiviert wird, wenn Sie einfach nur `'vhex'` in der Befehlszeile eingeben. Wenn Sie eine Datei ausgewählt oder übergeben haben, präsentiert sich Ihnen ein Bildschirm wie der folgende.

```
Bytes   Hex  [D:\SRC\TC\Vieweg\DATA\BIBLIO.DBF]                Ascii

000000  03 5C 0A 03 1E 00 00 00 E2 02 C2 02 00 00 00 00  |  \   ...Γ T ....  ↑
000010  00 00 00 00 00 00 00 00 00 00 00 00 00 00 00 00  |  ................
000020  4E 41 43 48 4E 41 4D 45 00 00 00 43 00 00 00 00  |  NACHNAME...C....
000030  20 00 00 00 00 00 00 00 00 00 00 00 00 00 00 00  |  ................
000040  56 4F 52 4E 41 4D 45 00 00 00 00 43 00 00 00 00  |  VORNAME....C....
000050  10 00 00 00 00 00 00 00 00 00 00 00 00 00 00 00  |  ................
000060  41 4E 44 45 52 45 00 00 00 00 00 43 00 00 00 00  |  ANDERE.....C....
000070  20 00 00 00 00 00 00 00 00 00 00 00 00 00 00 00  |  ................
000080  48 52 53 47 5F 31 00 00 00 00 00 43 00 00 00 00  |  HRSG_1.....C....
000090  08 00 00 00 00 00 00 00 00 00 00 00 00 00 00 00  |  ................
0000A0  4A 41 48 52 00 00 00 00 00 00 00 4E 00 00 00 00  |  JAHR.......N....
0000B0  04 00 00 00 00 00 00 00 00 00 00 00 00 00 00 00  |  ................
0000C0  55 4E 54 45 52 4A 41 48 52 00 00 43 00 00 00 00  |  UNTERJAHR..C....
0000D0  01 00 00 00 00 00 00 00 00 00 00 00 00 00 00 00  |  ................
0000E0  41 42 47 52 45 4E 5A 5F 31 00 00 43 00 00 00 00  |  ABGRENZ_1..C....
0000F0  03 00 00 00 00 00 00 00 00 00 00 00 00 00 00 00  |  ................
000100  54 49 54 45 4C 00 00 00 00 00 00 43 00 00 00 00  |  TITEL......C....
000110  80 00 00 00 00 00 00 00 00 00 00 00 00 00 00 00  |  Ç...............
000120  41 42 47 52 45 4E 5A 5F 32 00 00 43 00 00 00 00  |  ABGRENZ_2..C....
000130  03 00 00 00 00 00 00 00 00 00 00 00 00 00 00 00  |  ................  ↓

Filegröße; Bytes schon angezeigt:   21919;        0          Cursor:
[Strg-]Bild↑ [Strg-]Bild↓ Edit=Return Save=F10 Esc=Storno Hilfe=F1 File=F5 DOS=F7
```

Hier gibt es eine Unterteilung des Bildschirms in drei Spalten. Die ganz links stehende Spalte zeigt die Dateioffsetwerte für die auf dem Bildschirm angezeigten Zeilen. Der mittlere Teil zeigt die aktuelle Datei im Hexadezimalformat, und der rechte Teil zeigt den entsprechenden Abschnitt als ungefilterten Text, d.h. Kontrollcodes werden als solche angezeigt. Die Größe der Datei und die gegenwärtige Position des Dateizeigers wird in der vorletzten Bildschirmzeile ausgegeben. Wie aus der letzten Zeile ersichtlich ist, können die <Bild↑>- und <Bild↓>-Tasten zum Blättern in der Datei verwendet werden; <Strg-Bild↑> und <Strg-Bild↓> bringen Sie zum Anfang bzw. Ende der Datei.

Wenn Sie die Datei an irgeneiner Stelle editieren möchten, drücken Sie <Eingabe>. Sie werden bemerken, daß die ersten Zeichen sowohl im hexadezimalen als auch im ASCII-Fenster invers dargestellt werden. In dem hexadezimalen Fenster werden zwei Zeichen angezeigt, da jedes Byte zwei Hexadezimalzeichen für seine Darstellung erfordert. Sie können die inverse Anzeige mit den Pfeiltasten von Zeichen zu Zeichen bewegen oder zum Anfang oder Ende des Fensters springen mit <Bild↑> bzw. <Bild↓>.

Darüber hinaus werden Sie bemerken, daß ein Cursor in der inversen Anzeige des aktuellen Zeichens entweder im Hex-Fenster oder im ASCII-Fenster blinkt (zu Beginn befindet sich der Cursor im Hex-Fenster). Dies deutet an, daß, wenn Sie ein Byte ändern möchten, Sie es in der dem Fenster, in dem sich der Cursor befindet, entsprechenden Form eingeben müssen. Wenn er sich im Hex-Fenster befindet, dann müssen Sie den hexadezimalen Wert eines Bytes eingeben, das Sie ändern möchten. Nehmen wir zum Beispiel an, Sie möchten das aktuelle Byte im Hex-Fenster von seinem Wert von $4e auf $20 ändern. Um dies zu erreichen, müssen Sie "1" und "4" eintippen, da dezimal 20 hexadezimal 14 entspricht. Wenn Sie den aktuellen Wert auf $251 ändern wollten, dann würden Sie "f" und "b" eingeben (Groß- oder Kleinschreibung ist für Buchstaben, die Teil einer Hexadezimalzahl sind, irrelevant), da dezimal 251 hexadezimal FB entspricht. Wenn Sie den aktuellen Abschnitt der Datei, den Sie in ASCII-Form betrachten, editieren möchten, dann drücken Sie die <Tab>-Taste. Der Cursor geht nun zu der entsprechenden Position im ASCII-Fenster. Um $251 in dieses Fenster einzugeben, drücken Sie die <Alt>-Taste, und während Sie sie gedrückt halten, tippen Sie 251 auf dem Ziffernblock auf der rechten Tastaturseite ein.

Nachdem Sie den aktuellen Abschnitt der Datei geändert haben, können Sie wählen, ob Sie entweder die Änderungen speichern oder sie verwerfen möchten. Drücken Sie <F10> zum Sichern und <Escape> zum Verwerfen der Änderungen. Wenn das Fenster abgespeichert wird, wird eine kurze dementsprechende Meldung ausgegeben, und Sie können das Blättern in der Datei fortsetzen.

Achtung!
Um ASCII $0 eingeben zu können, muß man das Hex-Fenster aktivieren und dann '00' tippen. Im ASCII-Fenster ist dies nicht möglich, da $0 nicht mittels der <Alt>-Taste und eine Zahl eingegeben werden kann.

14.1 Funktionstastenbelegungen

<F1> *Online-Hilfe.*

```
Bytes    Hex   [D:\SRC\TC\Vieweg\DATA\BIBLIO.DBF]                Ascii

000000  03 5C 0A 03 1E 00 00 00 E2 02 C2 02 00 00 00 00  |  \   ...Γ ┬ ....
000010  00 00 00 00 00 00 00 00 00 00 00 00 00 00 00 00  |  ................
000020  4E 41 43 48 4E 41 4D 45 00 00 00 43 00 00 00 00  |  NACHNAME...C....
000030  20 00 00 00 00 00 00 00 00 00 00 00 00 00 00 00  |  ................
000
000
000  F1=Hilfe; F7=Vieweg Hex beenden; Strg-F7=Farben; F10=Fenster sichern;
000  Return=Fenster editieren; Esc=Storno; Tab=Hex- oder Text-Eingabemodus
000  Bild↑,Bild↓,Pfeiltasten = Im Fenster navigieren; Bild↑,Bild↓ = Bild-
000  schirm auf oder ab; Strg-Bild↑, Strg-Bild↓ = Anfang, Ende der Datei.
000
000  Ist eine Maus angeschlossen, bewegen Sie den Maus-Cursor auf den Text
000  einer Funktion unten am Bildschirm und drücken Sie irgendeinen Knopf.
000
000 ─────────────────── Eine Taste drücken! ───────────────────
0001
000120  41 42 47 52 45 4E 5A 5F 32 00 00 43 00 00 00 00  |  ABGRENZ_2..C....
000130  03 00 00 00 00 00 00 00 00 00 00 00 00 00 00 00  |  ................

Filegröße; Bytes schon angezeigt:   21919;        0          Cursor:
[Strg-]Bild↑ [Strg-]Bild↓ Edit=Return Save=F10 Esc=Storno Hilfe=F1 File=F5 DOS=F7
```

<F5> *Neue Datei.* Aktiviert den internen Verzeichnisverwalter und gestattet es Ihnen so, eine neue Datei zum Hexeditieren auszuwählen.

<**F7**> *Vieweg Hex verlassen.* Bringt Sie sofort zu DOS zurück.

<**Strg-F7**> *Farben.* Blättert durch die 7 Farbkombinationen, die auf VGA-Systemen verfügbar sind.

<**F10**> *Fenster sichern.* Sichert das aktuelle Fenster auf Platte. Wenn Sie irgendetwas verändert haben, sind diese Veränderungen nun dauerhaft.

15 Vieweg Search

Syntax:
(i) `vsearch`
(ii) `vsearch /i-Initialisierungsdatei`
(iii) `vsearch /b-Initialisierungsdatei`
(iv) `vsearch Suchstring Dateischablone /i`

Der Zweck von *Vieweg Search* liegt in der Bereitstellung einer einfachen Dateisuchmöglichkeit. Das primäre Ziel des Programms ist es, herauszufinden, ob eine benutzerspezifizierte Zeichenkette in einer bestimmten Datei oder Dateien vorkommt. Mittels einiger zusätzlicher Funktionen kann es jedoch als ziemlich flexibles Werkzeug zur schnellen und einfachen Zeichenkettensuche verwendet werden.

Beim Start von *Vieweg Search* ohne irgendwelche DOS-Befehlszeilenparameter präsentiert sich Ihnen ein Bildschirm wie der folgende, in dem die neun Parameter, die für eine erfolgreiche Suche benötigt werden, vom Benutzer interaktiv festgelegt werden.

```
<F1> = Hilfe
    Laufwerk:        D:
    Verzeichnis:     Nur aktuelles Verzeichnis
 => Such-String:     Mein Brief
    Groß + Klein:    Nein
    Dateischablone:  *.TXT
    Dateiliste:      Nein
    Datei anlegen:   Nein
    VVIEW laden:     Ja
    Setupdatei:      VSEARCH.INI
<F10> = Suche anfangen, <Esc> = Storno
```

Sie beginnen, indem Sie den Pfeil zu dem Parameter bewegen, den Sie ändern/ausfüllen möchten. Nach der Vorgabe steht er vor *Suchstring*, da dies offensichtlich der wichtigste Punkt bei jeder Suche ist. Das Mindeste, was der Benutzer eingeben muß, ist ein Suchstring, die restlichen Parameter haben Vorgabewerte, die gelten, wenn sie nicht geändert werden.

In den meisten Fällen werden Sie einen oder mehrere der Vorgabewerte ändern wollen, bevor Sie eine Suche starten. Die Parameter *Suchstring* und *Dateischablone* erfordern vom Benutzer, daß er eine alphabetische Eingabe tätigt. In den Fällen, in denen ein Parameter nur einen von zwei Werten annehmen kann, können Sie den aktuellen Wert umschalten.

Bewegen Sie zuerst den Pfeil zu dem benötigten Parameter und drücken Sie <Eingabe>. Benutzen Sie, wenn aufgefordert, die <Leertaste>, um den Wert umzuschalten, und <Eingabe>, um die Eingabe abzuschließen.

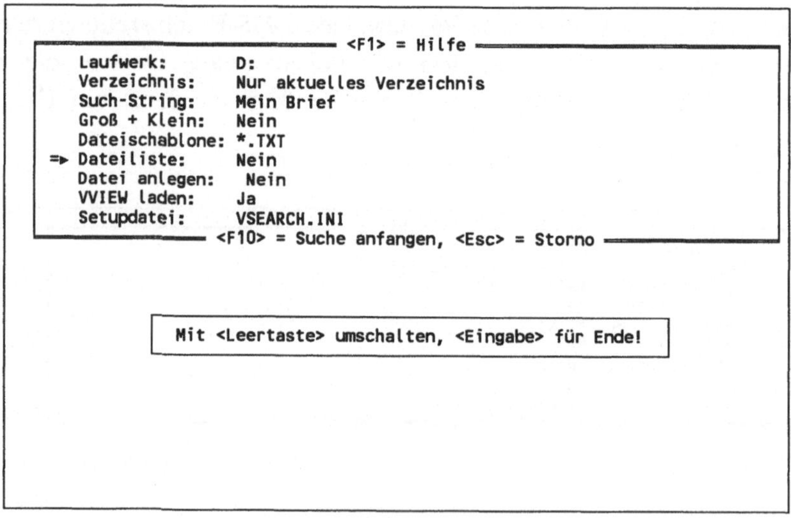

Der Parameter *Verzeichnisreichweite* hat drei Werte und kann daher nicht an- und ausgeschaltet werden, sondern verlangt vom Benutzer, daß er einen von drei Werten aus einem Auswahlfenster wählt, das erscheint, wenn Sie sich entschließen, diesen Parameter festzulegen.

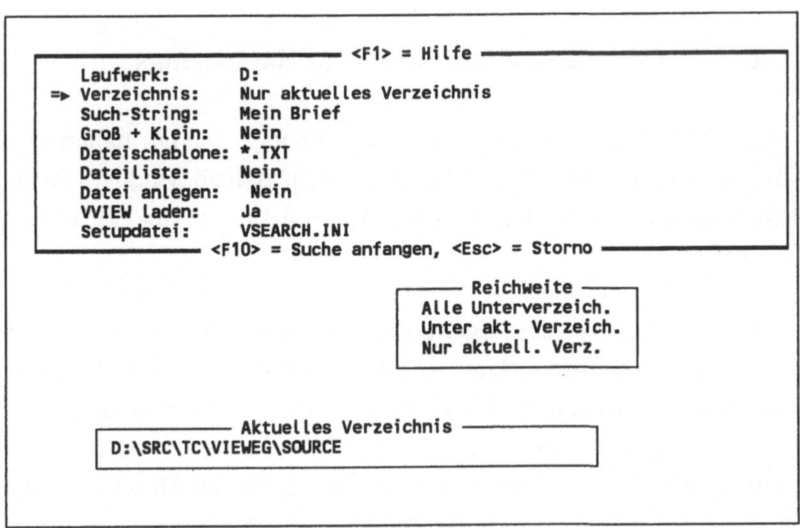

Eine Suche kann so eingerichtet werden, daß sie entweder (i) alle Verzeichnisse auf der aktuellen Diskette/Festplatte abdeckt, *Alle Unterverzeichnisse* oder (ii) nur diejenigen Verzeichnisse, die unterhalb des aktuellen in der Verzeichnisbaumstruktur liegen, *Unter dem aktuellen Verzeichnis* oder (iii) nur das gegenwärtige Verzeichnis, *Nur das aktuelle Verzeichnis*.

15.1 Die Verwendung einer Dateiliste

Statt eine Dateischablone mit DOS-Jokerzeichen zu verwenden, kann *Vieweg Search* die Namen der zu untersuchenden Dateien einer sogenannten Listendatei entnehmen, die einfach ein ASCII-Text mit dem Namen einer separaten Datei in jeder Zeile ist. *Vieweg Search* durchsucht dann jede der aufgelisteten Dateien nach Entsprechungen. Der Vorteil dieser einfachen Alternative liegt darin, daß sie es Ihnen erlaubt, eine Reihe von Dateinamen zu verwenden, die keine Ähnlichkeiten in ihren DOS-Namen aufweisen.

Wenn Sie eine Listendatei benutzen, ändern Sie zuerst den Parameter *Listendatei verwenden* auf 'ja' und geben Sie dann den Namen dieser Datei anstelle einer DOS-Dateischablone bei der entsprechenden Option ein. Eine Listendatei *muß* die Extension `.LST` besitzen, damit *Vieweg Search* sie als solche erkennt.

15.2 Die Verwendung einer Liste von Suchstrings

Bei der Spezifizierung des Suchstrings für *Vieweg Search* haben Sie zwei Optionen. Die erste ist die Direkteingabe im interaktiven Modus. Hier können keine Jokerzeichen verwendet werden, so daß nicht viel Flexibilität zur Verfügung steht.

Die zweite Methode verspricht bessere Suchergebnisse. Sie können den Namen einer Datei statt eines Suchstrings eingeben. Wenn die Suche beginnt, dann konsultiert *Vieweg Search* diese Datei und nimmt die Zeichenkette in der ersten Zeile als Suchstring; wenn diese Suche abgeschlossen ist, springt es zurück zum Anfang, nimmt die Zeichenkette in der zweiten Zeile der Datei und so weiter, bis es die letzte Zeile in der Datei mit der Liste der Suchstrings verarbeitet hat.

Anmerkungen. Wie bei einer Dateiliste muß eine Liste von Suchstrings die Extension `.LST` besitzen, damit *Vieweg Search* sie überhaupt als eine Datei erkennt. Es braucht keine offensichtliche Beziehung zwischen den in einer Listendatei abgelegten Zeichenketten zu geben. Konsultieren Sie die Datei `TEST.LST`, die auf der Distributionsdiskette enthalten ist und die zum Testen der gegenwärtigen Option bei *Vieweg Search* verwendet werden kann!

Ein Suchstring kann maximal 48 Zeichen lang sein; eine Listendatei kann maximal 32 Angaben enthalten (Dateinamen oder Suchstrings).

Nachdem alle Parameter für eine Suche zu Ihrer Zufriedenheit spezifiziert worden sind, drücken Sie <F10> zum Starten oder <Escape> zum Abbrechen der gesamten Operation und zur Rückkehr zu DOS.

Wenn es eine Suche startet, ändert *Vieweg Search* den Bildschirm. Oben werden das aktuelle Verzeichnis, Suchstring und Dateischablone (oder Listendatei) angezeigt. Es durchkämmt nun Dateien, die der Dateischablone entsprechen, nach dem Suchstring. Wenn die Zeichenkette nur einmal gefunden wird, ist dies genug für *Vieweg Search* (tatsächlich hört es an diesem Punkt auf zu suchen) und unternimmt eins von zwei Schritten: (i) entweder zeigt es nur den Namen der Datei an, wenn Sie sich entschieden haben, *Vieweg View* nicht zu laden, oder (ii) es lädt *Vieweg View* mit dem Dateinamen, Suchstring (und vielleicht dem Schalter *Groß-/Kleinschreibung ignorieren*), worauf das erste Vorkommen des Suchstrings in der als Parameter übergebenen Datei lokalisiert wird.

Wenn Sie sich entschieden haben, eine Ausgabedatei mit den Ergebnissen der Suche zu generieren, dann wird keine Bildschirmanzeige angeboten, und natürlich wird *Vieweg View* nicht geladen, ungeachtet dessen, ob der Schalter dafür auf 'ein' gesetzt ist oder nicht.

Die im interaktiven Modus generierte Ausgabedatei heißt immer `vsearch.out`. Sie müssen das Überschreiben dieser Datei bestätigen, wenn sie von *Vieweg Search* beim Beginn der Ausführung gefunden wird. Die Datei wird immer im aktuellen DOS-Verzeichnis abgelegt.

Bedenken Sie...

Während einer Suche können Sie an beliebiger Stelle die <Escape>-Taste drücken. *Vieweg Search* unterbricht die Suchoperation, und Sie kehren sofort nach DOS zurück.

Anmerkungen

Die Werte der Suchparameter werden beim Verlassen von *Vieweg Search* auf Platte in der Initialisierungsdatei gespeichert (in der letzten Zeile des Eingabefensters des interaktiven Modus zu sehen). Diese Datei heißt nach der Vorgabe `vsearch.ini` und wird im Ursprungsverzeichnis von *Vieweg Search* abgelegt. Sie können einen anderen Namen spezifizieren, indem Sie diese Benutzereingabezeile editieren. Der Vorteil hier liegt darin, daß man verschiedene Gruppen von Informationen speichern kann, die nicht wiederholt eingegeben werden müssen, sondern nur von der Platte mittels einer benutzerspezifizierten Initialisierungsdatei (siehe die Bemerkungen weiter unten) geladen werden müssen.

Beim erneuten Laden werden die Werte für die diversen Parameter der Datei `vsearch.ini` entnommen, wenn *Vieweg Search* ohne explizite Initialisierung aufgerufen wird, oder der Initialisierungsdatei, die vom Benutzer in der DOS-Befehlszeile spezifiziert wurde.

15.3 Befehlszeilenoptionen

Abgesehen von der einfachen Option, `vsearch` ohne zusätzliche Eingaben zu starten, können Sie eine von drei anderen wählen, um *Vieweg Search* zu einem etwas anderen Verhalten zu veranlassen. Zwei dieser Optionen betreffen Initialisierungsdateien mit Informationen für *Vieweg Search* darüber, wie es die diversen für einen Suchlauf benötigten Parameter initialisieren soll.

Bei der Option `vsearch /i-setup_file` startet *Vieweg Search* mit automatischer Initialisierung (angedeutet durch `/i` in der Befehlszeile), d.h. es füllt die Parameter mit Informationen aus der Datei, die als `setup_file` in der DOS-Befehlszeile spezifiziert wurde. Das Programm wechselt wie üblich in den interaktiven Modus, und Sie können sich von dort aus weitere Schritte überlegen.

Stapelverarbeitungsmodus

Bei der Option `vsearch /b-setup_file` werden die Informationen auch aus einer Initialisierungsdatei gewonnen. *Vieweg Search* beginnt jedoch sofort die Dateisuche und endet automatisch. Dieser Stapelverarbeitungsmodus (angedeutet durch `/b` in der Befehlszeile) ist nützlich für einen eingebetteten Aufruf von *Vieweg Search* in einer DOS-Stapeldatei.

Im Stapelverarbeitungsmodus ist es nicht möglich, *Vieweg View* zu laden, da dies Benutzereingaben erfordern würde, was bei der automatischen Ausführung irgendeines der *Vieweg DatenbankManager*-Programme nicht zulässig ist. Beachten Sie ferner, daß die in diesem Modus generierte Ausgabedatei immer `VSEARCH.$$$` heißt und im aktuellen DOS-Verzeichnis abgelegt wird!

```
      Laufwerk:       D:
      Verzeichnis:    Nur aktuelles Verzeichnis
   => Such-String:    continue
      Groß + Klein:   Nein
      Dateischablone: DB_*.C
      Dateiliste:     Nein
      Datei anlegen:  Ja
      VVIEW laden:    Ja
      Setupdatei:     VSEARCH.INI


      Beim Suchen:    continue
      Ergebnisdatei:  D:\SRC\TC\VIEWEG\SOURCE\VSEARCH.$$$

[D:\SRC\TC\VIEWEG\SOURCE]
 -> _
```

Die letzte Option `vsearch search_string file_template /i` erlaubt es Benutzern, die Informationen für *Suchstring*, *Dateischablone* und *Groß-/Kleinschreibung ignorieren* von der DOS-Befehlszeile aus einzugeben. Erneut kann dies von Nutzen sein, wenn Sie Aufrufe von *Vieweg Search* in DOS-Stapeldateien einbetten.

16 Vieweg Scan

Syntax: `vscan [Laufwerk]Dateischablone [Ausgabedatei]`

Dieses Programm dient dazu, eine Festplatte nach Dateien zu durchsuchen, für die eine Dateischablone unmittelbar hinter dem Programmnamen angegeben wurde. Die Angabe `Dateischablone` kann die DOS-Jokerzeichen * oder ? in ihrer üblichen Bedeutung (also mehrere bzw. ein nicht spezifiziertes Zeichen) enthalten. Wenn Sie möchten, daß das Ergebnis einer Suche in eine Datei geschrieben wird, müssen Sie den Namen einer Ausgabedatei hinter `Dateischablone` anfügen.

```
Durchkämme Verzeichnis :  D:\XTOOLS
Suche Dateischablone   :  *.EXE

         SETUP   .EXE   101632  03/26/87  12:00
D:\FW\FW_DATA
D:\CHART
         SETUP   .EXE    42313  02/10/88  12:00
D:\CHART\DIAGS
D:\XFONTED
         XCOMBDOT.EXE    18886  03/08/89  19:15
         XDOTED  .EXE    96144  03/08/89  19:15
         XINTRO  .EXE    16834  03/08/89  19:15
         XLASERED.EXE   100568  03/08/89  19:16
         XLOADDOT.EXE    16664  03/08/89  19:16
         XNEWDOT .EXE    58576  03/08/89  19:16
         XPRNCTRL.EXE    12440  03/08/89  19:16
         XPRNDOT .EXE    33466  03/08/89  19:16
         XSETKEY .EXE    18102  03/08/89  19:17
         XTESTDOT.EXE    21118  03/08/89  19:17
         XTRANDOT.EXE    13042  03/08/89  19:17
         XVIDEOED.EXE    93934  03/08/89  19:17
         XVIEWDOT.EXE    14204  03/08/89  19:18

-> Eine Taste drücken, um fortzufahren; Esc für Abbruch!
```

Wenn Sie keine Ausgabedatei benutzen, werden die Verzeichnisse durchsucht und die möglichen Fundstellen auf dem Bildschirm angezeigt. Nachdem eine ganze Bildschirmseite angezeigt wurde, werden Sie aufgefordert, eine beliebige Taste zu drücken, um die Suche fortzusetzen. Durch Drücken von <Escape> kann dies abgebrochen werden, und Sie kehren zu DOS zurück.

Wenn *Vieweg Scan* bis zum Ende fortfahren kann, wird eine Reihe statistischer Angaben zur Suche in einem Informationsfenster im oberen Teil des Bildschirms angezeigt. Wenn eine Dateiausgabe gewünscht wurde, werden diese Angaben auch in die Datei geschrieben.

Anhang A

Häufige Funktionstastenbelegungen

Allgemein

F1	Online-Hilfe
Shift-F1	DOS-Befehl
Strg-F1	DOS laden
F5	Neue Datei (Datenbank oder Text) öffnen
F7	Programm beenden; zu DOS zurückkehren
Shift-F7	Programm beenden; evtl. mit Verzeichniswechsel
F9	Umgebungsinformation anzeigen

Belegungen im Datenbankmanager

F2	Textfenster bearbeiten
Strg-F2	Suchen und Ersetzen mit Bedingung
Alt-F2	Suchen und Ersetzen ohne Bedingung
F3	Feld speichern/holen
Shift-F3	Feld (länger) speichern/holen
Strg-F3	Display-Optionen
Alt-F3	Filter festlegen
F4	Datensatz halten
Shift-F4	Datensätze mischen
Strg-F4	Ziel des Exports
F5	Neue Datei (Datenbank oder Text) öffnen
Strg-F5	Datensatztext editieren

F6	Export-Information
Shift-F6	Report-Form laden
Strg-F6	Filter von Platte laden
Alt-F7	Zur Eingangsebene des Programms zurückkehren
F8	Datensatz exportieren
Shift-F8	Markierte Datensätze exportieren
Strg-F8	Alle Datensätze exportieren
Alt-F8	In eine Datenbank exportieren
F9	Umgebungsinformation anzeigen
Strg-F9	Anzahl der gelöschten Datensätze
F10	Browse-Modus aktivieren
Shift-F10	Browse mit Einsatz des Indexes
Alt-F10	Feld in eine Textdatei exportieren
F11	Sich um einen Datensatz zurückbewegen und diesen editieren
F12	Sich um einen Datensatz vorwärtsbewegen und diesen editieren
Alt-1,2(3,4)	Zwischen Datenbanken bzw. Texten hin- und herschalten
Alt-T	Texteditor von der Datenbankeditierebene aufrufen
Alt-Q	Texteditor verlassen; zur Datenbank zurück

Belegungen im Texteditor

F2	Dateimanager aufrufen
Shift-F2	Makros editieren
Strg-F2	Neue Makrodatei laden
Alt-F2	Report-Form festlegen
F3	Zeile speichern/holen
Strg-F3	Formatierung anzeigen
Alt-F3	Fontformatierung anzeigen

F4	Block markieren
Shift-F4	Formatierung eines markierten Blocks
Alt-F4	Blockpufferinhalte anzeigen
Shift-F5	Datei in vorhandene einfügen
Alt-F5	Belegungen für die Datenbankschnittstelle
F6	Gelöschten Text zurückholen
Shift-F6	Vorangehende Zeile kopieren
Alt-F6	Geladene Texte anzeigen
Strg-F7	Absatzumbruch
Alt-F7	Bildschirm teilen
F8	Text ausdrucken
Strg-F8	Aktuelle Zeit einfügen
Alt-F8	Fontattribut auswählen
F10	Text sichern
Shift-F10	Block zurückholen
Strg-F10	Datum einfügen
Alt-F10	Datenbank laden
Alt-1,2(3,4)	Zwischen Datenbanken bzw. Texten hin- und herschalten

Anmerkung. Die Eingabe-Taste dient der Annahme einer Option, dem Abschließen einer Angabe oder eröffnet eine neue Zeile bei der Textbearbeitung. <Escape> bewirkt immer eine Unterbrechung einer angefangenen Befehlskette oder eines Befehls. Weitere Belegungen für die <Alt>- bzw. <Strg>-Taste in Verbindung mit einer Buchstabentaste sind dem Menüsystem des jeweiligen Programms zu entnehmen.

Funktionstastenbelegungen bei einer Verzeichnisauflistung

F1	Online-Hilfe
Shift-F1	DOS-Befehl
Strg-F1	DOS laden
F2	Datei ansehen
Shift-F2	Datei editieren
Strg-F2	Datei in Hexform anschauen
F3	Alle Dateien in einem Listing markieren
Shift-F3	Markierung von Dateien wieder entfernen
F4	Neues Laufwerk
Shift-F4	Neue Dateischablone
Shift-F5	Dateien für ein Listing neu lesen
F6	Markierte Dateien löschen
Strg-F6	Datei löschen
F7	Programm verlassen
Shift-F7	Verlassen mit Verzeichniswechsel
F8	Verzeichnisbaum darstellen
F9	Umgebungsinformation anzeigen
Strg-F9	Standardverzeichnis wechseln
F10	Datei kopieren
Alt-F10	Datei duplizieren

Anhang B

Probleme: Ursachen und Abhilfe

Initialisierungs- und Zusatzdateien

Schwierigkeiten mit Zusatzdateien von Vieweg Editor

Zusatzdateien, besonders die Makrodateien und die Kopf- und Fußzeilendateien ebenso wie die für den Druck benutzte Zeichentabellendatei, werden in einem Verzeichnis erwartet, das das *Zusatzdateiverzeichnis* genannt wird. Wenn Sie kein spezielles Verzeichnis spezifizieren, entweder in einer Initialisierungsdatei oder durch Drücken von <Alt-F9> im Dateiverwalter, dann nimmt *Vieweg Editor* an, daß die Zusatzdateien im Ursprungsverzeichnis zu finden sind, in dem sich das Programm `ved.exe` befindet. Sie können die aktuellen Werte für die Makrodateien und das Zusatzdateiverzeichnis während der Texteditierung überprüfen, indem Sie <Strg-F6> drücken.

Initialisierungsdatei scheint nicht zu funktionieren

Eine Initialisierungsdatei für *Vieweg Print* oder *Vieweg DbPat* erwartet Parameter in einer ganz bestimmten Reihenfolge. Wenn Sie den Inhalt einer solchen Datei ändern, kann diese Reihenfolge durcheinandergeraten.

Sogar bei einer richtig geordneten Initialisierungsdatei haben Sie vielleicht ungültige Informationen spezifiziert, z.B. den Namen eines Verzeichnisses für Zusatzdateien, das nicht existiert, oder eine über den zulässigen Bereich hinausgehende Zahl für einen bestimmten Parameter. Gehen Sie in diesem Fall die Datei noch einmal durch und überprüfen Sie ihren Inhalt sorgfältig!

Dateiverarbeitung

Innerhalb des verfügbaren Arbeitsspeichers bleiben

Die Datei, die Sie editieren möchten, muß in den Arbeitsspeicher passen. Wenn Sie versuchen, eine Datei zu laden, die zu groß ist, dann wird sie abgeschnitten, wenn kein Speicher mehr verfügbar ist. Der einzige Ausweg besteht hier darin, sie in kleinere Abschnitte aufzuteilen. Auf einem System mit 640K, bei dem keine speziellen speicherresidenten Programme geladen sind, sollten Sie etwa 400K Arbeitsspeicher für die Arbeit mit Dateien beim *Vieweg Editor* zur Verfügung haben. Sie sollten jedoch niemals Dateien laden, deren Plattengröße mehr als zwei Drittel des restlichen Systemspeichers beträgt.

Das Überschreiten diverser Größenbeschränkungen

Merken Sie sich, daß der Löschpuffer eine Maximalgröße von 4K besitzt; die vom *Benutzereingabeneditor* kontrollierte Liste kann 12 Einträge enthalten und ist 48 Zeichen lang. Blockpuffer werden auf Platte gehalten und weisen deshalb keine vordefinierte Größe auf.

Sie können eine Datei lesen, sie aber nicht auf Platte speichern

Vermutlich ist die fragliche Datei schreibgeschützt; vielleicht ist Ihre Diskette voll (wenn Sie nicht mit der Festplatte arbeiten).

Die an einer Datei vorgenommenen Änderungen gehen beim Verlassen von Vieweg Editor verloren

Sie sollten beim Verlassen des Programms (mit <F7>, <Shift-F7>) größte Sorgfalt darauf verwenden, zu überprüfen, welche Dateien während der Editierung geändert worden sind (dies wird in dem Fenster in der Mitte des

Bildschirms angezeigt). Wenn Sie den Inhalt mehr als einer Datei modifiziert haben, dann ist es *nicht* ausreichend, nur die Datei in dem aktuellen Textbereich zu sichern.

Texteditierung

Bildschirmanzeige ist unregelmäßig (Spalten sind anscheinend verschoben)

Die momentan gesetzte Tabulatorbreite paßt vielleicht nicht zu dem Text, den Sie gerade editieren. Versuchen Sie, die Formatierung mit <Strg-F3> anzuzeigen; dies könnte den Grund für die Schwierigkeiten aufdecken.

<F3> (= Zeile kopieren / holen) scheint nicht zu funktionieren

Erinnern Sie sich, daß diese Taste auf zwei Weisen funktioniert: Sie speichern entweder eine Zeile oder holen sie. Wenn sich nichts im internen Zeilenpuffer befindet, dann wird natürlich nichts in die aktuelle Zeile zurückgeholt. Sie können <F3> drücken, um nur das anzusehen, was sich im Zeilenpuffer befindet, und dann <Escape> drücken (was die Operation abbricht). <F3> kopiert immer den Zeilenabschnitt von der aktuellen Cursorposition bis zum Ende der Zeile. Beachten Sie, daß Sie ein Stück einer Zeile aus einem Text mit <F3> in ein Alpha-Makro kopieren können!

Sie können nur ganze Zeilen oder einen Teil einer einzelnen Zeile kopieren

Dies ist mit Absicht so. Wenn der erste Tastendruck nach der Aktivierung der Blockmarkierung mit <F4> die <PfeilRechts>-Taste ist, dann können Sie einen Abschnitt einer Zeile markieren (und in den Puffer laden), anderenfalls nimmt *Vieweg Editor* an, daß Sie ganze Zeilen markieren möchten. Um Text zu markieren, verwenden Sie die <PfeilAuf>-, <PfeilAb>- oder <Bild↑>-, <Bild↓>-Tasten.

Makro-Management

Alpha-Makro-Datei spiegelt nicht die von Ihnen mit Vieweg Editor vorgenommenen Änderungen wider

Sie haben vergessen, den Inhalt der Alpha-Makros mit <F10> zu sichern, während Sie sie editiert haben (mit <Shift-F2>).

Anmerkung. Die Maximalanzahl von Alpha-Makros beträgt 26, d.h. <Alt-A> bis <Alt-Z>. Es gibt jedoch kein Limit für die Anzahl der Dateien bei solchen Makros.

Suchen und ersetzen

Zeichenketten suchen (und ersetzen) scheint nicht zu funktionieren

Hier gibt es zwei Möglichkeiten: (i) Sie haben eine Suche mit Groß- nicht gleich Kleinschreibung durchgeführt, und es gab für die von Ihnen eingegeben Zeichenkette keine exakte Entsprechung, oder (ii) der Suchstring kommt nicht *von Ihrer aktuellen Position im Text* bis zum Ende (oder Anfang) vor.

Dateiverwalter

Auflistung im Dateiverwalter ist unerwartet

Überprüfen Sie die Dateischablone (Ändern mit <Shift-F4>); vielleicht entsprechen keine Dateien der momentan aktiven Dateischablone. Wenn Sie Dateien in der aktuellen Auflistung verändert haben, ist es ratsam, das aktuelle Verzeichnis mit <Shift-F5> neu zu lesen.

Beim Einstieg in den Dateiverwalter erhalten Sie eine unerwartete Verzeichnisauflistung

Die Auflistung, die Ihnen beim Aufruf des Dateiverwalters präsentiert wird, ist immer die des aktuellen Standardverzeichnisses. Sie können seinen Wert mit <F9> überprüfen. Um das Standardverzeichnis zu wechseln, gehen Sie zu dem neuen gewünschten Verzeichnis und drücken Sie <Strg-F9>. Um das Zusatzdateiverzeichnis zu ändern, gehen Sie zu dem neuen Verzeichnis und drücken Sie <Alt-F9>.

<F2>-Taste funktioniert nicht

Für jede der <F2>-Tastenbelegungen (<F2> und <Strg-F2>) sind weitere Programme erforderlich, nämlich *Vieweg View* und *Vieweg Hex* (im Lieferumfang des *Vieweg DatenbankManager*-Pakets enthalten). Wenn diese nicht über die DOS Pfadvariable zugänglich sind, dann passiert nichts.

Drucken mit Vieweg Editor und Vieweg Print

Drucker druckt unerwartete Zeichen

Sie haben den falschen Druckertyp ausgewählt (z.B. einen Nadeldrucker, wenn Sie einen Laserdrucker haben). Der Drucker, den Sie verwenden, ist weder (i) ein Nadeldrucker gemäß dem Epson/NEC-Standard noch (ii) ein Laserdrucker, der ein Hewlett Packard Laserjet ist oder einen solchen emulieren kann. In solch einem Fall wählen Sie die Option *Standarddrucker*, die Text ohne jede Druckerbefehlssequenz zum Drucker schickt.

Im Text vorgenommene Zeichensatzänderungen erscheinen nicht auf dem Papier

Um Zeichensatzverweise in einem Text in die relevanten Druckerbefehlszeichenketten umzuwandeln, muß *Vieweg Editor* und *Vieweg Print* Zugriff auf die

Druckerbefehlsdatei haben, die dem momentan ausgewählten Drucker entspricht (entweder `laser.pcf` oder `dmp.pcf`). Wenn die Datei nicht gefunden wird, werden keine Befehle zum Drucker geschickt, d.h. es gibt keine Zeichensatzveränderungen während des Drucks.

Anmerkungen. Beachten Sie, daß, um sich der Optionen für Times Roman- und Helvetica-Zeichensätze zu bedienen, Ihr Laserdrucker entweder (i) diese Zeichensätze in Form von Firmware hat oder (ii) Sie müssen die notwendigen ladbaren Schriften in Ihren Drucker laden, bevor Sie mit dem Drucken beginnen.

Vieweg Print setzt den Drucker vor der Ausgabe von Text *nicht* zurück, so daß nachladbare Schriften, die sich bereits im RAM Ihres Druckers befinden, nicht gefährdet sind.

Anhang C

Benutzereingabeneditor

Vorwort. An verschiedenen Stellen in vielen der *Vieweg DatenbankManager*-Programme wird der Benutzer aufgefordert, Text einzugeben, der als Eingabe für den einen oder anderen Befehl dienen soll. In solchen Fällen wird ein interner Eingabeneditor aktiviert, der eine kleine Gruppe von Befehlen zu seiner Verfügung hat. Sie können die Aufgabe, Programme mit Eingaben zu versorgen, vereinfachen, indem Sie diesen Mini-Editor beherrschen. Hier ist eine Beschreibung seiner Befehle.

<Eingabe> Das Drücken dieser Taste innerhalb des *Benutzereingabeneditors* läßt die Eingabe enden und den aktuellen Befehl zum nächsten Schritt weitergehen (der seine Ausführung sein kann).

<Escape> Wird zum Abbruch des aktuellen Befehls benutzt. Auch wenn es mehrere Eingabeaufforderungen gibt, die den *Benutzereingabeneditor* betreffen, führt die <Escape>-Taste jederzeit zum Abbruch des gesamten Befehls und der Rückkehr des steuernden Programms zu der Stelle unmittelbar vor dem Aufruf des abgebrochenen Befehls.

<PfeilAuf> Jeder Befehl, der den *Benutzereingabeneditor* betrifft, kann mehrmals ausgeführt werden. Um die Notwendigkeit zu umgehen, eine Eingabe wiederholen zu müssen, die bereits für einen früheren Lauf dieses Befehls gemacht wurde, sind die Pfeiltasten so programmiert worden, daß sie rückwärts (<PfeilAuf>) oder vorwärts (<PfeilAb>) in der Liste der zuvor eingegebenen Befehle rollen. Wenn Sie in der Liste rollen und an einer Eingabe ankommen, die Sie für den gegenwärtigen Lauf des Befehls übernehmen möchten, können Sie einfach <Eingabe> drücken oder diese Eingabe genauso wie eine neue editieren.

Beachten Sie, daß es für jede Eingabezeile eine feste Länge gibt, die in allen Programmen von der horizontalen Größe des Eingabefensters/der Eingabezeile bestimmt wird. Darüber hinaus werden keine Zeichen von der Tastatur angenommen. Sie können natürlich Zeichen löschen und manche neu eingeben, falls Sie dies wünschen.

Die Anzahl der Befehle, die in der Befehlsliste gespeichert werden können, variiert von Programm zu Programm. Das Minimum beträgt 8 und das Maximum 32. Wenn die Liste voll ist, ersetzt jeder weitere Befehl den ersten Befehl der Liste im Kreis.

<PfeilAb> Wird benutzt, um in einer Befehlsliste vorwärts zu rollen. Wenn Sie sich ohnehin am oberen Ende der Liste befinden, wird nichts unternommen. Sollte die Liste voll sein, zeigt <PfeilAb> den ersten Befehl nach dem letzten Befehl in der Liste an.

<PfeilLinks> Bewegt den Cursor nach links innerhalb des Eingabefensters bzw. der Eingabezeile. Sie können sich nicht über den linken Rand des Fensters hinaus bewegen.

<PfeilRechts> Bewegt den Cursor nach rechts innerhalb des Eingabefensters bzw. der Eingabezeile. Sie können sich nicht über den rechten Rand des Fensters oder den letzten Buchstaben der gegenwärtigen Eingabezeile hinaus bewegen.

<Pos1> Springt zum Anfang der Eingabezeile.

<Ende> Springt zum Ende der Eingabezeile.

<Strg-Ende> Löscht den Abschnitt der Eingabezeile von der gegenwärtigen Cursorposition bis zum Ende der Zeile einschließlich des Zeichens, unter dem sich der Cursor momentan befindet.

<Entfernen> Löscht das Zeichen, unter dem sich der Cursor momentan befindet.

<Rückschritt> Löscht das Zeichen unmittelbar links vom Cursor. Dieser Tastendruck hat keine Auswirkungen am Anfang einer Zeile.

<Einfügen> Dies ist ein Kippschalter, der zwischen dem Einfüge- und Überschreiben-Tastatureingabemodus hin- und herschaltet.

Anmerkungen. Die zur Beendigung einer Eingabe benutzten Tasten (entweder die <Eingabe>- oder <Escape>-Taste) wird nicht als Teil der Eingabe betrachtet.

In manchen Fällen füllt ein Programm die Eingabezeile im voraus mit einem Vorgabewert, von dem angenommen wird, daß der Benutzer ihn am häufigsten benötigt (z.B. `A:\` als Ziel einer Kopieroperation). Dieser Wert kann natürlich editiert werden.

Großbuchstaben können erscheinen, wenn man einen vorangehenden Befehl aus der Befehlsliste holt. Sie können hiermit Kleinbuchstaben vermischen, wenn Sie einen Teil eines vorangehenden Befehls editieren (z.B. wie in `C:\TC\ATOOLS -> C:\TC\afonts`), da der Eingabeeditor (fast) nie zwischen Groß- und Kleinschreibung unterscheidet.

Das im Eingabefenster/in der Eingabezeile benutzte Videoattribut ist rein visuell und irrelevant für die Ausführung eines Befehls.

Anhang D

Wie die Programme erstellt wurden

Für die Erstellung des *Vieweg DatenbankManager*-Programmpakets wurde der Borland-C-Compiler verwendet, aufgrund seiner Geschwindigkeit, seines Komforts und der ausgezeichneten Schnittstelle zum Betriebssystem mittels eingebauter Betriebssystemaufrufe. Verschiedene Teile der Programme wurden mit Hilfe von Assemblerprogrammierung realisiert; dabei wurde ausschließlich der Borland-Assembler verwendet, wiederum aus den oben genannten Gründen.

Der Quellcode aller Programme des *Vieweg DatenbankManager*-Pakets und das dazugehörige Buch wurden allein vom Verfasser ohne die Hilfe oder Unterstützung Dritter geschrieben.

Anhang E

Über den Autor

Raymond Hickey wurde 1954 in Irland geboren; seine schulische Ausbildung erhielt er in Waterford und seine akademische Ausbildung am Trinity College, Dublin, wo er das Magisterexamen in Deutsch und Italienisch ablegte. Er promovierte 1980 in Kiel über Allgemeine Sprachwissenschaft (Syntax) und habilitierte sich mit einer Arbeit zur Phonologie des Irischen Englisch in Bonn, wo er als Wiss. Assistent von 1980 bis 1985 tätig war, als Privatdozent von 1985 bis 1987, 1987-1991 als Professor für Englische Sprachwissenschaft. Seit 1991 ist er als Professor für Englische Sprachwissenschaft an der Universität München tätig.

Index